HAPE KERKELING

Ich bin dann mal weg

Meine Reise auf dem Jakobsweg

Mit 35 Fotos und einer Karte

MALIK

Alle Fotos vom Autor privat

Anne und Sheelagh danke ich
für die gemeinsamen Erfahrungen.

ISBN 978-3-89029-312-7
40. Auflage 2007
© Piper Verlag GmbH, München 2006
Redaktion: Antje Steinhäuser
Karte: Eckehard Radehose, Schliersee
Satz: Satz für Satz. Barbara Reischmann, Leutkirch
Druck und Bindung: Ebner & Spiegel, Ulm
Printed in Germany

www.malik.de

HAPE KERKELING
Ich bin dann mal weg

Mein credencial del peregrino,
mein Pilgerpass – beziehungsweise der zweite Teil davon

Der Weg stellt jedem nur eine Frage:
»Wer bist du?«

*Ich widme dieses Buch
meiner geliebten Großmutter Bertha
und ...*

Inhalt

9. Juni 2001 – Saint-Jean-Pied-de-Port

»Ich bin dann mal weg!« Viel mehr habe ich meinen Freunden eigentlich nicht gesagt, bevor ich gestartet bin. Ich wandere halt mal eben durch Spanien. Meine Freundin Isabel kommentierte das sehr lapidar mit: »Aha, jetzt bist du durchgeknallt!«

Was, um Himmels willen, hat mich eigentlich dazu getrieben, mich auf diese Pilgerreise zu begeben?

Meine Oma Bertha hat es schon immer gewusst: »Wenn wir nicht aufpassen, fliegt unser Hans Peter eines Tages noch weg!«

Wahrscheinlich hat sie mich deshalb auch immer so gut gefüttert.

Und so könnte ich jetzt bei einer heißen Tasse Kakao und einem saftigen Stück Käsekuchen gemütlich zu Hause auf meiner roten Lieblingscouch liegen. Stattdessen hocke ich bei erstaunlich kühlen Temperaturen in einem namenlosen Café am Fuß der französischen Pyrenäen in einem winzigen mittelalterlichen Städtchen namens Saint-Jean-Pied-de-Port. Einer malerischen Postkartenidylle ohne Sonne.

Von der Zivilisation kann ich mich dann doch noch nicht ganz lösen, deshalb sitze ich direkt an der Hauptstraße und stelle fest: dafür, dass ich vorher noch nie etwas von diesem Ort gehört habe, brettern hier unglaublich viele Autos durch.

Auf dem wackeligen Bistrotischchen vor mir liegt mein fast leeres Tagebuch, das anscheinend genauso einen Appetit hat wie ich. Eigentlich hatte ich bisher noch nie das Bedürfnis, mein Leben schriftlich festzuhalten – aber seit heute

Morgen verspüre ich den Drang, jedes Detail meines beginnenden Abenteuers in meiner kleinen orangefarbenen Kladde aufzuzeichnen.

Hier also beginnt meine Pilgerreise nach Santiago de Compostela.

Die Wanderung wird mich über den Camino Francés, eine der Europäischen Kulturstraßen, über die Pyrenäen, quer durch das Baskenland, die Navarra, die Rioja, Kastilien-Leon und Galicien nach etwa 800 Kilometern direkt vor die Kathedrale von Santiago de Compostela führen, in welcher sich, der Legende nach, das Grab des Apostels Jakob befindet, des großen Missionars der iberischen Völker.

Wenn ich nur an den langen Fußmarsch denke, könnte ich mich jetzt schon vierzehn Tage ausruhen.

Das Entscheidende ist: Ich werde laufen! Die ganze Strecke. *Ich laufe!* Ich muss es gerade selber noch einmal lesen, damit ich es glaube. Allerdings nicht alleine, sondern gemeinsam mit meinem elf Kilo schweren, knallroten Rucksack. Falls ich unterwegs tot umfalle, und die Chancen dafür stehen gar nicht schlecht, erkennt man mich mit dem wenigstens aus der Luft.

Zu Hause benutze ich nicht mal die Treppe, um in den ersten Stock zu kommen, und ab morgen müsste ich dann jeden Tag zwischen 20 und 30 Kilometern gehen, um in knapp 35 Tagen ans Ziel zu gelangen. Die bekennende Couch potato geht auf Wanderschaft! Gut, dass keiner meiner Freunde so genau weiß, was ich hier eigentlich vorhabe, dann ist es nicht ganz so peinlich, wenn ich wahrscheinlich schon morgen Nachmittag das ganze Unternehmen aus rein biologischen Gründen wieder abblasen muss.

Heute Morgen habe ich mal einen ersten vorsichtigen Blick auf den Anfangspunkt des offiziellen Jakobswegs geworfen. Er liegt oberhalb des Stadttores jenseits der Türmchen und Mauern von Saint Jean, dem Schlüssel zu den spanischen Pyrenäen, und läutet die erste Etappe auf dem

Mein Weg beginnt in Saint-Jean-Pied-de-Port

Camino Francés mit einem recht steilen Aufstieg über einen Kopfsteinpflasterweg ein.

Dort begibt sich gerade ein etwa siebzig Jahre alter Herr mit einer starken Gehbehinderung sehr entschlossen auf den Pilgermarathon. Ich starre ihm bestimmt fünf Minuten ungläubig hinterher, bis er langsam im Morgennebel verschwunden ist. Ich bin mir sicher, der schafft das!

Die Pyrenäen sind ziemlich hoch und erinnern mich an das Allgäu.

In meinem hauchdünnen Reiseführer, den ich schließlich auch über die schneebedeckten Wipfel der Pyrenäen schleppen muss, steht, dass Menschen sich seit vielen Jahrhunderten auf die Reise zum heiligen Jakob machen, wenn sie, wörtlich und im übertragenen Sinn, keinen anderen Weg mehr gehen können.

Da ich gerade einen Hörsturz und die Entfernung meiner Gallenblase hinter mir habe, zwei Krankheiten, die meiner Einschätzung nach großartig zu einem Komiker passen, ist es für mich allerhöchste Zeit zum Umdenken – Zeit für eine Pilgerreise.

Über Monate nicht auf die innere Stimme zu hören, die einem das Wort »PAUSE!« förmlich in den Leib brüllt, sondern vermeintlich diszipliniert weiterzuarbeiten, rächt sich halt – indem man einfach gar nichts mehr hört. Eine gespenstische Erfahrung! Der Frust und die Wut über die eigene Unvernunft lassen dann auch noch die Galle überkochen und man findet sich in der Notaufnahme eines Krankenhauses mit Verdacht auf Herzinfarkt wieder.

Wütend darüber, dass ich es so weit habe kommen lassen, bin ich immer noch! Aber ich habe auch endlich wieder meiner inneren Stimme Beachtung geschenkt und siehe da: Ich beschließe, während der diesjährigen Sommermonate keinerlei vertragliche Verpflichtungen einzugehen und mir eine Auszeit zu spendieren.

Bald finde ich mich in der Reiselektüreabteilung einer gut sortierten Düsseldorfer Buchhandlung wieder und suche – frei nach dem Motto: Ich will mal weg! – nach einem passenden Reiseziel.

Das erste Buch, das mir mehr oder weniger vor die Füße fällt, trägt den Titel *Jakobsweg der Freude*.

Was für eine Frechheit, einen Weg so zu nennen!, denke ich noch entrüstet. Schokolade macht nur bedingt froh und Whiskey wirklich nur in Ausnahmesituationen und jetzt soll also ein *Weg* Freude bringen? Dennoch packe ich das anmaßende Buch ein. Und verschlinge es in einer Nacht.

Der Jakobsweg nach Santiago de Compostela gehört, neben der Via Francigena von Canterbury nach Rom und der Pilgerfahrt nach Jerusalem, zu den drei großen Pilgerwegen der Christenheit.

Der Legende nach gilt der Pfad bereits den Kelten in vorchristlicher Zeit als Initiationsweg. Kraftadern in der Erde und Energiebahnen, die so genannten Leylinien, ziehen sich angeblich über die gesamte Strecke parallel zur Milchstraße bis nach Santiago de Compostela (Sternenfeld); und sogar darüber hinaus bis nach Finisterre (Weltende) an der spanischen Atlantikküste, dem damaligen Ende der bekannten Welt. Bisher war ich immer davon ausgegangen, unser gesamter Planet befände sich irgendwie parallel zur Milchstraße. Aber bitte, man ist ja auch im Alter noch lernfähig!

Wer nach Santiago pilgert, dem vergibt die katholische Kirche freundlicherweise alle Sünden. Das ist für mich nun weniger Ansporn als die Verheißung, durch die Pilgerschaft zu Gott und damit auch zu mir zu finden. Das ist doch einen Versuch wert!

Wie hypnotisiert schaue ich mir in den folgenden Tagen dabei zu, wie ich fix die Reiseroute ausbaldowere und Rucksack, Schlafsack, Isomatte und Pilgerpass besorge, um auf dem Flug nach Bordeaux wieder zu mir zu kommen und mich laut sagen zu hören: »Bin ich eigentlich noch ganz dicht?«

Ich komme in Bordeaux an und es ist noch genauso hässlich und grau wie vor zwanzig Jahren, als ich hier als Sechzehnjähriger mal auf der Durchreise war. Ich steige im »Hotel Atlantic«, einem außerordentlich schönen klassizistischen Prachtbau gegenüber dem Hauptbahnhof, ab. Bevor ich die kommenden sechs Wochen nur noch in gammeligen Schlafsälen zwischen schnarchenden Amerikanern und rülpsenden Franzosen verbringe und ein Leben ohne ordentliche sanitäre Einrichtungen führe, tu ich mir noch mal was Gutes!

Aus dem Guten ist allerdings nicht viel geworden. Am Ende wäre es im Gemeinschaftssaal heimeliger gewesen. Mit einem bemerkenswert freundlichen Lächeln wird mir nämlich eine kahle Bruchbude ohne Fenster, dafür mit quietschblauer Neonbeleuchtung und zu einem Wucherpreis zugeteilt. Im Gegensatz zu mir rebelliert meine nicht mehr vorhandene Gallenblase umgehend.

Wäre Bordeaux netter gewesen, wäre ich womöglich gar nicht weitergefahren.

Zwischen der ersten und der heutigen Reise liegen zwanzig Jahre. Hab ich etwa seit zwanzig Jahren schlechte Laune? Ich gebe Bordeaux die Schuld. Das ist einfacher.

Im Zimmer hält mich nichts, denn mein Vormieter hat die Mini-Bar, schlau wie er war, schon leer gesoffen. Also raus und zwar direkt zum Bahnhof.

Als ich in der gigantischen Schalterhalle den Satz: »Mademoiselle, einmal Bordeaux – Saint-Jean-Pied-de-Port, einfache Fahrt, zweiter Klasse, bitte!«, in ordentlichem Schulfranzösisch über die Lippen bringe, schaut mich die afrikanischstämmige Charmeoffensive auf der anderen Seite der Scheibe mit einem strahlenden Lächeln an.

»A quelle heure, Monsieur?« – Wann? – Clever, die Frau!

»So um sieben Uhr morgen früh!«, entscheide ich spontan, wie ich nun mal bin.

Die für sie wesentliche Information hat die propere Schalterbeamtin offensichtlich schon wieder verdrängt: »Wie heißt der Ort noch mal?«

Prima! Auf keiner der Landkarten, die ich studiert habe, ist eine Eisenbahnverbindung nach Saint-Jean-Pied-de-Port eingezeichnet – ergo gibt es auch keine! Lustlos wiederhole ich den Namen des Ortes und das Frollein wälzt leicht verwirrt wuchtige Fahrpläne aus vergangenen Jahrhunderten, um zu der vollkommen überraschenden Erkenntnis zu gelangen: »Monsieur, diesen Ort gibt es nicht in Frankreich!«

Ich bin so perplex, als hätte sie gerade behauptet: Gott ist tot!

»Moooment«, sage ich, »den Ort gibt es schon, aber vielleicht fährt die Eisenbahn nicht dorthin. Aber dann doch bestimmt ein Überlandbus oder so was!« Die Dame bleibt zwar höflich, aber stur und lässt sich nicht beirren: »Nein, nein, der Ort existiert nicht! Glauben Sie mir.« Ich glaube ihr selbstverständlich nicht und bestehe darauf, dass es den Ort gibt. Hier geht es schließlich auch ums Prinzip!

Nach quälend langen Minuten stellt sich heraus: Der Ort existiert! Und was noch toller ist, es gibt sogar eine Verbindung mit Umsteigemöglichkeit dorthin. Ich vermute, dieser Ort existiert nur, weil ich so insistiert habe. Vielleicht habe ich Glück und mit Gott geht's mir genauso?

Wer möchte ernsthaft die Existenz des Ortes Saint-Jean-Pied-de-Port bezweifeln?

Als ich mit meiner Fahrkarte den Bahnhof verlasse und mich gerade wieder frage, was ich hier eigentlich tue ... ob das alles denn auch vernünftig ist ... und überhaupt ... sehe ich vor mir ein Riesenwerbeplakat für eine neue Telekommunikationserrungenschaft mit dem Slogan: »Wissen Sie, wer Sie wirklich sind?« Meine Antwort ist spontan und unumwunden: »Nein, pas-du-tout!«

Ich beschließe, im »Hotel Atlantic« mal einen Gedanken darauf zu verschwenden. Im Hotelzimmer liegt eine ziemlich verklebte Stadtinfo für Bordeaux, in der ich lustlos blättere, um zu erfahren, was ich während der letzten Woche so alles verpasst habe. Dabei stoße ich auf die Fortsetzung der Plakatwerbekampagne. Diesmal mit dem Slogan »Willkommen in der Wirklichkeit.« Das sitzt!

Mein Zimmer hat immer noch keine Fenster. Mein Handy-Akkuladegerät passt nicht in die französische Steckdose und eigentlich will ich jetzt schon wieder nach Hause – oder weg? Ich weiß es nicht. Ich entscheide mich für weg. Und schlafe.

Bei meiner Ankunft heute Morgen wimmelt es in Saint Jean bereits von Pilgern aller Altersklassen und Nationen. Die Stadt lebt wohl vom Geschäft mit den Wallfahrern. Dort werden rustikale Wanderstäbe und Muschelanhänger – sie sind das Erkennungszeichen der Pilger – verkauft. Hier werden kitschig bunte Heiligenfiguren, Pilgermenüs – sprich Pommes mit Fleisch – und Wanderführer in allen modernen Idiomen angeboten. Ich entscheide mich für einen einfachen Wanderstab, der mir jetzt schon viel zu lang, zu schwer und zudem unhandlich erscheint.

Auf dem Weg zur örtlichen Pilgerherberge überlege ich hin und her, was Stempel auf Französisch heißt. Auf Spanisch heißt es *sello*, das steht im Pilgerpass, dem *credencial*. In der Eingangstür fällt mir endlich das Wort ein. *Timbre!* *naturellement.* Perfekt habe ich meinen Satz schon im Kopf vorformuliert: »J'ai besoin d'un timbre.« Da hör ich den älteren Herrn am Schreibtisch in Oxford-Englisch parlieren, da er gerade eine jugendliche Vier-Mann-Kapelle aus Idaho abstempelt und ihnen die Betten 1 bis 4 zuteilt. So bekomme ich mit, dass der Mann Engländer ist und seinen Jahresurlaub damit verbringt, hier in diesem kleinen Büro Pilgerpässe gegenzuzeichnen und Pilgerbettnummern zu vergeben! Und offensichtlich hat er Spaß. Mir vergeht der Spaß gerade, denn ich stelle fest, dass ich in einem nasskalten Zwanzig-Mann-Schlafsaal stehe, in welchem ich nach Adam Riese Bett Nr. 5 bekomme, direkt neben dem gut gelaunten Country-Quartett aus Idaho. Die schleppen doch tatsächlich ihre mordsschweren Instrumente mit; drei Gitarren und eine Was-auch-immer-Flöte.

Als ich an der Reihe bin, fragt mich der nette Mensch: »What's your profession, Sir?« Ich denke noch: »Was sage ich?« – »Artist!«, habe ich ihm da auch schon entgegenposaunt. Der Mann schaut mich zweifelnd an. Bei den Musikern stellte sich diese Frage gar nicht.

Auf dem Plakat stand: »Wissen Sie, wer Sie wirklich sind?« Ich weiß es offensichtlich nicht. Ich, mit meinem weißen Sonnenkäppi, sehe eher aus wie Elmar, die Cartoon-Figur, die Bugs Bunny hinterherjagt.

Bevor er mir Bett Nr. 5 tatsächlich zuteilen kann, ziehe ich mit meinem ersten offiziellen Stempel – dabei bin ich noch keinen einzigen Meter gepilgert – von dannen.

So weiß die katholische Kirche offiziell darüber Bescheid, dass ich tatsächlich von hier gestartet bin. Am Schluss gibt's dann vom Secretarius Capitularis in Santiago eine dolle Urkunde in lateinischer Sprache mit Goldrand, die *compostela*. Und mir werden alle Sünden erlassen und das sind nach Ansicht der katholischen Kirche einige! Komme mir vor wie in einer Klerikalkomödie.

Die Stempel werden nur in offiziellen Pilgerherbergen, Kirchen und Klöstern entlang des Weges ausgegeben. Der geneigte Autofahrer oder Bahnreisende hat allerdings keine Chance, eine Pilgerurkunde zu ergaunern, denn die entscheidenden Stempelstellen sind nur zu Fuß oder mit dem Rad zu erreichen. Und man darf auch nur dann von sich behaupten, ein echter Pilger gewesen zu sein, wenn man mindestens die letzten 100 Kilometer vor Santiago de Compostela per pedes oder die letzten 200 Kilometer auf dem Drahtesel oder zu Pferde hinter sich gebracht hat. Aber die meisten Menschen wollen den gesamten Camino Francés pilgern, denn das ist die alte Wallfahrerroute.

Um einen Pilgerpass, diese entscheidendste Requisite der Pilgerschaft, zu bekommen, muss man natürlich nicht zwingend katholisch sein. Ich würde mich selbst zum Beispiel als eine Art Buddhist mit christlichem Überbau bezeichnen! Klingt theoretisch komplizierter, als es in der Praxis ist!

Es ist ausreichend, auf der spirituellen Suche zu sein. Und das bin ich.

Als Wiedergutmachung für die gestrige Nacht in Bordeaux hab ich mich hier im »Hotel des Pyrenees« einquartiert. *Die* Adresse in der Stadt! Manchmal merk ich schon, dass ich aus Düsseldorf bin!

Die örtliche Pilgerherberge war mir für die erste Nacht dann doch etwas zu – na ja, sagen wir – gesellig.

Während ich hier in dem Bistro an meinem *café au lait* nuckele, frage ich mich, was ich mir von dieser Pilgerschaft denn eigentlich verspreche oder erwarte. Ich könnte losziehen mit der Frage im Kopf: Gibt es Gott? Oder Jahwe, Shiva, Ganesha, Brahma, Zeus, Ram, Vishnu, Wotan, Manitu, Buddha, Allah, Krishna, Jehowa? Da ließen sich noch viele Namen nennen ...

Seit meiner frühesten Kindheit beschäftigt mich die Frage nach dem großen unbekannten Wesen. Als Achtjähriger habe ich es wirklich genossen, in den Kommunionsunterricht zu gehen, und ich erinnere mich bis heute noch genau an das, was dort gelehrt wurde. Ähnlich ging es mir später im

Beicht-, Religions- und Firmunterricht. Mich musste niemand dorthin zerren; was im Übrigen auch keiner getan hätte, da ich keiner streng katholischen Familie entstamme. Mein Interesse an allen religiösen Themen war bis zu meinem Abitur ziemlich groß.

Während andere Kinder zähneknirschend in die Messe trotteten, hatte ich meine helle Freude daran, die ich natürlich tunlichst verbarg, um nicht als total uncool zu gelten. Klar, die Predigten unseres Gemeindepfarrers hauten mich natürlich auch nicht vom Hocker, aber sie konnten doch nicht verhindern, dass mein lebendiges Interesse bestehen blieb. Keine spirituelle Ausrichtung war vor mir sicher, alle Weltanschauungen faszinierten mich. Eine Zeit lang spielte ich ernsthaft mit dem Gedanken zu konvertieren, um evangelischer Pfarrer oder wenigstens Religionswissenschaftler zu werden. Als Kind hatte ich nie den leisesten Zweifel an der Existenz Gottes, aber als vermeintlich aufgeklärter Erwachsener stelle ich mir heute durchaus die Frage: Gibt es Gott wirklich?

Was aber, wenn dann am Ende dieser Reise die Antwort lautet: Nein, tut mir sehr Leid. Der existiert nicht. Da gibt es NICHTS. Glauben Sie mir, Monsieur!

Könnte ich damit umgehen? Mit Nichts? Wäre dann nicht das gesamte Leben auf dieser ulkigen kleinen Kugel vollkommen sinnlos? Natürlich will jeder, mutmaße ich, Gott finden ... oder zumindest wissen, ob er denn nun da ist ... oder war ... oder noch kommt ... oder was?

Vielleicht wäre die Frage besser: Wer ist Gott?

Oder wo oder wie?

In der Wissenschaft wird das doch auch so ähnlich gemacht.

Also stelle ich die Hypothese auf: Es gibt Gott!

Es wäre doch sinnlos, meine wertvolle begrenzte Zeit damit zu verplempern, nach etwas zu suchen, was am Ende vielleicht gar nicht da ist.

Also sage ich, es ist da! Ich weiß nur nicht wo. Und für den Fall, dass es einen Schöpfer gibt, wird er restlos begeistert davon sein, dass ich nie an ihm-ihr-es gezweifelt habe.

Im schlimmsten Fall würde dann die Antwort lauten: »Es gibt Gott und gleichzeitig gibt es ihn nicht, das verstehen Sie zwar nicht, aber tut mir wieder Leid, so sind nun mal die Tatsachen, Monsieur!«

Damit könnte ich leben, denn das wäre eine Art Kompromiss! Einige Hindus vertreten übrigens diesen scheinbar absurden Standpunkt.

Nur: Wer sucht denn hier eigentlich nach Gott?

Ich! Hans Peter Wilhelm Kerkeling, 36 Jahre, Sternzeichen Schütze, Aszendent Stier, Deutscher, Europäer, Adoptiv-Rheinländer, Westfale, Künstler, Raucher, Drachen im chinesischen Sternkreis, Schwimmer, Autofahrer, GEZ-Gebührenzahler, Zuschauer, Komiker, Radfahrer, Autor, Kunde, Wähler, Mitbürger, Leser, Hörer und Monsieur.

Anscheinend weiß ich ja nicht mal so genau, wer ich selbst bin. Wie soll ich da herausfinden, wer Gott ist?

Meine Frage muss also erst mal ganz bescheiden lauten: Wer bin ich?

Damit wollte ich mich ursprünglich zwar nicht beschäftigen, aber da ich ständig von Werbeplakaten dazu aufgefordert werde, bleibt mir wohl nichts anderes übrig. Also gut – als Erstes suche ich nach mir; dann sehe ich weiter. Vielleicht habe ich Glück und Gott wohnt gar nicht so weit weg von mir. Sollte er jedoch in Wattenscheid leben, wäre ich hier allerdings ganz falsch!

In meiner sauerstoffarmen französischen Zelle habe ich gestern Nacht höchstens drei Stunden geschlafen, daher wahrscheinlich auch dieses konfuse Gedankenkonstrukt. Aber vielleicht werde ich nur unter Druck nachgiebig? Heute gehe ich früh ins Bett, morgen will ich um sechs Uhr raus und los. Mann, bin ich müde!

Falls es Gott gibt, hat er zumindest 'ne Menge Humor.

Sitze ich doch bei Milchkaffee auf einem kartoffelförmigen Planeten, der mit überhöhter Geschwindigkeit durchs Weltall rast. Davon merke ich zwar nichts, aber trotzdem entspricht es den Tatsachen.

Ich bin in Saint Jean! Ist Johannes, der Apostel, nicht der Bruder von Jakob?

Das könnte ein dezentes Indiz dafür sein, dass dies ein Weg der Brüderlichkeit ist. Aber vielleicht ist die Stadt ja nach Johannes dem Täufer benannt? Johannes im Plural gäb's ja einige ... Bin zu müde, um das heute zu recherchieren.

Erkenntnis des Tages:
Erst mal herausfinden, wer ich selbst bin.

10. Juni 2001 – Roncesvalles

Mann, bin ich gebeutelt! Kann kaum noch den Stift in der Hand halten.

Heute Morgen um kurz vor sieben verlasse ich mein Hotel mit dem Ziel Roncesvalles in Spanien. Frühstück gab's keines. Das wird erst ab acht gereicht. Stattdessen hab ich mir einen Powermüsliriegel gegönnt. Davon habe ich mir drei Stück eigentlich nur für Notfälle aus Deutschland mitgenommen. Meine Ein-Liter-Plastikwasserflasche habe ich lediglich zur Hälfte gefüllt, denn jedes Milligramm mehr macht meinen Rucksack nur schwerer.

Gleich nachdem ich den offiziellen, zunächst gepflasterten Pilgerpfad betrete, fängt es an, wie aus Kübeln zu regnen, und die nassfeuchte Kälte macht mir schnell klar, dass meine überteuerte Regenjacke nicht nur kälte-, sondern auch wasserdurchlässig ist. Kein anderer Pilger ist unterwegs, soweit ich das in dem dichten Nebel beurteilen kann. Die Herrschaften baden offensichtlich gerne lau. Alles

Weicheier und nicht so hart im Nehmen wie ich, so viel steht jetzt schon fest!

Eigentlich wollte ich heute schön langsam starten und mich an das Gewicht auf meinen Schultern und das Gehen mit dem Wanderstock gewöhnen. Pustekuchen! Bei dem Wetter will man nicht laufen, sondern bloß so schnell wie möglich irgendwo ankommen. Der doofe Pilgerstab gerät mir ständig zwischen die Füße und kleinste Stolperer führen dazu, dass mich der Rucksack, der Schwerkraft gehorchend, mit voller Wucht nach vorne drückt, sodass ich untrainierter Moppel mich nur mit Mühe wieder fange. Ein vernünftiges Lauftempo stellt sich so nicht ein. Entweder hetze ich atemlos vor mich hin oder ich krieche nur so voran.

Ob die Gegend hier schön ist, vermag ich nicht zu beurteilen. Vor lauter Regen und Nebel kann ich nichts, absolut nichts sehen. Das Foto in meinem farbigen Reiseführer zeigt eine märchenhaft verschneite Gebirgskulisse vor einem glühenden Sonnenuntergang und erklärt diese Region zu einer der magischsten Europas, die ich unbedingt mal gesehen haben sollte. Hier soll es üppige Weidematten mit Schafen, die unbedingte Vorfahrt genießen, egal wer des Weges kommt, unter schroffen Felsformationen geben. Mag sein.

Leider werde ich nie guten Gewissens behaupten können, hier gewesen zu sein!

So holpere ich dann in einem dreistündigen Gewaltmarsch immer nur steil bergauf, arbeite mich stoisch durch eine riesige Nebelwand auf die Passhöhe von Roncesvalles auf 1300 Höhenmetern zu, während mein Rucksack ganz eindeutig wieder nach Hause will, so wie der zieht.

Irgendwann, es war ja zu befürchten, kann ich nicht mehr weiter. Mir kommt der Gedanke, dass, wenn ich jetzt tot umfalle, mir auch mein knallroter Signalrucksack nichts nützt. Bei dem Bergnebel wäre ich auch von oben schier unauffindbar. Ich beschließe, dass das überaus tragisch ist, und so kann ich mich durch einen nervösen Lachanfall wenigstens entspannen. Lachen strengt mich aber noch mehr an. Die Vernunft obsiegt und so entscheide ich, dass hier und jetzt nichts mehr geht, dass ich das Heft nicht mehr in der Hand halte und mich demütig in mein Schicksal füge. Ich kann einfach nicht mehr weiter!

Bei strömendem Regen setze ich mich auf einen Stein am Wegesrand und genieße das nicht vorhandene Pyrenäenpanorama. Ein Blick nach rechts sagt mir, dass ich den steilen Aufstieg nicht mehr schaffen werde, da der Gipfel, wenn ich von meinem bisherigen Entenmarschtempo ausgehe, wahrscheinlich noch Stunden entfernt liegt. Ein Blick nach links verrät, dass ich den wahrscheinlich dreistündigen, nicht minder steilen Abstieg auch nicht mehr auf die Reihe bekomme. Dies ist also ein Notfall und so gönne ich mir einen Müsliriegel und eine klatschnasse Zigarette. Triefende Nässe verleiht dem Tabak eine besondere Note. Der Regen stört mich nicht mehr, es ist eh schon alles triefend nass, übrigens auch alle Dinge in meinem garantiert wasserundurchlässigen Rucksack! Qualmend sitze ich auf dem Stein und lache. Keine Ahnung wie lang; fünfzehn Minuten vielleicht? Auf dem gesamten mehrstündigen Marsch war ich nicht einem einzigen Menschen begegnet.

Plötzlich – ohne Vorwarnung – taucht links vor mir im Nebel ein kleiner blauer Transporter auf. Ich reagiere prompt und zwinge ihn, vor Freude mit meinem Wanderstab wedelnd, zu halten. An mir und meinem Warnrucksack kommt der auf dem schmalen Sträßchen sowieso nicht vorbei. Der uralte dreirädrige Wagen kommt zum Stehen. Von innen wird die Beifahrertür geöffnet und ein knallrotes Bauerngesicht strahlt mich derbe an.

»Na, wo wollen Sie denn bei dem Sauwetter hin?«, schallt es mir in einem urwüchsigen französischen Dialekt entgegen.

»Nach oben!«, sage ich, denn das französische Wort für Gipfel will mir gerade partout nicht einfallen. Mit einer knappen einladenden Geste und einem dahingebrummten

Wort bittet der Bauer mich in den Wagen. Ohne den Rucksack vorher abzuschnallen, setze ich mich neben den Gauloise rauchenden Mann im Blaumann und klebe nur fast mit der Nase an der Scheibe. Den von hinten kommenden strengen Gestank kann ich allerdings noch deutlich riechen. Ich drehe mich um und ein gigantischer Widderkopf blökt mich von der Ladefläche an. Ein zweites Tier streckt mir seelenruhig sein Hinterteil entgegen. Mit Vollgas geht es jetzt Richtung Gipfel.

»Wie weit ist es denn noch bis ... oben?«, frage ich, um eine Konversation zu beginnen.

»Nicht mehr weit. Zweieinhalb Kilometer vielleicht?«, entgegnet er, während er mir eine trockene Zigarette anbietet, welche ich mir rasch anzünde.

»Dann war ich ja doch schon fast oben«, entfährt es mir erleichtert.

»Sind Sie einer von den Pilgern?«

»Ja!«, antworte ich knapp und denke: »Jetzt habe ich es zum ersten Mal gesagt: Ich bin Pilger!«

»Meinen Sie nicht, dass Sie sich da ein bisschen zu viel aufhalsen?«, will er jetzt kritisch dreinschauend wissen.

Ja, ich mute mir allerdings zu viel zu, aber ich werde einen Teufel tun, das in Gegenwart zweier stinkender Schafe zuzugeben.

Der Wagen schlängelt sich flott nach oben und wie auf Kommando wird der blökende Widder von einem akuten Würgereiz, begleitet von grünem Auswurf, befallen. Kurz gesagt: Das riesige Schaf kotzt auf die Ladefläche. Als wäre das eine besondere Leistung, grinst der Landmann mich fröhlich an. Mir fällt nichts Originelleres ein als: »Ist ihm nicht gut?«

Der Bauer kann mich aber beruhigen: »Das macht er immer! Er fährt nicht gern Auto! Aber der Sommer kommt und dann müssen sie nun einmal wieder auf die Alm und das geht nur mit dem Auto.«

Auf einer Anhöhe setzt mich mein Fahrer dann im strömenden Regen und noch dichterem Nebel und bei subjektiv eindeutig gefühlten Minustemperaturen an einem total zermatschten Waldweg aus. Er beugt sich noch mal lächelnd mit der Kippe im Mund zu mir: »Das Schlimmste haben Sie geschafft! Der Gipfel ist nicht mehr weit.« Ich bedanke mich von Herzen und kann es mir nicht verkneifen, dem Widder gute Besserung zu wünschen. So braust das Auto weiter, während ich im Nebel erfolgreich nach Wegweisern fahnde. Durch die Verschnaufpause fühle ich mich wieder halbwegs gewappnet für den Weg nach Spanien und will mir daraufhin einen Schluck Wasser gönnen. Beim Griff nach meiner Wasserflasche muss ich jedoch feststellen, dass mir diese im Auto aus dem Rucksack gerutscht sein muss. Großartig! Es regnet in Strömen und ich hab das Gefühl zu verdursten.

Nach unzähligen weiteren kleinen Aufstiegen – die Luft wird da oben schon etwas dünner – komme ich an die berühmte Rolandsquelle, ganz in der Nähe der offenen spanischen Landesgrenze, dorthin, wo Ritter Roland sich so wacker, aber erfolglos gegen die Basken – oder waren es die Mauren? – geschlagen hat. Schon Karl der Große soll aus der Quelle getrunken haben. Für solche historischen Spitzfindigkeiten habe ich jetzt allerdings wenig Sinn – ich habe Durst. Frei nach Brecht kommt erst das Trinken, dann die Bildung. Im Lauftempo hoppele ich zu dem Brunnen, während mein Rucksack fröhlich auf und ab schunkelt und noch viel stärker an meinen armen Schultern zerrt. Schon sehe ich mich meinen Durst stillen und drücke beinahe feierlich den schicken goldenen Hahn der Rolandsquelle und – nichts passiert! Kein Wasser!

Ich versuche es mehrmals, aber die Quelle scheint versiegt.

Sturzbäche fließen links und rechts an mir vorbei. Rot, matschig und modderig. Aber kein Wasser in der Quelle.

27

Mein Reiseführer weiß indes zu berichten, dass dies die einzige Trinkwasserquelle auf der gesamten Etappe ist, dass Roland, der Paladin Karls des Großen, hier von den Sarazenen – ah, den Sarazenen! – brutal gemeuchelt wurde und dass mich auf Grund der schlechten Witterung noch mindestens viereinhalb Stunden Fußmarsch erwarten. Fantastisch! Heute ist definitiv mein Tag! Ich bin wütend. Kann mir nicht verdammt noch mal jemand 'n Klempner schicken?

Da höre ich plötzlich ein allmählich sich näherndes Motorengeräusch. Und aus dem Nebel taucht am Berghang oberhalb der Quelle ein kleines Feuerwehrauto auf. Keine Halluzination!

Zwei gut gelaunte Feuerwehrmänner steigen aus und tapern durch den Nebel langsam zu mir herunter. »C'est tout bien, monsieur?« Sie erkundigen sich netterweise nach meinem Befinden. Meine Antwort kommt prompt und wer so großen Durst hat, der kann auch gut Französisch: »Mir geht es bestens, aber der Wasserhahn der historisch bedeutsamen Rolandsquelle ist defekt. Sie werden es kaum glauben, aber da ist kein Wasser mehr drin!« In Nullkommanix, wie halt die Feuerwehr so ist, bringen sie zwar den Hahn nicht dazu, Wasser zu spucken, aber durch eine gemeinsame Kraftanstrengung gelingt es ihnen, hinter der Quelle einen Schlauch aus dem Erdboden zu reißen und ich kann endlich saufen!

Mindestens zwei Liter lasse ich in mich hineinlaufen. Danach reparieren die Jungs alles wieder beziehungsweise sie machen den Brunnen wieder funktionsuntüchtig; so wie er halt vorher war!

Heute war ich sicher der Einzige, der hier getränkt wurde. Und dann sprudelt die Frage förmlich aus mir heraus: »Was um Himmels willen machen Sie denn bei diesem Sauwetter hier oben?«

Der kräftigere der Feuerwehrmänner erklärt mir mit einem Lächeln: »Gar nichts. Meinem Kumpel ist bloß schlecht geworden. Gestern hatten wir den großen Feuerwehrball in

Saint-Jean-Pied-de-Port und er hat zu viel getrunken und nun müssen wir alle zehn Minuten anhalten, weil der Kollege sich übergeben muss.« So schnell wie die Feuerwehr-Fata-Morgana gekommen ist, verschwindet sie auch wieder in der Nebelwand.

Mensch und Tier scheint es hier wohl öfter schlecht zu gehen und mir kommt es auf mysteriöse Art zugute. Zum zweiten Mal bin ich heute dankbar.

Die Feuerwehrmänner waren Franzosen, was bedeutet, dass ich also noch nicht mal in Spanien bin und der längste Teil des Wegs noch vor mir liegt. Beschwingt marschiere ich weiter durch den immer dichter werdenden Wald und über Berge, von denen ich nur vermuten kann, dass es sie gibt. Der Himmel will und will nicht aufreißen.

Nach drei weiteren quälenden Stunden Fußmarsch werde ich endgültig lauffaul, habe aber noch locker zwei Stunden auf den Beinen vor mir, denn der Regen wird immer stärker und ich immer schwächer. Mittlerweile bin ich so langsam geworden, dass mich innerhalb von einer halben Stunde ein Dutzend Pilger überholen. Wo kommen die auf einmal alle her? Seit Stunden habe ich niemanden gesehen und nun ziehen sie klitschnass und grußlos an mir vorüber!

Zum Glück geht es dann aber auch irgendwann wieder abwärts. Mein Herz schlägt höher. Der Abstieg auf dem höchstens zwanzig Zentimeter breiten Matsch- und Geröllpfad durch den Wald aus Buchen ist jedoch so steil, dass mein linkes Knie nach kurzer Zeit anfängt zu pochen und höllisch zu schmerzen. Dass Knieschmerzen sich so rasend steigern können, war mir bisher unbekannt. Es hilft nichts, ich muss laut vor mich hin stöhnen, um es auszuhalten, und es ist mir gleichgültig, ob das irgendjemand in dieser gottverlassenen Wildnis hört. Ich bin jetzt wehleidig!

Aus einem touristischen Kaufrausch heraus habe ich mir Gott sei Dank diesen Wanderstock gekauft. So sehr mich dieser Knüppel beim Aufstieg behindert hat, so sehr nützt mir dieser Zauberstab jetzt bei dieser Schlitterpartie nach unten. Ohne ihn könnte ich mich auf dieser Rutschbahn gar nicht mehr halten. Alle zehn Minuten muss ich eine Pause einlegen, um überhaupt vorwärts zu kommen. Jetzt bloß kein Selbstmitleid. Ich hab mich hier hochgeschleppt und nun schleppe ich mich eben wieder runter. Allerdings muss ich vor Sonnenuntergang in Roncesvalles sein, sonst sehe ich tatsächlich schwarz. Bisher war immer noch kein Grenzstein zu sehen, also muss ich immer noch in Frankreich sein. Spanien, komm mir doch bitte ein Stückchen entgegen!

Die Schmerzen im Knie werden unerträglich und ich bin den Tränen nahe! In meinem hellsichtigen Reiseführer steht übrigens, dass jeder Pilger auf der Reise mindestens einmal weinen wird.

Aber doch bitte nicht gleich am ersten Tag! Noch zehn Minuten und ich falle um! Und oh Wunder, kurz bevor ich tatsächlich losheule, komme ich aus dem dichten Wald an eine Lichtung und sehe die Klostermauern von Roncesvalles. Ich fühle mich wie ein Aussätziger im Mittelalter, dem ein Barmherziger ein Stück Brot reicht. Ich hab's geschafft. Sechsundzwanzig Kilometer zu Fuß über die Pyrenäen! Die kleine Spritztour mit dem Schafbauern mal nicht dazugerechnet.

Das wuchtige Kloster von Roncesvalles, die offizielle Pilgerherberge, sieht aus wie eine verschlafene Dornröschenburg und ist drei Nummern zu groß für den bescheidenen Flecken. Der Ort scheint quasi jeden Moment von dem Konvent erdrückt zu werden. Nach einem kleinen Rundgang durch das Kloster, bei dem ich mich auf das Erdgeschoss beschränke, da ich heute nicht mal mehr eine Bordsteinkante bewältigen könnte, stellt sich leider heraus, dass die Schlafsäle, die Toiletten und Duschen nicht halten, was das Kloster von außen verspricht. Es ist schrecklich kalt und schmutzig. In der Haupthalle lagern an die fünfzig Pilger. Ihre durchnässten Kleider haben sie auf dem feuchten Steinboden zum Trocknen ausgebreitet. In den Ecken kauern und liegen verschwitzte, überanstrengte Menschen mit erstaunlich zufriedenen Gesichtern. So sehe ich also auch aus.

Als ich mir meinen ersten richtigen Pilgerstempel im Kloster abhole, fragt mich der stämmige baskische Rentner hinter dem Schreibtisch:

»Wieso wollen Sie nur einen Pilgerstempel, brauchen Sie kein Bett?«

Mein Spanisch kann sich im Gegensatz zu meinem Französisch wirklich hören lassen. Spanisch war mein zweites Abiturfach und ich liebe diese Sprache nach wie vor. Also entgegne ich ihm: »Nein, ein Bett brauche ich nicht, ich werde im Hotel schlafen.« Der Mann erhebt sich wütend von seinem Schreibtisch, haut mit der Faust auf den Tisch und fährt mich an: »Was fällt Ihnen ein? Das sind ja ganz neue Moden! Als Pilger hat man in einer Pilgerherberge zu schlafen, um gemeinsame Erfahrungen mit anderen Pilgern auszutauschen, und sich nicht in einem Hotel abzusondern!«

Fassungslos schaue ich den Bettenwart an und sage: »Erfahrungen tausche ich gerne aus, an Fußpilzaustausch habe ich jedoch kein Interesse.« Ich drehe mich um und gehe. Anstatt hier rumzumaulen, könnte der Typ besser mal eben die Duschwannen durchfeudeln, schießt es mir wütend durch den Kopf. Beim besten Willen, in diesem Kloster werde ich nicht übernachten. Ich habe mir den Gewaltmarsch meines Lebens angetan und werde mich jetzt nicht dafür bestrafen, indem ich in diesem *refugio* schlafe. Gut, übersetzt bedeutet das nicht mehr und nicht weniger als »Zuflucht«, deswegen darf man auch nicht zu viel erwarten.

Ich humpele auf die andere Seite der einzigen Straße im Dorf.

Meine Wahl fällt auf die kleine Pension direkt gegenüber dem Konvent. Sie ist preisgünstig, gepflegt und im warmen Zimmer gibt es sogar eine Badewanne. In der guten Stube angekommen, breite ich zunächst mal meine nassen Habseligkeiten auf dem Boden und über der Heizung aus. Selbst das Geld und mein Reiseführer sind nass. Mein Knie tut jetzt bei jedem Schritt höllisch weh. Hoffentlich muss ich das Unternehmen nicht nach der ersten Etappe abbrechen. Kommt nicht in Frage! Im Ruhezustand merke ich ja nichts. Rauflaufen geht gerade noch, aber runter ist unmöglich und leider hat man mir das einzige freie Zimmer im ersten Stock gegeben. Ich habe ewig gebraucht, bis ich hier oben war, und hab vorsichtshalber unten gleich was gegessen; Calamares in der eigenen Tinte, so muss ich nachher nicht mehr runter und dann wieder rauf. In meinem desorientierten Reiseführer steht, es soll hier ein Lebensmittelgeschäft geben. Gibt es aber nicht. Mir ist ein Rätsel, wo ich morgen Verpflegung herbekommen soll. Und selbst wenn es irgendwo ein Lebensmittelgeschäft gäbe, würde ich morgen früh die Stufen runter ins Erdgeschoss womöglich ja gar nicht mehr schaffen.

Ich halte fest: Auf meine Weise habe ich heute einen Gipfel erklommen. Meine unteren Gliedmaßen sprechen eine eindeutige Sprache. Sie sind mittlerweile zu einem einzigen dumpfen Schmerz zusammengewachsen. Verhält es sich mit meiner Suche vielleicht so wie mit der Suche nach dem Gipfel im Nebel? Ich kann zwar nichts sehen, aber er ist da! Es wird ja wohl nicht an akutem Sauerstoffmangel liegen? Jedenfalls freue ich mich, in Spanien zu sein, und morgen geht's weiter. Ich fühle mich so, als wäre ich heute durch einen nebeligen Geburtskanal auf den Weg geboren worden. Es war eine schwere Geburt, aber Mutter und Kind sind trotzdem wohlauf und die Nabelschnur ist durchtrennt! Von meinen orthopädischen Problemen sollte ich einmal absehen.

Erkenntnis des Tages:
Obwohl ich den Gipfel durch den Nebel nicht sehen kann,
ist er doch da!

11. Juni 2001 – Zubiri

Heute Morgen sind meine Knieschmerzen so gut wie weggeblasen. Kann mein Knie fast schmerzfrei bewegen! Nach einem zünftigen Frühstück in der Gaststätte habe ich mich so gegen zehn Uhr auf den Weg gemacht, Richtung Zubiri, heute, laut meinem Kilometer zählenden Reiseführer, nur mal sechseinhalb Stunden Fußmarsch. Zur Abwechslung führt der Weg heute wieder über die Berge.

Da meine Wanderschuhe noch klitschnass sind, bleibt mir nichts anderes übrig, als in meinen Badelatschen loszulaufen, die ich mir auf Anraten meiner sehr deutschen Touristenlektüre ursprünglich gekauft habe, um direkten Fußkontakt mit unsauberen Duschwannen zu vermeiden. Die schweren kanadischen Boots habe ich zum Trocknen an meinen Rucksack gehängt.

Was wäre nur ohne meine kanadischen Boots geworden?

Der Anfang des Weges ist einfach und schön zu gehen. Hinzu kommt, dass heute der Hochsommer ausgebrochen ist. Habe das Gefühl, die nasse Kälte von gestern auszuschwitzen. Der Weg führt mich durch wunderschöne Wälder, in denen es nur so von Schmetterlingen und Eidechsen wimmelt und andere Pilger leider nicht auszumachen sind.

Endlich kann ich auch mal das alpenländisch anmutende Bergpanorama genießen. Nur die Beschilderung des Weges ist heute eher chaotisch und einfallsreich. Man muss schon sehr aufpassen, um die obligatorischen, von Hand gepinselten gelben Pfeile auf der Straße, an Bäumen, Zäunen oder auf Steinen wahrzunehmen, damit man auf dem rechten Weg bleibt. Trotzdem stellt sich bei mir das Gefühl ein, nicht ich laufe in Latschen nach Santiago, sondern Santiago kommt mir heute in Siebenmeilenstiefeln entgegen!

Die ersten baskischen Dörfer, durch die ich komme, sind traumhaft schön. Das ganze Baskenland kommt mir vor wie ein riesiger Märchenwald. Der Baustil der Häuser ist fantasievoll. Eine Architektur, die sich zwischen Cochem an der Mosel und Timmendorfer Strand bewegt. Und ich frage mich – wie kann die ETA nur Bomben im Märchenwald legen?

Auf einem wunderschönen Höhenweg sehe ich zwölf riesige Greifvögel, die ganz dicht über mir kreisen. Ich zähle mehrmals nach und kann es kaum glauben. Ein majestätischer Anblick, den ich natürlich mit meiner Wegwerfkamera verewige! Ich habe keine Ahnung, ob es Adler in den Pyrenäen gibt. Selbst mein besserwisserisches Vademekum schweigt sich darüber aus; aber so jedenfalls sehen diese Vögel aus. Ich hoffe nicht, dass es sich um Geier handelt, die in mir fette Beute sehen. Schön, dass ich ornithologisch nicht ganz auf der Höhe bin, so kriege ich auch mal zwölf Adler zu sehen!

Tja, und nach dem dritten Höhenweg mit schier unbe-

Ein Hauch von Mosel und Ostsee im Baskenland

schreiblicher Fernsicht sind auch, grüß Gott, meine Knieschmerzen wieder da. Hölle! Tut das weh!

Und mich befallen wieder Zweifel, ob ich als pummelige
Couch potato wirklich gut daran tue, mal eben in Badelatschen die Pyrenäen zu überqueren. Dreißig Kilometer am
Tag zu marschieren ist eben keine Kaffeefahrt. Mal geht's
besser mit dem Knie, dann wieder schlechter. Gepeinigt von
stechenden Knieschmerzen muss ich mein Lauftempo notgedrungen drastisch reduzieren. Zumal ich statt in ordentlichem Schuhwerk in Gummipuschen herumlatsche. Da
guckt dann schon mal der eine oder andere baskische Bauer
belustigt aus der Wäsche, wohl wissend, dass das Meer
schlappe zweihundert Kilometer entfernt liegt.

Irgendwann komme ich dann endlich wieder in ein Örtchen, dessen Herz aus einer kleinen Kneipe besteht. Ich ge-

nehmige mir Speis und Trank und kann ein paar Vorräte bunkern. Bananen, Wasser und Brot.

Gestärkt wandere ich weiter und wundere mich nach einer guten halben Stunde über die Leichtigkeit meines Schritts. Irgendetwas fehlt. Ein Geräusch! Das schürfende Klackern meines Pilgerstabes auf dem Asphalt ist verschwunden. Na prima. Ich habe ihn in der Kneipe stehen lassen. Sofort trabe ich im Eilschritt zurück, um ihn zu holen, denn ohne meinen Stock ist jeder Abstieg unmöglich und ... irgendwie fehlt mir der Knüppel auch.

Unter sengender Hitze verlassen mich dann kurz darauf wieder die Kräfte und ich bin drauf und dran, den soeben wiedergefundenen Pilgerstab ins Korn zu werfen. Was tue ich hier? Bin ich noch gescheit? Wenn mein Hausarzt wüsste, wie ich mich vollends übernehme! Badelatschen habe ich schon an, also wieso fahr ich nicht ans Meer?

Aber ich zwinge mich, anders zu denken, und so rede ich mir gut zu: »Lauf einfach weiter, Dicker! Es wird schon gehen.«

Nach einiger Zeit erreiche ich einen alten Weiler mit einer riesigen hölzernen Viehtränke, die im Schatten eines großen Baumes vor sich hin plätschert. Ständig fließt frisches, eiskaltes Quellwasser nach. Ich stecke meinen Kopf in das Wasser und fühle mich um Jahrzehnte verjüngt. Nachdem ich mich vergewissert habe, dass weit und breit niemand zu sehen ist, ziehe ich mich flott aus und nehme ein Ganzkörperwannenbad. Doch gut, dass ich Badelatschen dabei habe! Langsam schrumpfen meine geschwollenen Knöchel und Knie wieder auf Normalgröße zurück.

Natürlich kommen ausgerechnet jetzt doch Pilger vorbei. Zwei deutsche Damen im gesetzten Alter, ich vermute pensionierte Studienrätinnen, deren Wasserflaschen glücklicherweise noch bis zum Anschlag gefüllt sind, sodass sie nicht auf mein Badewasser angewiesen sind. Etwas pikiert setzen sie sich neben mich und können sich dann aber doch ein breites Grinsen nicht verkneifen. Ich tue so, als wäre ich Franzose, und hüpfe mit einem: »Ça va?« aus der Tränke. Die Damen ziehen weiter und ich gönne mir eine Zigarette und eine Banane mit Brot. Teile des Badewassers gieße ich in meine Wasserflasche, auf die ich jetzt besonders gut aufpasse. Die ist genau so wichtig wie der Wanderstab.

In dieser hölzernen Viehtränke saß der »Franzose« und rief den Damen »Ça va?« zu.

Meinen elf Kilo schweren Rucksack könnte ich eigentlich getrost mal vergessen! Elf Kilo!! Dabei ist gar nicht so viel drin. Eine lange Hose, die kurze trage ich heute, zwei Hemden, zwei T-Shirts, mein feucht-fröhliches Regencape, ein Pullover und je zwei Unterhosen und zwei Paar Socken, ein Reisenessesär, Rei in der Tube – denn ich habe ja jetzt täglich auch noch Waschtag –, Blasenpflaster, Wundspray, Sonnencreme, mein Handy, Geld, eine Isomatte, ein Schlafsack, ein Handtuch, ein etwas dickeres Buch, mein klammer Reiseführer und mein Powermüsliriegel für Notfälle. Und alles das wiegt zusammen mit dem Trinkwasser eben elf Kilo.

Meine Wanderschuhe sind inzwischen sonnengetrocknet, also bin ich bereit und mache mich auf zu dem auf über 800 Meter Höhe gelegenen Erro-Pass. Zweieinhalb Stunden geht es fast nur bergauf. Das findet mein Körper gar nicht witzig, aber die Schmerzen sind erträglich. Zwischendurch gönne ich mir immer wieder ein Päuschen und ein Zigarettchen.

Mein Wanderbuch hat eine deutliche Warnung ausgesprochen, was den Abstieg nach Zurbiri betrifft, er ist angeblich steil, sehr steil und nichts für Greenhorns. Da vor mir zwei deutsche Omas laufen, denke ich: Wenn die das schaffen, schaffe ich das auch. Ich bin halt simpel gestrickt.

Als ich die beiden dann kurz vor der Passhöhe einhole, halten sie sich vor Schmerzen stöhnend ihre Knie. Die paar Menschen, denen ich im Laufe des Tages noch begegne, ein mittelalter Holländer und eine durchtrainierte Französin, haben übrigens auch Knieschmerzen.

Ja, und so ist auch dieser Abstieg von weiteren zweieinhalb Stunden die reinste Wanderhölle! Schönes Wetter hin, schönes Wetter her. Der Weg nach unten durch den Wald hat's faustdick hinter den Blättern. Ich knicke sechsmal um. Das sechste Mal so heftig, dass ich mir sicher bin, nicht ohne einen Bänderriss davonzukommen. Ohne den Pilgerstab geht hier gar nichts mehr, es sei denn im Sturzflug. Ich kann meine Knie kaum noch beugen. Eine einzige Quälerei! Ein Weg ist nicht mehr zu erkennen, alles sieht eher aus wie eine Art Schlucht durch das wilde Kurdistan. Mittlerweile bezweifle ich, dass es sich hierbei noch um den offiziellen Pilgerpfad handelt. Das ist doch eher ein ausgetrockneter Wasserfall. Es bleibt mir nichts anderes übrig, als die Kletterei als Meditation zu nehmen. Immer nur auf den nächsten Schritt konzentrieren und bloß nicht weiter vorausschauen.

Solange ich noch ebenen Weges gehe, darf ich mir über den bevorstehenden Abstieg lieber keine Gedanken machen, sonst knalle ich auf dem ebenen Weg schon auf die Fresse!

Sich umzudrehen während des Laufens kann auf diesen Matschwegen, die gespickt sind mit wuchtigen Findlingen, halsbrecherisch sein. Während es vorangeht, also nicht umdrehen! Nur nach vorne schauen. Wenn man sich umdrehen will, kurz stehen bleiben, innehalten.

Ich lerne meinen Körper hier wirklich kennen und ich muss sagen, der macht schon – in zweierlei Hinsicht – eine ganze Menge mit. Wenn ich ihn nicht mit Gewalt zwinge, sondern auf ihn einrede wie auf ein krankes Pferd, und es langsam angehe, spielt er mit. So schaffe ich auch Zubiri wider Erwarten in einem Stück. Den Ort erreicht man über eine mittelalterliche Pilgerbrücke über den Rio Aga, die im Volksmund anheimelnderweise *puente de la rabia*, Brücke der Tollwut, heißt.

Bei meiner Ankunft an der Pilgerherberge werde ich musikalisch begrüßt durch die Vier-Mann-Kapelle aus Idaho. Sie hocken direkt unter der überladenen Wäschespinne auf dem Spielplatz. Frage mich wirklich, wozu eine Pilgerherberge einen Spielplatz braucht. Diese Strecke zu Fuß mit Kleinkindern zu bewältigen ist absolut undenkbar. Die Beschreibung des *refugio* lasse ich weg. Nur so viel, ich übernachte an diesem Ort wieder in einem netten, kleinen Hotel. Die Chefin ist praktischerweise die Cousine der Apothekerin, so werde ich umgehend mit Sportgel und elastischen Knieschonern versorgt. Wie der Zufall es will, habe ich heute ein Zimmer im dritten Stock, ohne Fahrstuhl. Irgendwer will mich offensichtlich gezielt kleinkriegen. Ich hoffe, ich kann morgen weiterlaufen nach Pamplona.

Heute Abend werde ich wieder Calamares in der eigenen Tinte essen. Sensationell! Sieht zwar etwas ekelig aus, aber das scheint hier das Nationalgericht zu sein, obwohl das Meer ein paar hundert Kilometer weit weg ist. Aber wenn ich in Badelatschen wandere, können die auch Tintenfische essen.

Erkenntnis des Tages:
Weiter! Nicht umdrehen!

12. Juni 2001 – Pamplona

Es war abzusehen: Nichts geht mehr, am wenigsten meine Beine. Gestern Nacht einzuschlafen war fast unmöglich, so sehr hat alles geschmerzt. Heute Morgen um neun Uhr versuche ich also aufzustehen und beide Beine von der Sohle bis rauf zum Oberschenkel sind steif und fast taub. Alles tut weh: die Sohlen, die Fersen, die Knie, die Schienbeine, die Muskeln.

Dennoch schaffe ich es, mich zum Frühstück ins Erdgeschoss zu hangeln.

Als ich mein Spiegelbild im Hotelflur betrachte, sehe ich schon deutlich weniger Speck, obwohl ich so viel futtere wie im Leben noch nicht.

Nach dem Frühstück schnüre ich mein schweres Bündel und ziehe los. Ich versuche tapfer den Pilgerweg weiterzugehen, welcher gleich mit einem herrlich steilen Anstieg aufwartet. Nach etwa einem Kilometer reicht es mir, es ist Schluss mit lustig!

Mein Körper braucht einen Ruhetag und zwar am besten gleich im dreißig Kilometer entfernten Pamplona. Eine Zug- oder Busverbindung dorthin gibt es nicht und so werde ich heute also vom Pilger zum Tramper!

Zunächst darf ich aber noch einige Kilometer auf der Landstraße in Richtung Pamplona wandern. Wenigstens ist die flach. Autos können hier allerdings unmöglich anhalten, ohne eine Massenkarambolage zu verursachen. So lasse ich den Daumen unten. Die Straße ist im Übrigen nicht für verirrte, hinkende Pilger gedacht und insofern lebensgefährlich! Als sie seitlich in einen breiten Schotterstreifen mündet, stelle ich mich mit erhobenem Daumen in Position. Ich spüre, wie ich mich kaum noch auf den Füßen halten kann. Auf der bisher verkehrsreichen Straße will auf einmal kein Wagen mehr fahren. Also richte ich mich innerlich schon mal auf die eine oder andere Stunde Wartezeit ein.

Ab und zu rasen Pkws in einem Affenzahn an mir vorbei. Die Insassen quittieren meinen Trampversuch meistens mit einem Kopfschütteln oder gar mit einem Stinkefinger. Die Sache scheint zum Scheitern verurteilt.

Ich stecke mir eine Zigarette an. Kaum ist die angezündet, sehe ich in der Ferne einen kleinen weißen Peugeot auf mich zukommen. Also Daumen raus, Sonnenbrille runter, lächeln! Das habe ich das letzte Mal mit achtzehn in Griechenland gemacht. Da hat es auch nicht geklappt.

Der Wagen kommt näher und ich erkenne mindestens drei Personen mit einem Haufen Gepäck darin. Also Daumen wieder runter, da hätte nicht mal mehr mein roter Rucksack Platz. Der Wagen wird langsamer und ... er hält. Dem Nummernschild nach handelt es sich um Franzosen. Ein älterer Herr und zwei ältere Damen.

»Ou est-ce-que vous allez, Monsieur?« – Wo wollen Sie hin?

»Nach Pamplona!«, sage ich und denke: Bitte lieber Gott, lass sie bloß nach Pamplona fahren!

»Montez – Steigen Sie ein. Sie können ja erst mal nicht weiterlaufen!«, überrascht mich der Herr und ich frage: »Woher wissen Sie das?«

Die Dame auf dem Rücksitz grinst mich an: »Sie tragen doch einen Knieschoner! Wenn ein Pilger aus eigener Kraft nicht weiterkann, muss man ihm helfen, finden Sie nicht? Das ist doch eine gute Tat.«

Ich finde, dass das sogar eine ausgesprochen gute Tat ist, und quetsche mich zu der Dame auf den Rücksitz. Mein Rucksack und ich passen tatsächlich noch in die nette Runde. Der distinguierte Herr setzt die Fahrt fort und wendet sich nach hinten: »Da haben Sie aber Glück, dass wir Franzosen sind!« Ich schaue ihn verblüfft an und frage natürlich warum, in der Hoffnung, jetzt nicht Zeuge rassistischer Ausbrüche seitens der sympathischen Rentner werden zu müssen. »Wissen Sie«, fährt er fort, »die Spanier nehmen grundsätzlich keine Pilger mit. Die sind da rigoros. Wer den Weg nicht aus eigener Kraft schafft, schafft ihn eben gar nicht.«

Sofort komme ich mir schuldig vor, aber mein Fuß tut weh und wer weiß, wofür diese Fahrt hier gut ist.

Die drei Herrschaften kommen aus Toulouse. Schnell entsteht eine angeregte Unterhaltung. Mein Französisch ist ganz passabel, was mir auch meine Mitreisenden bestätigen. Die Dame vorne macht einen etwas geknickten Eindruck, deshalb frage ich: »Wohin geht die Reise?« – »Nach Logroño«, bekomme ich von ihr eine knappe Antwort, »liegt auch auf dem Pilgerweg.« Die Dame neben mir – eine entschlossene Mittfünfzigerin – ist aufgeschlossener: »Der Mann unserer Freundin da vorne ist von Toulouse bis nach Logroño auf dem Jakobsweg gepilgert, so wie Sie. Kurz vor Logroño hat er dann aus einer Quelle Wasser getrunken und eine fürchterliche Vergiftung bekommen, an der er beinahe gestorben wäre. Nun fahren wir ihn in der Klinik besuchen und in einer Woche wird er dann hoffentlich entlassen.«

Für einen Moment bin ich sprachlos. Der Arme war schon fast fünfhundert Kilometer gelaufen und dann das! Mann, dieser Jakobsweg ist eine echte Herausforderung. Ich werde nur noch Mineralwasser aus der Flasche trinken.

Pamplona ist schnell erreicht. Die Herrschaften bringen mich freundlicherweise direkt ins Zentrum. Gegenseitig wünschen wir uns alles Gute und ich bedanke mich noch mal ausdrücklich fürs Mitnehmen.

In dem kleinen Hotel »San Nicolas« bekomme ich ein freies Bett. Das Fenster meines Zimmers im zweiten Stock öffnet sich direkt in einen dunklen Lichtschacht mit Kathedralenakustik ... Irgendwo im Haus schreit sich prompt ein Baby die Seele aus dem Leib. Aber das Konzert gibt's für nur siebzehn Mark die Nacht. Was soll's? Es ist sauber, mitten in der Stadt und eine offizielle Pilgerherberge.

Später humpele ich dann tapfer los, um mir die grandiose und stolze Hauptstadt der Region Navarra anzusehen. Jeder Schritt schmerzt, sodass ich mich schnell für eine Sitzbesichtigung auf der Plaza del Castillo entscheide. Hier humpeln und hinken so einige Pilger durch die Stadt, die mal eine römische Siedlung war. Der Weg scheint allen zuzusetzen, erstaunlicherweise aber mehr den Jungen und vor allem den Deutschen. Immerhin ist es bis zu den Stierläufen noch Wochen hin, hier muss keiner um sein Leben rennen.

Da ich nicht so recht weiß, was ich mit meinem freien Tag und mir anfangen soll, sitze ich nur so da und beobachte das Treiben auf der Plaza. Und mit einer Sache kann man normalerweise nie etwas falsch machen: Essen! Also bestelle ich mir eine Portion Thunfisch mit Paprika und ein Mineralwasser. Als das Tablett sich nähert, stinkt es schon von weitem nach muffigem Öl. Die Bedienung platziert das Essen und ich stelle fest, dass das Gericht noch ekeliger aussieht, als der Geruch es vermuten ließ. Vor mir auf dem Tisch steht die Krönung der miesesten Kochkunst. Der Fisch ist grau, Paprika kann ich gar nicht erst entdecken und das Öl ist definitiv ranzig. Das rieche ich; dazu muss ich nicht erst probieren. Ich trinke fix das Mineralwasser aus, stehe auf und humpele zügig davon. Ohne zu zahlen! Habe ich vorher noch nie gemacht. Der Pilger als Zechpreller. Das Wasser habe ich selbstverständlich auf das Wohl des Hauses geleert. Das Letzte, was ich jetzt noch brauche, ist eine Gastritis.

Ich bin heute aber auch quengelig; ich führe das auf die Knieschmerzen zurück. Fühl mich heute auch ein bisschen

Pamplona, wo ich zum Zechpreller wurde

alleine. Natürlich könnte ich mal zu Hause anrufen, aber wahrscheinlich breche ich die Reise dann sofort ab.

Hab aber auch überhaupt keine Lust, mich irgendwelchen anderen Pilgern anzuschließen. Die meisten wirken erzkatholisch und scheinen sich ihrer Sache so sicher zu sein, dass ich mich frage, warum die überhaupt pilgern. Die werden als die gleichen Menschen die Reise beenden, als die sie sie begonnen haben; falls sie es denn bis nach Santiago schaffen.

Ich will mich von allen vorgefertigten Vorstellungen mal lösen und entspannt abwarten, was der nächste Tag an neuen Erfahrungen bringt. Irgendetwas sollte dieser Weg schon in mir verändern!

Seit dem Start treffe ich andauernd den mittelalten Holländer namens John und die französische Mittvierzigerin mit viel sportlichem Ehrgeiz wieder. Beide grüßen mich immer freundlich und geben mir zu verstehen, dass sie Lust hätten auf ein längeres Gespräch. Allerdings wechsele ich dann nur ein paar Worte mit ihnen und gewissermaßen reicht mir das dann auch. Es muss schon irgendwie … passen und das tut es eben nicht!

Seitdem ich losgelaufen bin, habe ich den Eindruck, dass sich starre, alte Muster in mir allmählich lösen. Ich werde durchlässiger – wie mein Rucksack. Und erlaube es meinen Gedanken, für die ich sonst gar keine Zeit habe, einfach mal aufzusteigen.

Immer wieder denke ich auf dem Weg auch an meine beruflichen Anfänge zurück und die glücklichen Fügungen, die zwischen meinem fünfzehnten und zwanzigsten Lebensjahr dazu geführt haben, dass mein Traum wahr wurde.

Schon als Kind hatte ich die unbegründete Gewissheit, einmal im Rampenlicht zu stehen. Richtig los ging's eigentlich 1981. Da dachte ich mir: »Wenn du Komiker werden willst, brauchst du Material!« Also fing ich an, mir Notizen zu machen.

Freunde, denen ich ab und zu etwas von meinen wüst zusammengewürfelten Absurditäten vorlese, gucken mich dann mit großen fragenden Augen an: »Das findest du lustig?« Ich mache weiter. Denn ich find's lustig, sogar sehr! Meine Familie nimmt meine Aktivitäten mit einigem Befremden zur Kenntnis, lässt mich aber gewähren.

Eines Nachmittags sitze ich bei Kaffee und Kuchen im Haus meiner Patentante Anna und sie knallt mir die »Hör Zu« auf den Tisch: »Hier, du willst doch zum Fernsehen, die suchen Talente.« Ich sehe ein Bild von Carolin Reiber und darunter die forsche Frage: »Sind Sie ein Talent? Melden Sie sich bei mir!«

Prima, wenn schon meine Freunde nicht über meinen Humor lachen können, dann wird es Carolin Reiber sicher förmlich aus den Socken hauen. Der Einsendeschluss für den Wettbewerb ist allerdings schon seit einer Woche abgelaufen. Aber Tante Anna fegt meine Bedenken beiseite: »Ja und? Schreib doch in den Brief einfach ein anderes Datum! Wer liest denn schon den Poststempel?« Recht hat sie.

Meine ellenlangen Sketche labere ich also auf eine Kassette und komme nach mehrmaligem Kontrollhören zu der Überzeugung, dass es besser wäre, die Sketche zusätzlich zu erklären. Also folgt auf einer weiteren Kassette zu jedem Sketch auch noch eine fünfminütige Erläuterung.

Vier Wochen später flattert mir eine Einladung für zwei Personen zur Funkausstellung nach Berlin ins Haus.

»Herzlichen Glückwunsch! Sie sind zusammen mit fünf weiteren Bewerbern aus über sechshundert Zuschriften ausgewählt worden und können Ihr Talent in Berlin unter Beweis stellen!« Großartig! Wahrscheinlich hat meine unfreiwillig komische Zusatzkassette den Ausschlag für diese Entscheidung gegeben. So machen mein Vater und ich – gerade mal sechzehn – uns also auf nach Berlin.

Unser Abreisetag fällt allerdings unglücklicherweise auf meinen ersten Schultag nach den Sommerferien und ich müsste eigentlich im Erdkundeunterricht sitzen und nicht am Düsseldorfer Flughafen.

Mein Vater hält es aber auf Grund des gegebenen besonderen Anlasses für vertretbar, die ersten zwei Schultage ausfallen zu lassen.

Als wir im Warteraum vor unserem Abfluggate sitzen, spaziert gut gelaunt der Direktor meines Gymnasiums herein! Mein Geschichtslehrer. Besser hätt's nicht laufen können. Der sieht mich natürlich sofort und kommt auf mich zugestürzt: »Und du fliegst also auch am ersten Schultag nach Berlin?« Das kann ich schlecht leugnen.

Mein Vater übernimmt das Ruder und erzählt eine haarsträubende Geschichte von einer verstorbenen Tante in Berlin! Wie traurig das alles sei, wo der Junge doch so an ihr gehangen hätte! Herr Dr. Koch schaut betrübt drein und lässt uns in Ruhe weitertrauern.

Im Flugzeug maßregle ich meinen Vater: Die Wahrheit zu

erzählen wäre ja wohl besser gewesen. Bei meiner Ankunft in Berlin muss ich nämlich als Erkennungszeichen für die Redakteurin eine zehn Zentimeter große Papiermargerite sichtbar anheften. Mit der Aufschrift: »Ich lese Hör Zu!« Wie sollen die von der »Hör Zu« mich auch sonst am Flughafen erkennen?

Was nützt's? Kurz vor dem Verlassen des Jets stecke ich mir also diesen Riesenoschi ans Revers. Während mein Direktor sich von mir verabschiedet, glotzt er ständig auf die Blume.

Der Wettbewerb findet vor viel Laufpublikum in einer Halle des Berliner Messegeländes statt. Die Jury ist mit hochkarätigen Experten besetzt. Bei meinem Auftritt tue ich genau das, was ich bereits auf Familienfeiern und Schulfesten ausprobiert habe – und siehe da: auch im Gewühl der Messebesucher findet mein Humor einen gewissen Anklang.

Am Ende des Wettbewerbes gehöre ich zu den Siegern in allen Kategorien.

Danach bombardiere ich sämtliche Rundfunkanstalten mit meinen Kassetten. Tja, und ein Sender meldet sich dann auch tatsächlich bei mir. Lutz Hahn vom Saarländischen Rundfunk bearbeitet, korrigiert und verbessert mit mir zusammen das gesamte Sketchmaterial und fünfundzwanzig Texte werden in Saarbrücken aufgezeichnet und später gegen ein sattes Honorar gesendet. Die Arbeit beim Saarländischen Rundfunk ist großartig und macht enorm viel Spaß. Ohne den Mut und den kühnen Einsatz des Redakteurs wäre ich nie beim Radio gelandet.

Der WDR wird dann durch die Aufnahmen des SR auf mich aufmerksam und der verantwortliche Unterhaltungsredakteur Georg Bungter lädt mich daraufhin immer wieder zu kleinen WDR-Hörfunkproduktionen ein. Dass diese beiden Redakteure das damals gemacht haben! Einen siebzehnjährgen Schnösel zu Aufnahmen einzuladen. Ich bin ihnen ewig zu Dank verpflichtet! Daraufhin werde ich zusammen mit »Nicki«, damals hieß sie noch »Doris«, von Dieter Pröttel in den »Talentschuppen« eingeladen. Der Auftritt bewirkt allerdings gar nichts, außer dass ich merke, dass eigentlich nicht das Radio, sondern das Fernsehen mein Element ist.

Kurz vor meinem achtzehnten Geburtstag schreibe ich mal wieder einige meiner berüchtigten Briefe mit beiliegender aktualisierter Probekassette an den Bayerischen Rundfunk und sämtliche andere Fernsehanstalten, für die ich noch nicht gearbeitet habe.

Es hagelt nur rüde Absagen. Lediglich eine Redakteurin des BR antwortet höflich und schreibt mir einen sehr lieben und langen Absagebrief. Über den ich mich allerdings, weil er der letzte in der Reihe ist, so ärgere, dass ich der Dame einen unverschämten Schrieb nach München zurückschicke. Daraufhin ruft die immer noch verständnisvolle Fernsehfrau mich eines Tages zu Hause an: »Wissen Sie, wenn Sie wirklich so talentiert sind, wie Sie behaupten, dann nehmen Sie doch am 1. Passauer Kabarettwettbewerb teil. Da soll ein neuer Preis für Nachwuchskabarettisten vergeben werden. Das ›Scharfrichterbeil‹! Aber vorher sollten Sie erst mal Manieren lernen und mein einziger Tipp lautet: Schreiben Sie nie wieder irgendjemandem so einen Brief.«

Schon sehe ich mich natürlich mit einer glänzenden, wohlgeformten Trophäe in der Hand als Sieger auf einer Bühne stehen. Also wende ich mich an das »Scharfrichterhaus«. Ein politischer Kabarettist bin ich zwar nicht, aber bissig sind meine Texte durchaus!

Der Absagebrief aus Passau lässt nicht lange auf sich warten. Man erklärt mir darin sehr freundlich, dass es sich bei der Veranstaltung um einen Wettbewerb für Kabarettisten aus Süddeutschland, Österreich und der Schweiz handele. Mein Material sei zudem nicht überzeugend, da es eben nicht politisch sei.

Also gut, wird daraus eben nix! Zusammen mit meinem

Kumpel Achim Hagemann hatte ich mich aber parallel beim WWF-Sprungbrett-Theater beworben. Wir zwei hatten eine musikalische Sketch-Revue entwickelt und die sollte es nun auf die Bretter des Kölner Theaters schaffen. Das Westdeutsche Werbe-Fernsehen will Talente im hauseigenen Theater fördern und gegebenenfalls auch auf den Sender bringen.

Wir zwei haben uns wieder mal mit einer im Kinderzimmer aufgenommenen Kassette beworben, deren Qualität offensichtlich nicht schlecht genug ist, um eine Einladung zum Casting zu verhindern. Wir sind dabei! Als wir in das kleine Theater kommen, ist es bis auf den letzten Platz gefüllt. Einhundertzwanzig Hoffnungsträger des Deutschen Fernsehens starren verkrampft auf die professionell ausgeleuchtete Bühne. Stepptänzer, Sänger, Komiker, Bauchredner, Zauberer und Akrobaten.

Die Chefin des Hauses, Ingrid Jehn, baut sich dann vor uns auf und führt sympathisch sächselnd aus, wie hart der Weg nach oben sei und dass sie sowieso nur drei Leute von den über einhundert Anwesenden nehmen könne, denn die restlichen Förderplätze seien bereits anderweitig vergeben – unter anderem an den zukünftigen Gewinner des noch auszutragenden Wettbewerbs um das »Scharfrichterbeil«.

Als sie ihren beeeindruckenden Monolog beendet, trifft ihr Blick mich: »Du! Du hast so ein offenes Gesicht! Du fängst an.« Achim und ich tapern auf die Bühne. Er ans Piano, ich an den Mikroständer. Achim spielt um sein Leben und ich gebe auch mein Bestes.

Wir sind nicht mal nervös. Unschuld der Jugend! Die Konkurrentenschar in den plüschigen Sesseln bleibt ungerührt in denselben kleben. Nicht der Anflug einer Reaktion ist den stoischen Gesichtern abzulesen.

Kein Lied kann sie bewegen, kein Witz lässt sie schmunzeln. Achim und ich sind zwar die Ruhe selbst, aber erfolglos wie nie. Den ersten kleinen Lacher erziele ich, als ich verzweifelt versuche, das Mikrofon aus dem Mikroständer zu reißen. Ich will mich auf der Bühne bewegen und nicht nur auf der Stelle treten.

Nie zuvor habe ich so einen professionellen Mikrofonständer gesehen. Was weiß denn ich, wie man das Mikro da raus bekommt? Wie wild ziehe ich an dem Teil, bis es sich plötzlich ruckartig löst und mir gegen die Zähne donnert. Es splittert. Leider nicht das Mikro, sondern mein rechter Schneidezahn, der im hohen Bogen in die johlende Menge fliegt.

Wir ernten Begeisterung, Lachen und frenetischen Applaus. Alles das, was sich ein Künstler wünscht. Die Nummer mit dem Zahn hätte sogar prima Chancen in Las Vegas!

Entsetzt renne ich suchend über die Bühne: »Mein Pffahn, mein Pffahn, hat irgendjemand meinen Pffahn gesehen?« Der Saal brüllt. Vielleicht bin ich ja doch zum Komiker geboren? Der Einzige, der mir suchen hilft, ist mein Mann am Klavier, Achim. Der Zahn ist weg! Frau Jehn gibt uns nach unserer gänzlich verbotenen Performance mit einem feuchten Händedruck zu verstehen, dass sie nicht besonders beeindruckt gewesen sei. Es heißt nur kühl: »Wir melden uns dann bei Ihnen!« Mein künstlicher rechter Schneidezahn wird mich immer an diesen denkwürdigen Auftritt erinnern.

Drei Tage vor dem Wettbewerb in Passau bekomme ich einen unglaublichen Anruf. Der Direktor des »Scharfrichterhauses« ist persönlich am Telefon. Einer der Kabarettisten sei leider erkrankt und so sei ein Platz im Teilnehmerfeld frei geworden. Man habe sich aber überlegt, dass es schon dreizehn Bewerber sein sollten. Das sei schließlich eine gute Zahl fürs Kabarett. Ob ich noch Interesse hätte? Allerdings würden nur die Hotelkosten übernommen!

Ich sage zu. Das ist meine erste richtige Chance! Ich bettele meine Oma an, mir die Reise zu ermöglichen. Sie tut es und obendrein schenkt sie mir noch hundert Mark.

Dreizehn Teilnehmer gehen im tief verschneiten Passau

an den Start. Die Nummer 13 bin ich! Das wirtshausartige Theater ist gerammelt voll und die Luft geschwängert von Rauch und Weißbierdunst. Urwüchsig bayerisch halt! Zum ersten Mal werde ich hier auf einer richtigen Bühne stehen.

In der Jury sitzen der Direktor des Theaters, Sigrid Hardt, Theaterkritikerin der Münchner *Abendzeitung*, die Redakteurin vom Bayerischen Rundfunk, die mich für untalentiert hielt, und Ottfried Fischer, der damals in Bayern schon eine echte Größe ist, und noch irgendjemand Wichtiges.

Zwei Österreicher in schwarzen Rollkragenpullovern und Cordhosen betreten als Startnummer eins die Bühne. Sie sind bereits mehrfach mit Preisen ausgezeichnet, unter anderem mit dem renommierten »Salzburger Stier«. Ein Feuerwerk der Wortakrobatik ergießt sich über die Bühne!

Sie sind brillant, beseelt und besessen! Kein Zweifel, ich schaue den Siegern zu! Dagegen bin ich chancenlos und einen zweiten Platz gibt es hier nicht!

Die Pointen sind scharf wie Chilischoten und der Saal und ich quietschen vollkommen zu Recht vor Vergnügen. Das ist so beeindruckend, dass ich ernsthaft darüber nachdenke, meinen Auftritt abzusagen. Das schöne Geld meiner Oma, das ich sinnlos verflogen habe! Wie soll ich ihr das denn erklären, dass ich nicht mal aufgetreten bin? Also sage ich mir: Dabei sein ist alles!

Das Publikum lässt die beiden Salzburger nicht mehr von der Bühne und feiert sie vorab schon mal als Sieger. Die elf Acts, die nun folgen, schwanken zwischen mittelmäßig, bemüht, ganz nett und katastrophal. Der Abend beginnt sich in die Länge zu quälen.

Als Nummer zwölf geht eine bayerische Putzfrau an den Start. Keine Pointe zündet und sie verliert sich in ihrem schlecht auswendig gelernten Monolog. Die nicht mehr vorhandene Stimmung reißt sie auf den endgültigen Tiefpunkt. Das Publikum lässt sie eiskalt ohne Applaus von der Bühne gehen. Was für ein hartes Brot! Die Frau tut mir Leid.

Dann kommt die Nummer 13 an die Reihe. Ich bin so nervös, ich bekomme kaum noch Luft. In der Ansage entschuldigt sich der Veranstalter dann zu allem Überfluss auch noch dafür, dass ich überhaupt dabei bin, aber ich sei halt jung und man habe sich gedacht »Warum nicht?«

Im Geiste stelle ich mir eine Bombenansage vor und setze mich mit meinen Manuskripten an meinen kleinen, wackeligen Holztisch und halte mich daran fest. Nach den ersten abgelesenen Worten spüre ich: Ich bin in Form! Nach einigen Minuten kreischt der Saal. Die Leute klatschen – und zwar so, als müssten sie. Ottfried Fischer schlägt mit seinen wuchtigen Fäusten vor Lachen so laut auf den Tisch, dass ich mein eigenes Wort nicht mehr verstehe. Der Auftritt ist ein Triumph. Die Leute brüllen, schreien, toben und sie stehen sogar auf! Feuertaufe bestanden und auch wenn ich heut nicht gewinne – ich bin definitiv Zweiter geworden! Tief in mir weiß ich natürlich: Die Österreicher waren besser, professioneller, ausgereifter und geschliffener. Als ich die Bühne verlasse, stehen da die zwei Salzburger und klopfen mir auf die Schulter: »Tja, das wird wohl diesmal nix mit unserem Preis! Die Leute da draußen lieben dich!«

Die Jury tagt bis in die tiefe Nacht und macht sich die Entscheidung offensichtlich nicht leicht. Dann verkündet Otti Fischer gegen Mitternacht das Ergebnis: »Wir haben uns nicht leicht gemacht, aber wir denken, dieser Preis sollte den Künstler auszeichnen, der wahrscheinlich eine große Karriere vor sich hat.«

»Klar, die Ösis. Sei ein guter Verlierer.« Denke ich und dann höre ich nur noch meinen Namen und ein Blitzlichtgewitter geht los.

»Wie geht's dem Zahn?«, will eine Dame im Getümmel von mir wissen.

Ingrid Jehn vom WWF-Theater gratuliert mir herzlichst und teilt mir mit, dass ich mich nun auf ein vierwöchiges Gastspiel in ihrem Hause freuen dürfe. Die Redakteurin vom Bayerischen Rundfunk hat meinen Auftritt fürs Radio mitgeschnitten, sodass er in Bayern am darauffolgenden Tag ausgestrahlt wird. Man drückt mir das riesige silberne Beil in die Hand und die Münchner *Abendzeitung* titelt am nächsten Tag im Kulturteil:»Der Engel mit dem bösen Blick.«

Als ich mit dem Beil nach Hause komme, ist meine Oma stolz und glücklich. Von da an geht es stetig und schnell weiter. Einen ganzen Monat spiele ich in der von Ingolf Lück großartig moderierten Sprungbrett-Theatershow und das Fernsehen strahlt meine Auftritte im Vorabendprogramm aus. Eine tolle Zeit.

Und dann bekomme ich einen Anruf von einer Dame von Radio Bremen. »Guten Tag, mein Name ist Reckmeyer. Spreche ich mit dem Engel mit dem bösen Blick? Sie müssten mich eigentlich kennen!?«

Der Name sagt mir aber nichts.

»Sie haben mir vor einigen Jahren mal einen Brief geschrieben! Sie wollten damals bei Loriot den ›Dicki Hoppenstedt‹ ersetzen.«

Wie peinlich! Stimmt, ich erinnere mich dunkel daran, als Zwölfjähriger so einen Brief verbrochen zu haben. Darauf schrieb mir eine Dame als Antwort: »Im Moment können wir dich leider nicht besetzen, aber wir haben dich in unsere Besetzungskartei aufgenommen!«

Den Brief habe ich heute noch, denn damals dachte ich: »Wenigstens mal eine Absage, die einem nicht alle Hoffnungen raubt!«

Frau Reckmeyer macht mir ein nettes Angebot.

»Wir möchten, dass Sie beim Bremer Fernsehen bei einem Jugendabend auftreten.«

Toll, ein Live-Auftritt im Bremer Regionalfernsehen! Ich sage zu und fahre nach Bremen. Im Zug lese ich in einer Zeitung, dass es sich bei der Sendung allerdings nicht um eine Regionalsendung, sondern um eine ARD-Show handelt, die um Viertel nach acht ausgestrahlt wird. Mit Gästen wie Nena und Depeche Mode. Oha. Mir zittern die Knie, als ich den Bremer Sender betrete.

Birgit Reckmeyer entpuppt sich als sympathischer Knaller. In ihrem Büro an der Pinnwand hängt tatsächlich mein mit krakeliger Kinderschrift geschriebener Brief von 1977.

Zum ersten Mal betrete ich ein richtig großes Fernsehstudio und bin überwältigt. Der Show-Dino Mike Leckebusch führt bei der Sendung Regie und mich pickeligen Achtzehnjährigen umsichtig ans Fernsehen heran.

Am Nachmittag um vier erscheine ich auf die Sekunde genau zu meiner ersten Probe. Im Studio übt allerdings noch irgendeine schnöselige Amerikanerin mit zwei Tänzern einen potenziellen Sommerhit. Die Kaugummi kauende Frau nervt, denn sie probt und probt und probt und vertanzt sich trotzdem ständig. Die Tänzer verdrehen die Augen, während sie albern kichernd das Playback immer wieder abbricht und meine Probezeit dadurch dramatisch verkürzt.

Die Dame nennt sich übrigens Madonna und der Titel heißt ›Holiday‹. Genervt sitze ich direkt neben der Bühne und schaue mir ihre Performance an. Der Regisseur fährt dann aus der Haut und ermahnt sie zu Disziplin. Ständig zieht sie nervös ihren Kaugummi aus dem Mund und nuckelt daran. Aus der wird nie was! Ich freue mich auf Nena, die direkt nach mir proben soll. Madonna macht eine Pause und meine Probe wird dazwischengeschoben. Währenddessen betritt Nena samt Band das Studio.

Ich erröte vor Ehrfurcht. Auch Madonna, die sich mit ihren Tänzern in der Publikumsbestuhlung fläzt, ist nicht unbeeindruckt. Nena hat gerade einen Nummer-Eins-Hit in den USA gelandet. Nena sieht sich meine Probe an und grinst übers ganze Gesicht. Das nehme ich jetzt mal als gutes Omen! Der Regisseur ist begeistert und meint, eine Probe würde reichen, sonst könnte mein Sketch in der Sendung womöglich nicht mehr frisch wirken. Siehste! Ich bin ein Profi und werde dieser Madonna heute Abend mal zeigen, wo der Showhase langläuft!

Ich war neunzehn, ich war jung und ich brauchte Geld, aber es gab ja kaum welches.

Mein Auftritt in der Sendung läuft wirklich gut und noch am selben Abend bietet mir Radio Bremen eine eigene Show im Ersten an. Nach nur knapp vier Jahren intensiver Arbeit an mir bin ich mit neunzehn Jahren an dem Ziel, das so unerreichbar schien. Ich fasse mein Glück nicht.

Als ich am nächsten Tag nach Hause komme, wartet meine Oma mit einer fast noch dolleren Überraschung auf mich.

»Rate mal, wer heute Morgen hier angerufen hat? Rätst du nie!« Meine Oma will es spannend machen: »Da kommst du nie im Leben drauf!« Stimmt. »Otto!«, erlöst sie mich.

»Hä? Welcher Otto?«

»Otto Waalkes, den kennst du doch! Du, der will sich mit dir treffen!«

Aufgeregt rufe ich in Hamburg bei Rüssel Räckords an. Der nette Herr am anderen Ende der Leitung ist ein Mitarbeiter von Otto. Er lädt mich zu einem von Otto organisierten Comedy-Festival ins Hamburger »Logo« ein.

»Otto hat dich im Fernsehen gesehen und jetzt möchte er dich gerne mal live erleben! Lust zu kommen?«

Was für eine Frage! Man hinterlegt mir ein Flugticket nach Hamburg, bucht ein Zimmer im »Hotel Intercontinental« und Gage gibt es auch.

Am Abend des Auftritts ist der Theatersaal im »Logo« rappelvoll. Meine aufstrebenden älteren Comedy-Kollegen aus der Hamburger Szene behandeln mich zwar wie provinzielle Luft, aber dafür sitzt Otto, wie ich mit einem Blick durch den Vorhang feststelle, leibhaftig im Publikum. Mein Puls steigt. Die Stimmung im Publikum ist prächtig, denn die ersten Komiker räumen auf der Bühne ab. Vor diesen Zuschauern aufzutreten kann nur großartig sein und so freue ich mich auf den Abend. Den Bühnentechniker bitte ich kurz vor meinem Auftritt darum, meinen Tisch unbedingt rechts von der breiten Säule, die mitten auf der Bühne steht, zu positionieren. Sonst können mich die meisten Leute im Saal während des Vortrags nicht sehen.

Als ich die Bühne betrete, werde ich mit großem Applaus empfangen und erstarre im gleichen Moment. Mein Tisch steht direkt vor dem Ungetüm. Kaum jemand kann mich richtig sehen. Erst recht nicht, wenn ich mich setze.

Heute würde ich den schweren Tisch nehmen und ihn mit einem blöden Kommentar dahin schieben, wo ich ihn haben möchte. Aber mir kommt nicht mal der Gedanke. Also setze ich mich, verschwinde quasi und fange an. Zwei Drittel der Leute können mich überhaupt nicht sehen. Aber auch die, die mich sehen und hören können, lachen nicht. Ich bin hier der Stimmungstöter. Zwanzig Minuten Programm soll ich füllen. Nach zehn Minuten und keinem einzigen echten Lacher schauen die ersten Leute auf die Uhr. Was soll ich nur machen? Ich beschließe zügig zum Schluss zu kommen. Mit einem echten Gnadenapplaus verlasse ich wie ein geprügelter Kettenhund die Bühne. Der Bühnentechniker fragt nur knapp: »Fertig?« Er meint den Auftritt. Ich sage: »Ja.« Und meine mich.

Anschließend, so ist es verabredet, bin ich Gast an Ottos Tisch. Welche Peinlichkeit! Dem kann ich doch auf keinen Fall unter die Augen treten. Andererseits. Wir sind schließlich verabredet. Erhobenen Hauptes gehe ich tapfer durch das Publikum an seinen Tisch.

Otto sitzt dort gut gelaunt mit fünf Freunden, die mich alle ansehen, als hätte ich gerade ein Qualifikationsspiel für die WM vergeigt. Otto steht sofort auf, nimmt mich am Arm und zieht mich in Richtung Ausgang. Seine Frau folgt uns. Erst draußen vor der Tür begrüßt er mich und sagt, dass er sich sehr freue, mich endlich kennen zu lernen. Er und seine Frau Manou sind ausgesprochen entspannt und angenehm.

Otto reibt sich voller Tatendrang die Hände: »Wollen wir noch irgendwo zusammen was trinken? Ich bin froh, dass ich da raus bin. Die Luft war ja schrecklich da drin.«

Prima, und wer hat sie erzeugt? Ich. Es platzt förmlich aus mir heraus: »Es tut mir Leid, dass ich den Auftritt so vergeigt habe. Ich versteh das selber nicht, irgendwie hat heute gar nichts geklappt.« Otto schaut mich erstaunt an: »Wieso?« Seine Frau ist genau so irritiert.

»Na ja, es hat doch keiner gelacht. Schlimmer kann es doch wohl nicht laufen!«

Otto lacht: »Und? Das bedeutet doch nichts. Ich fand dich großartig!« Seine Frau pflichtet ihm bei: »Das war total witzig!«

Mein Gott, sind die süß! Die notlügen hier, was das Zeug hält, weil sie wahrscheinlich befürchten, dass ich sonst in etwa einer knappen halben Stunde vom Hamburger Fernsehturm springen werde.

Otto merkt, dass ich wirklich unglücklich bin über meine Performance, und erklärt mir: »Die anderen sind deshalb viel besser angekommen, weil sie etwas Ähnliches machen wie ich. Das kennt das Publikum und lacht! Teilweise haben sie heute Abend doch sogar Nummern aus meinem Programm nachgespielt. Was du machst, verstehen die Leute noch nicht. Du machst was Eigenständiges. Sie müssen sich erst an dich gewöhnen. Gib ihnen Zeit! In zwei Jahren werden sie quietschen!« Das glaube ich ihm nicht, obwohl ich merke, dass der König der deutschen Komiker es gerade ernst meint.

Otto ist mörderisch gut drauf und wir haben an dem Abend Spaß ohne Ende. Nachdem sie mich schönerweise eingeladen hat, bei ihnen zu Hause zu übernachten, tritt Manou irgendwann den Heimweg an.

»Lust auf Promis?«, will Otto hingegen wissen. »Komm, wir gehen Promis gucken. Ich liebe das!«

Er schleppt mich also auf eine edle Promigeburtstagsparty. Na, der Zufall will es, dass ich für den Anlass auch noch passend gekleidet bin: uralter flusiger schwarz-weißer Norwegerpulli, Jeanshose mit Fransen und dazu blau-gelbe Turnschuhe, die ich hinter dem Rücken meiner Oma schon zweimal wieder aus dem Müll gefischt habe!

Die Party findet in Hamburgs feinster Gegend in einem superteuren Lokal statt. Am Eingang trifft Otto Frank Zander und stellt mich ihm als die Zukunft des Fernsehens vor.

Schicke Promis, so weit das Auge reicht. Boney M und Drafi Deutscher stürzen auf Otto zu. Otto stellt mich begeistert der Leadsängerin Liz Mitchell vor. Diese Begeisterung kann sie nicht teilen, denn sie guckt mich an, als wäre ich ein alter Golf mit Dellen, der im absoluten Halteverbot steht! Dann schreit Otto in seiner unvergleichlichen Art durch den Saal: »Hier steht der kommende Komiker! Ihr müsst ihn unbedingt alle kennen lernen!« Die meisten denken sich wahrscheinlich: Otto ist aber auch wirklich witzig! Was will er denn mit dieser Null im eingelaufenen Norwegerpulli?

Michael Holm ist der Nächste, dem ich vorgestellt werde, der lacht mich herzlich aus, entschuldigt sich aber wenigstens höflich dafür. Nino de Angelo, Dagmar Berghoff und unzählige andere, die alle in den kommenden Jahren noch wichtige Rollen in meinem Leben spielen werden, lerne ich auf diese Weise kennen.

Otto führt den Debütanten in die große Gesellschaft ein. Das ist mein Opernball und ich bin überhaupt nicht darauf vorbereitet. In einer Ecke sitzt die Sängerin Isabel Varell mit Carlo von Tiedemann. Ihre Karriere hat gerade erst begonnen. Ein Jahr später wird Isabel zu meiner besten Freundin und ist es bis auf den heutigen Tag. An diesem Abend lernen wir uns leider nicht kennen. Frank Zanders Blick verrät, dass er es durchaus für im Bereich des Möglichen hält, dass ich irgendeine Art von Witz habe. Er und ich wissen in diesem Moment noch nicht, dass wir in den darauffolgenden zwei

Jahren fast nichts anderes tun werden, als gemeinsam vor der Kamera zu stehen.

Otto wird dazu gedrängt, mit wichtigen NDR-Menschen Pressefotos zu machen, und schleppt mich einfach mit zu dem Fototermin. Er positioniert mich direkt neben dem NDR-Redaktionsleiter Werner Buttstädt, der mich verwirrt anstarrt: »Wie sind Sie denn hier reingekommen?« Gut gelaunt sage ich: »Ich bin ein Freund von Otto.«

»Und was wollen Sie auf meiner Geburtstagsparty?«, lautet seine durchaus berechtigte Gegenfrage.

»Ups! Happy Birthday«, sage ich rasch und schon macht der Fotograf das Foto. Dieses Foto wird am nächsten Tag in den Hamburger Zeitungen abgedruckt. Alle Namen werden angegeben bis auf meinen. Ich stehe blöd grinsend neben dem Gastgeber.

Es ist schon kurios, dass ich auf dieser Party fast ausnahmslos Menschen begegne, die die eine oder andere wichtige Rolle in meinem künftigen Leben spielen sollen. Ich schaue mir hier gewissermaßen den Trailer zu meinem Lebensfilm an.

In Ottos Haus schlafe ich so gut wie nie. Beim Frühstück statten er und Manou mich mit wichtigen guten Ratschlägen für die Zukunft aus. Man kann sagen: Otto hat an jenem Abend den Grundstein für meine Karriere gelegt!

An was ich alles denken muss. Aber dies ist nicht meine Biografie, dies ist der Jakobsweg. Auch wenn das in vielem beinahe ein- und dasselbe zu sein scheint!

Und während ich so durch die Gassen von Pamplona hinke, beschäftigt mich auf einmal die Frage: Kann es sein, dass die heiligen Schriften auf unserem Planeten komplizierte, schlecht ins Deutsche übersetzte Bedienungsanleitungen für einen hochwertigen japanischen DVD-Player sind? Es wird einem schon alles halbwegs richtig erklärt. Aber da ist was falsch übersetzt, dort ist was zu kompliziert, hier fehlt ein

Wort, da gibt es Sinnverfälschungen, Widersprüche, Absurditäten und dann fehlt wieder ein Wort. Und am Ende sitzt man dann doch mit dem schweigenden DVD-Player allein da und muss so lange selbst herumexperimentieren, bis endlich Bild und Ton aus dem angeschlossenen TV-Gerät kommen. Manchmal ist es nur *ein* Schalter, den man falsch betätigt hat.

Nur Geduld, ich find den Schalter schon noch.

Gegen Abend setze ich mich in eine klassische Tapasbar und genieße einen wohlverdienten, exquisiten Vorspeisenteller. Auf der Hauswand gegenüber lese ich ein riesiges Graffiti: *Why are you only happy in front of a camera?* Ich hab wieder das dumpfe Gefühl, die Wand meint mich. Vor einer Kamera gebe ich mich in der Tat nicht so knatschig wie hier!

Kann nur hoffen, dass ich morgen meinen Weg fortsetzen kann, meine Füße tun einfach nur weh. Am Schluss dieser Pilgerfahrt werde ich so viele unterschiedliche Worte für Beinweh erfunden haben wie die Eskimos Worte für Schnee.

Erkenntnis des Tages:
Entspann dich, Hase!

13. Juni 2001 – Pamplona

An Weitermarschieren ist auch heute Morgen nicht zu denken. Alles schmerzt noch. Muss einen weiteren Tag in Pamplona bleiben.

Und so spaziere ich an der Stierkampfarena vorbei durch die Stadt und besorge mir ein Busticket nach Viana. Morgen früh um sieben Uhr dreißig geht's los. Ich muss aus Rücksicht auf meine geschundenen Knochen mindestens die nächsten drei Etappen von sechzig Kilometern ausfallen lassen. Der weitere Camino führt über einige Bergpässe und mir ist das Risiko zu groß, dass ich danach ganz aus dem Rennen fliege. Ich muss auch darauf achten, halbwegs im Zeitplan zu bleiben, kann ja nicht die nächsten zwei Jahre durch Spanien humpeln.

Ab Viana beginnt für vier Tage eine Wanderung durch etwas flachere Gefilde. Die werd ich dann durchziehen.

Gehe heute einfach ins Kino, um abzuschalten.

War im Kino!

Hab mir eine Komödie auf Spanisch mit Warren Beatty und Diane Keaton angesehen. Die ersten fünf Minuten eines Films in fremder Sprache sind für mich eine Quälerei! Aber wenn ich mich einfach entspanne, ohne krampfhaft zu versuchen, jedes Wort mitzukriegen, verstehe ich alles.

Herrje, wie oft geht es mir beim Anschauen deutscher Filme so, dass ich akustisch nicht alles mitkriege oder mir ganze Handlungszusammenhänge rätselhaft bleiben. Ob's an meiner Blödheit oder an der Qualität des Films liegt, sei mal dahingestellt.

Das Leben versteht man doch auch nicht auf Anhieb. Vielleicht sollte ich es da so machen wie in einem spanischen Film: einfach zurücklehnen und entspannen und dann kapiert man plötzlich das Wesentliche. Was nützt es mir, mich auf eine dämliche Vokabel wie, zum Beispiel heute *chapado* (muss unbedingt nachschauen, was das heißt) zu stürzen und dann den Rest der eigentlichen Szene zu verpassen.

Es war eine wundervolle Komödie über das Drama einer Ehe. Hab gebrüllt vor Lachen! Ich lache auch immer gerne, wenn ich nicht weiterweiß! Herrlich, so ein Lachanfall, der einen von einer Ecke in die nächste wirft. Eigentlich ist Humor doch nichts anderes als das Verhindern von Eskalation. Ein Ventil. Wer von Herzen lacht, signalisiert: Ich bin nicht gefährlich. Wer versucht, ein Lachen oder ein Lächeln zu provozieren, fragt eigentlich nur: Bist du gefährlich oder magst du mich? Wohl gemerkt, wenn's von Herzen kommt.

Jemand, der über einen rassistischen Witz lacht, lacht aus

der Kehle. Ihm bleibt das Lachen tatsächlich im Halse stecken. Er wird nicht offen, sondern nur noch enger. Und so genannte schweinische Witze kommen nicht von unterhalb der Gürtellinie, sondern sind meist komplizierte Kopfgeburten. Oft sind die Erzähler verklemmt, ihr Sex findet allenfalls im Kopf statt, ihre Hemmungen überwinden sie mit dem Witz. Gerade deshalb glaube ich, lieben besonders Intellektuelle den schweinischen Witz, der zwar formal korrekt, aber inhaltlich banal ist. Wie oft hab ich in schlechten Shakespeare-Inszenierungen feinsinnige Intellektuelle über die gröbsten Regieeinfall-Zoten brüllen sehen. Sie sind so »zu«, dass es eines außerordentlich starken Stimulus bedarf, um ihnen ein Lachen zu entlocken.

In guten Witzen geht es eigentlich immer nur um eins: um Weisheit, gepaart mit einem Schuss Liebe und Angst.

Humor muss aus dem Bauch kommen und er sollte den Blick öffnen und weiten! Eine Prise Unterleib macht einen Witz sinnlich.

Über was man so alles nachdenkt, wenn man allein durch Spanien läuft.

Ich vergleiche Spanien auch ständig mit Italien. Italien schneidet immer besser ab. Vor allem des Essens wegen. Wenn ich in Italien bin, finde ich Deutschland dann wieder ganz toll. Bin ich in Deutschland, finde ich Spanien ganz toll. Wieso kann ich denn jetzt nicht mit dem zufrieden sein, was gerade ist. Bin halt quengelig! Hier bin ich jetzt und das ist gut so!

Und die Sprache hör ich auch gerne. Ein spanischer König hat mal etwas gesagt, woran ich heute viel denken muss:

In Italienisch singt man,
in Englisch dichtet man,
in Deutsch verhandelt man,
in Französisch liebt man
und in Spanisch betet man!

Tja, und diese Reise scheint mir ein einziges langes Gebet zu werden. Werde jetzt mein Bündel schnüren, ein bisschen Fernsehen gucken und dann ab ins Bett. Morgen geht's weiter mit dem Bus nach Viana und dann endlich wieder zu Fuß ... auf den Jakobsweg.

Erkenntnis des Tages:
Lachen ist die beste Medizin – und aus!

14. Juni 2001 – Viana und Logroño

Habe heute Morgen um sieben Uhr dreißig den Bus nach Viana genommen. Bin nun an der Grenze Navarras.

Nach zwei Stunden Fahrt kommt der Bus in Viana an. Die nur von einigen Anhöhen durchzogene flache Landschaft flimmert im kräftigen Sonnenlicht kaum noch grün, sondern rötlich erdfarben. Als Erstes stärke ich mich mit einem *bocadillo*, Kaffee und viel Wasser, um dann missmutig loszumarschieren. Daran ändert auch der Sonnenschein nichts. Die Knochen schmerzen, ich weiß, ich wiederhole mich, aber die Schmerzen tun's ja auch, und ein Schuldgefühl stellt sich umgehend ein, da ich doch soeben drei Etappen übersprungen habe. Eigentlich ist das kein Problem, denn der Jakobsweg gilt ja offiziell als gepilgert, wenn man die letzten 100 Kilometer bis Santiago nachweislich zu Fuß oder die letzten 200 Kilometer mit dem Rad oder zu Pferde zurückgelegt hat. Für die Beweisführung hat man den Pilgerpass.

Aber wenn man sich einmal für diesen Camino entschieden hat, will er gelaufen werden, und läuft man ihn nicht, fühlt man sich unbehaglich. Es soll Menschen geben, die gar nicht mehr davon loskommen und jedes Jahr pilgern.

Zwei launige Einheimische schicken mich im nächsten Dorf erst einmal in die falsche Richtung und ich latsche

Gleich beide der begehrten Wegweiser nebeneinander

mehrere sinnlose Kilometer querfeldein über irgendwelche Felder, in denen meine Füße versinken, auf der Suche nach gelben Pfeilen, die aber nirgendwo zu finden sind. Dabei verspricht mein Reiseführer, dass der Weg in kurzen Abständen mit den *flecha amarilla* und/oder den bekannten Jakobsmuschelsymbolen (*vieira*) gekennzeichnet ist.

Irgendwann brüllen zwei aufgeregte *campesinos*, Bauern, wild mit den Armen fuchtelnd, aus ziemlicher Entfernung etwas über den Acker. Ich winke nett zurück, bevor ich merke, dass sie mir mit ihrem Gebrüll wohl etwas mitteilen wollen. Ich laufe also zu ihnen und sie schicken mich prompt wieder zurück in die Richtung, aus der ich gerade komme. Auf den richtigen Pfad.

Hinterher fällt mir auf, dass jedes Mal, wenn ich auch nur ansatzweise vom Weg ab komme, plötzlich weit und breit keine Schmetterlinge mehr zu sehen sind.

Kaum bin ich auf dem Pilgerweg, wimmelt es auch schon wieder von bunten Schmetterlingen. Womöglich liegt es an der Vegetation? Oder es handelt sich um einen Trick des spanischen Fremdenverkehrsamtes? Zwei weitere Male übersehe ich heute beinahe die gelben Pfeile, aber genau im passenden Moment setzt sich einer der Falter als Blickfang auf einen verblassten gelben Pfeil am Wegesrand. Keine Panik, ich halte das jetzt nicht für ein esoterisches Wunder, aber beeindruckend finde ich es schon. So führt mich mein Weg weiter durch die flachen Rioja-Weinhügel.

In meinem allzeit bereiten Reiseführer steht: »Kurz bevor Sie Logroño erreichen, steht am Straßenrand vor ihrer kleinen Hacienda Doña Feliza, eine steinalte Spanierin, die Ihnen den Pilgerstempel gegen eine kleine Spende in den Pilgerpass druckt. Wer sich hier keinen Stempel holt, ist nicht gepilgert.«

Und tatsächlich, wenn man auf Logroño zuläuft, kann man schon von weitem ihr windschiefes Haus auf einer Anhöhe erkennen. Davor sitzt sie, in Schwarz gekleidet, auf einem alten Camping-Klappstuhl an ihrem zur Stempelstelle umfunktionierten Küchentisch. Sie erspäht mich aus einiger Entfernung und erhebt sich mit dem Stempel in der Hand feierlich vom Platz.

Der Blick von hier oben auf die orange schimmernde Stadt ist atemberaubend. Das Bedeutendste an Logroño ist wohl, dass es die Hauptstadt der Region La Rioja, des wichtigsten Weinanbaugebietes Spaniens, ist. Bemerkenswert ist auch, dass Logroño vielleicht für alle Zeiten ein verschlafenes Nest geblieben wäre, wenn König Sancho im elften Jahrhundert nicht so clever gewesen wäre, den Jakobsweg durch die Stadt zu führen, wodurch dort auf einmal schwer was los war.

Je weiter man nach Westen vordringt, desto offener wird die Landschaft.

Für einen Tratsch sind die alte Dame und ihre Tochter, die eben aus dem Haus tritt, offensichtlich immer zu haben. Mit einem fröhlichen »Buenos Dias, Señor!« begrüßt sie mich überschwänglich. Doña Felizas Enkel, erfahre ich, nachdem ich mich als Deutscher zu erkennen gegeben habe, wohnt in Minden. Vielleicht interessiert das ja irgendjemanden?

Ich trage mich in ihr Pilgerbuch ein und werde mit einem »Buen Camino« und »Ultreya!« verabschiedet; das ist der mittelalterliche Schlachtruf der Wallfahrer, der so viel bedeutet wie »immer voran!«.

Während ich mich gemächlich entferne, erreichen zwei deutsche Männer die Stempelstelle. Ich höre, wie Doña Feliza hinter mir schnell wieder ihren deutschen Trumpf aus dem Ärmel zieht, ihren Enkel aus Minden, der natürlich auch bei den beiden Schwaben gehörigen Eindruck schindet. Noch mehr scheint die beiden Süddeutschen jedoch mein Eintrag ins Pilgerbuch zu beeindrucken, denn ich höre einen der beiden laut im breitesten Schwäbisch sagen: »Desch gibt's doch ned, da het doch hier dadsächlich oiner mit Hape Kergeling underschriebbe! No, der het Humor!«

Tja, ich seh mir, glaub ich, selber kaum noch ähnlich! Mit dem Bart und dem komischen Hut bin ich kaum zu erkennen. Ich liebe das! Jetzt halten die mich für irgendwen, aber nicht für den, der ich bin. Oder bin ich es gar nicht mehr? Vorsicht, die Sonne hier knallt unbarmherzig auf mein Haupt!

Schon bald stehe ich am Ziel meiner heutigen Etappe, der ausladenden Kathedrale von Logroño, der Santa María de la Redonda, die in ihrem gelben Prachtkleid aussieht als sei sie aus edelstem Marzipan geformt und müsse in der sengenden Hitze jeden Moment dahinschmelzen.

Während ich wieder mal keinen Blick für das Sakrale habe, sondern an mein profanes leibliches Wohl denke, komme ich knapp vor der Unterzuckerung an einer Eisdiele – *heladeria* – mit einem gleichaltrigen, ebenfalls unterzuckerten Franzosen ins Gespräch. Der ist doch tatsächlich aus Arles losgepilgert und ist in den letzten dreißig Tagen jeden Tag gelaufen! Dazu gehört entweder ein eiserner Wille oder ein unerschütterlicher Glaube. Bewundernswert.

Mit Hut, Sonnenbrille und Jeanshemd – ich seh mir selber kaum noch ähnlich

Nach dreieinhalb Stunden Fußmarsch unter beißender Sonne durch die flachen Rioja-Weinberge lass ich es für heute mal gut sein. Hauptsache, ich komme überhaupt weiter. Für jeden Schritt, den ich halbwegs schmerzfrei gehen kann, bin ich wirklich dankbar.

Auf der nicht minder gelben Plaza verschnaufe ich dann endlich und gönne mir einen *café con leche*, während ich meine ersten Postkarten schreibe. Am Nebentisch sitzt mit kurzgeschorenen roten Haaren und mit einer Nickelbrille eine lustige kleine Pilgerin, die ebenfalls Postkarten schreibt. Die kann nur Engländerin sein bei der knallroten, von Sommersprossen übersäten Haut! Zum ersten Mal auf der Reise finde ich jemanden wirklich interessant! Die Frau im blauroten FC-Barcelona-T-Shirt ist spannend und ich würde zu gerne mit der etwa Gleichaltrigen ins Gespräch kommen.

Mehrmals grinse ich blöd und breit in ihre Richtung, um meine Bereitschaft für eine freundliche Kontaktaufnahme zu signalisieren. Die ersten beiden Male schaut sie auch ganz freundlich zurück, gibt mir aber mit ihrem dritten, alles entscheidenden Blick zu verstehen, dass sie mein Gegrinse für eine ziemlich blöde Anmache hält, und dreht mir den Rücken zu. Oh je, da hat wohl jemand etwas in den falschen Hals bekommen. Erotisch, lüstern wollte ich eigentlich nicht rüberkommen!

So habe ich mich jetzt auf den sanierungsbedürftigen Balkon meines kleinen Hotels in der Altstadt verkrümelt. Morgen schaue ich mal, ob ich schon wieder länger laufen kann. Werde jetzt mal wieder Wäsche waschen und danach gehe ich ganz unspektakulär ein bisschen bummeln und Fotos machen.

Erkenntnis des Tages:
Ich muss weniger lüstern gucken!

15. Juni 2001 – Navarrete und Nájera

Das Wetter ist durchwachsen, aber heute ist es wunderbar zu wandern. Endlich kommt auf dem Weg mal so etwas wie gelassene Heiterkeit auf. Fühle mich aber immer noch ein wenig schwach auf den Beinen.

Ich bin heute Morgen erst um elf Uhr dreißig losgelaufen. Nach einem ausgiebigen Telefonat mit einer Freundin und einem guten Frühstück marschiere ich jetzt in Richtung Navarrete. Der Weg führt mich zunächst durch die triste Vorstadt Logroños an einem Autobahnzubringer entlang. Logischerweise lassen sich hier auch die Schmetterlinge nicht blicken.

Der Verkehr ist sehr dicht und in Ermangelung eines Bürgersteigs laufe ich als braver Deutscher, wie ich's gelernt habe, auf der linken Seite den Autos entgegen.

Da hält plötzlich abrupt bremsend ein Auto neben mir und ein ziemlich aufgekratzter Spanier in den Sechzigern springt heraus und schnauzt mich auf Deutsch an: »Falsch! Was Sie da machen, ist falsch! Kommen Sie aus Deutschland?«

»Ja«, gebe ich zu.

»Das dachte ich mir!«, lacht er triumphierend. Ohne jede Vorwarnung schreibt er mit dem Finger die Zahl 1952 auf die Motorhaube seines staubigen grünen Seat und verkündet: »Da war ich in Deutschland, in Heidelberg. Grauenvoll. Ganz Deutschland lag in Schutt und Asche. Da waren Sie noch nicht auf der Welt.«

»Danke für das Kompliment«, sag ich und frage mich, was er von mir will, während der Verkehr hinter ihm zusehends ins Stocken gerät! Er redet weiter. »Nur Heidelberg ist wie durch ein Wunder heil geblieben.« Im Verlauf eines längeren Monologs klärt er mich darüber auf, wie toll ihn die deutschen Frauen damals fanden, wie toll das Leben überhaupt sei … dass ich mir das alles merken solle … und dass ich im Übrigen auf der falschen Seite der Straße laufe und dass ich ihm am Ende der Straße noch sehr dankbar sein würde für seinen Hinweis.

Er umarmt und herzt mich und wünscht mir »Buen Camino«. Ich laufe brav auf der rechten Straßenseite weiter, ein bisschen benebelt, aber lächelnd und mit dem Gefühl, einen alten Bekannten getroffen zu haben. Am Ende der Straße bin ich ihm tatsächlich sehr dankbar. Wäre ich weiter stur auf der linken Seite gelaufen, hätte ich am Ende der Straße dummerweise den mehrspurigen Autobahnzubringer überqueren müssen.

Nach einem knapp zweistündigen Fußmarsch brauche ich am Stausee von Logroño, dem Pantano de la Grajera, meine obligatorische Pause. Die Stadt liegt hinter mir und die Landschaft wird wieder wilder und etwas hügeliger. Während ich qualmend auf einer Bank sitze, zieht ein schräges älteres Pilgerpärchen in Zeitlupe Händchen haltend an mir vorbei. Die kleine, ausgemergelte, farbige Frau um die siebzig haucht atemlose Sätze auf Portugiesisch, während er, ein Anthony-Quinn-Verschnitt mit einem riesigen Strohhut auf dem Kopf und einem großen Kruzifix um den Hals, sie auf Spanisch zu beruhigen versucht. Beide tragen weiße Santiago-T-Shirts und laufen gestützt auf Stöcke ohne jegliches Gepäck. Ein rührendes Bild wie aus einem surrealen Film.

Später hole ich die beiden beim Aufstieg nach Navarrete wieder ein. Ich habe selten etwas so Rührendes gesehen. Die Frau hat dramatische Probleme damit, die milde Steigung zu bewältigen. Aber sie läuft, schwer atmend, im Schneckentempo an der Hand ihres Freundes weiter.

Als ich mich nähere, erkenne ich, dass hinten auf ihrer blauen Schirmkappe in Portugiesisch steht: »O Senhor es mi pastor«. Der Herr ist mein Hirte!

Dieses Gottvertrauen ist sagenhaft und ich verbiete mir ab sofort, meine schmerzenden Füße zu erwähnen oder auch nur zu spüren!

Heute bleibe ich endlich einmal im Zeitplan und komme nach drei Stunden in der Pilgerherberge von Navarrete an. Dort werde ich mit großem Hallo von zwei strahlenden jungen Däninnen empfangen, die hier freiwillig Dienst tun. Die Pilgerherberge ist ein mittelalterlicher Bau in der Dorfmitte und sehr einladend. Es duftet nach frischem Kaffee und Kirschkuchen und so veranstalten die Däninnen und ich erst mal ein Kränzchen. Von Müdigkeit spüre ich rein gar nichts mehr und fühle mich nach der Stärkung fit genug weiterzuwandern. Ich lasse mein *Credencial del Peregrino* abstempeln, fülle meine Wasserflasche auf und hänge wagemutig eine weitere Tagesetappe dran. Mittlerweile brettert auch wieder die spanische Sonne vom Himmel. Nájera liegt laut Wanderführer schlappe fünf Stunden entfernt. Das packe ich.

Sobald man Navarrete hinter sich lässt, führt der Jakobs-weg durch sanfte Weinberge auf den Höhenpass Alto de San Antón. Von hier aus erhascht man einen ersten Blick in das berühmte Tal der »Steinmännchen«. Mit zugekniffenen Augen sieht man, was aussieht wie eine erstarrte Pinguin-Kolonie.

Jeder Pilger baut hier nämlich ein kleines Steinmännchen aus den überall in der Ebene herumliegenden Findlingen. Manche Wanderer bringen sogar farbige Steine mit. Ich bin der einzige Mensch, so weit ich schauen kann, und in dieser unendlichen Weite begreife ich zum ersten Mal, wie viele Menschen diesen Weg bereits gepilgert sind. Von Men-schenhand gestapelte Steine, so weit das Auge reicht. Jedes Männchen ist anders. Eines wirkt wie ein Wunsch, das Nächste wie ein Hilferuf oder ein Dankeschön. Jeder Pilger nimmt sich in dieser staubigen Hitze nach stundenlangem Marsch die Zeit, sein eigenes Zeichen zu setzen.

Mit all den Menschen, die diesen Weg gegangen sind, fühle ich mich hier mit einem Mal eng verbunden, mit ihren Wünschen, Sehnsüchten, Träumen, Ängsten, und ich spüre, dass ich diesen Weg nicht alleine gehe.

Diese kleinen Türme ziehen sich zu Tausenden bis auf die Bergkuppe hinauf. Und jedes Einzelne dieser kleinen Bau-werke scheint zu sagen: »Ich habe es geschafft, also schaffst du es auch!«

Am Ende der Ebene baue ich mein eigenes kleines Stein-männchen. Meine Wegwerfkamera bleibt im Rucksack, denn ich entscheide mich dafür, kein Foto zu machen. Ein solches Bild würde eh niemand begreifen. Würde ich jeman-dem ein Foto von diesem Tal zeigen, würde er wahrschein-lich sagen: »Und, was ist das, verglichen mit den Niagarafäl-len?« Dieser Ort gibt nur dem Pilger Kraft; und nur für den ist es ein besonderes Tal.

Auf der Kuppe angekommen, bietet sich mir ein majestä-tischer Blick auf die ehemalige Königsresidenz Nájera. Und während ich so in das Tal schaue, denke ich: Was würde ich jetzt dafür geben, mich hier an diesem Platz mit einem guten Freund in meiner Sprache auszutauschen!

Gerührt blicke ich schweigend in das wunderbare, sonnendurchflutete Tal. Die graugrün flimmernde Stadt scheint von hier oben so nah zu sein, aber es liegt immer noch über eine Stunde Weg vor mir. Der schattenlose Schotterpfad hinunter nach Nájera ist mühsam zu gehen und ich werde begleitet von einer durch meine eigenen schweren Schritte verursachten Staubwolke.

Kurz bevor ich Nájera erreiche, stellt sich mir eine gigantische, vier mal vier Meter große Plakatwand in den Weg, die wie in einem Fellini-Film, mitten im Nirwana steht. Dass ich hier auf alle Werbeplakate schaue, dürfte sich schon herumgesprochen haben. Man weiß ja nie, was da wieder an wichtigen Informationen für mich draufsteht. Aber wer kommt auf die Idee, direkt an diesem Schotterweg eine großflächige Werbung aufzustellen?

Ich bin mehr als erstaunt, als ich lese, was da steht.

Ein Gedicht nämlich – und zwar auf Deutsch! Nur auf Deutsch!

Der anonyme Dichter beschreibt seine Gefühle während der Pilgerreise und zwar ungefähr so:

Warum tue ich mir den trockenen Staub in meinem
    Mund,
den Matsch an meinen schmerzenden Füßen,
den peitschenden Regen und die gleißende Sonne auf
    meiner Haut an?
Wegen der schönen Städte?
Wegen der Kirchen?
Wegen des Essens?
Wegen des Weins?
Nein. Weil ich gerufen wurde!

Während ich das Gedicht, müde und von oben bis unten eingestaubt, lese, kann ich nicht anders: Ich glaube jedes Wort!

Was da steht, ist auf mysteriöse Weise wahr.

Das Pilgern entspricht mir! Ich fühle mich pudelwohl in meiner Haut!

Irgendeine abstruse Kirmes-Hellseherin hat mir mal gesagt, dass ich »uraltes Zigeunerblut« in mir habe, das wohl nie Ruhe geben wird. Auch die idyllischen kleinen Orte, durch die ich komme, in denen Menschen ihr Leben in Ruhe zwischen Arbeit, Kinderkriegen und Feiertagen verbringen, gefallen mir sehr, aber trotzdem könnte ich hier und so nicht leben. Ich muss weiter. Ich muss nur laufen, der Rest findet sich.

Je länger ich wandere, desto weniger denke ich. Manchmal lach ich einfach auch nur 'ne Runde. Wenn die Füße besonders wehtun, kullert auch schon mal ein Tränchen und zwischendurch rauch ich mal eine Zigarette ... und irgendwie vollzieht sich in mir gerade eine heilsame Wandlung.

Mein Wanderführer veranschlagt übrigens für die zweite Etappe, die ich heute gelaufen bin, fünf Stunden. Ich hab sie in dreieinhalb Stunden geschafft. Ich scheine meinen Rhythmus langsam zu finden. Insgesamt bin ich also an die dreißig Kilometer gelaufen. Habe allerdings wieder zu wenig Wasser mitgenommen. Ich muss mehr trinken.

Während ich jetzt hier im Hotel sitze und auf den Fernseher starre, sehe ich, dass es heute in Logroño einen schweren ETA-Anschlag gegeben hat.

Nach der großen Wäsche mache ich gleich noch einen Spaziergang durch das mittelalterliche Nájera und schaue mir die Reliquie in der Dorfkirche an. Einen Dorn aus der Krone Christi.

Erkenntnis des Tages:
Ich muss laufen und mehr trinken!

17. Juni 2001 – Santo Domingo de la Calzada

Stehe gerade auf der Cirueña-Höhe und habe einen wundervollen Ausblick über das blaugrüne Tal. Heute Morgen bin ich um neun Uhr losgelaufen. Großartiges Wanderwetter – leichte Bewölkung und ein bisschen Wind – hat mich nach dem ordentlichen Frühstück schnell auf den Weg gerufen. Meine Füße spielen auch wieder ganz gut mit.

Heute nehme ich zum ersten Mal bewusst wahr, dass der gesamte Weg gesäumt ist von meinen Lieblingsblumen, rotem Klatschmohn.

Und wen treffe ich während meiner Wanderung? Die kleine rothaarige Engländerin aus Logroño. Ihr FC-Barcelona-T-Shirt leuchtet einem schon aus einem Kilometer Entfernung entgegen. Die hat wahrscheinlich auch Angst davor, dass sie auf dem Weg tot umfällt und keiner sie findet. Ihre geschorenen roten Haare und ihre Harry-Potter-Brille tun ein Übriges dazu, dass sie nicht unentdeckt bleibt in dieser endlosen Weite. Der große Safari-Hut auf ihren Schultern verleiht ihr die Aura einer potenziellen Nobelpreisträgerin. Ich möchte zu gerne wissen, was die hier macht? Sie schaut wenig katholisch aus und wirkt auf mich wie eine eigenbrötlerische, aber humorvolle Insektenforscherin. Sie ist so viel interessanter als die anderen Pilger.

Als ich sie auf dem Weg überhole, grüße ich nur knapp und diesmal nicht zu freundlich. Diesmal gehe ich systematisch vor und schaue so unlüstern, wie es nur eben geht. Ich möchte auf keinen Fall den falschen Eindruck, den sie von mir hat, noch zusätzlich untermauern, falls sie sich überhaupt noch an mich erinnert. Sie grüßt zunächst nett zurück, erkennt mich dann aber wieder und ihre Gesichtszüge entgleiten. Während ich zügig an ihr vorbeiziehe, starrt sie stoisch, fast ängstlich geradeaus. Welcher Film gerade in ihrem Kopf abläuft, kann ich mir vorstellen. Ein Mann und eine einsame Frau alleine in der Wildnis. Das kann nur eins bedeuten.

Ernsthaft überlege ich mir, ob ich die Konversation nicht mit den Worten: »Guten Tag, ich will keinen Sex!«, eröffne.

In einer saloonartigen Bar im nächsten verschlafenen Nest bietet sich mir die Gelegenheit dazu. Wie sie es geschafft hat, vor mir hier zu sein, bleibt ihr Geheimnis. Eigentlich hatte ich sie ja überholt. Die Überraschung steht mir ins Gesicht geschrieben. Knallrot und erschöpft steht sie an der Theke und genießt ihren Milchkaffee. Der Blick, mit dem sie mich empfängt, gibt mir das Gefühl, ein seit langem gesuchter Triebtäter zu sein. Ich geselle mich trotzdem zu ihr, denn es ist ja sonst kein anderer Gast da, und dränge ihr ein Gespräch auf: »Hi, my name is Hans Peter.« Erneut entgleiten ihr die Gesichtszüge: »What? You've got two names? Are you a member of a Royal Family?« Dem Akzent und dem Humor nach zu urteilen, weiß ich jetzt sicher, was bisher nur eine kühne Vermutung war: Sie ist Engländerin und was für eine! Lustlos streckt sie mir ihre Hand entgegen. »Hi, I am Anne. Just Anne!« Meinen spröden Witz, dass dem Namen nach ja wohl eher sie als ich königlichen Ursprungs sei, verbucht sie wohl wieder unter blöde Anmache. Und so spült sie ihren Milchkaffee hinunter und verlässt wie der Sheriff von Dawson City den Saloon, nicht jedoch ohne vorher ihren großen Safari-Hut zum Gruße zu lüpfen. Ich, der Strauchdieb, bleibe zurück.

Heute Abend werde ich in einer Pilgerherberge übernachten. Ich muss jetzt endlich mal unter die Leute und mich unterhalten. Wenn schon nicht auf Deutsch, dann wenigstens auf Englisch. Ich werde ja schon so lästig wie ein vereinsamter Rentner im Tante-Emma-Laden.

Nach über zwanzig Kilometern Fußmarsch bin ich heute nicht so kaputt wie üblich. Glaube, ich gewöhne mich langsam an das Laufen. Ich darf morgens nicht zu schnell laufen, muss Pausen machen und viel trinken. Auch meine Beine spielen eigentlich ganz gut mit. Die Strecke für morgen habe ich mir bereits auf der Wanderkarte angeschaut, dürfte nicht zu anstrengend werden und knapp siebeneinhalb Stunden dauern; eineinhalb Stunden länger als heute.

Und so erreiche ich sehr kommunikationsfreudig das Ziel meiner heutigen Etappe, Santo Domingo de la Calzada, und kehre in der Pilgerherberge ein. Sie ist untergebracht in einem düsteren Zisterzienserinnenkloster aus dem 16. Jahrhundert hinter dem Stadttor, das der Welt nicht besonders zugewandt wirkt. Die Festung macht eher den Eindruck einer in sich geschlossenen Welt.

Eine gestrenge Ordensschwester teilt mir Bett Nummer sieben in einem Acht-Bett-Zimmer zu. Als die Nonne mich in den Raum begleitet, liegt dort – einzige Pilgerperson im Raum – Anne auf ihrer Doppelstockpritsche. Anne schläft heute Nacht in Bett Nummer sechs, mir schräg gegenüber. Ja, da ist die Freude groß und bis jetzt sind wir beide auch noch ganz allein im Schlafsaal! Ihr erstaunter Blick ist so komisch, dass ich ein prustendes Lachen kaum unterdrücken kann. Es wundert mich schon sehr, dass in einem Nonnenkloster Männlein und Weiblein in einem Raum übernachten dürfen. So viel gewagte Offenheit seitens der katholischen Kirche hatte ich auf einem Pilgerweg nicht erwartet. Ich unterlasse es tunlichst, Anne ein weiteres Mal ein Gespräch aufzuzwingen.

Während ich still mein Nachtlager, übrigens direkt neben der Tür zum Klo, bereite, führt die Nonne eine ältere Frau und einen gut aussehenden jungen Mann in unser Zimmer, die sich auf Bett Nummer vier und fünf stürzen. Annes Gesicht hellt sich auf und sie begrüßt die beiden Fremden wie alte Freunde. »Lory, Brad, how did you get here?« Die Amerikanerin namens Lori fällt Anne um den Hals. Danach werde ich mit Shakehands begrüßt und Anne versäumt es nicht zu erwähnen, dass sie schwer vermuten würde, dass ich Mitglied einer Königlichen Familie sei. Die drei kennen sich aus der Pilgerherberge in Saint Jean und begegnen sich hier wieder.

Anne aus Liverpool im FC-Barcelona-T-Shirt

Während wir munter drauflosquatschen, erfahre ich nebenbei, dass Brad und seine Mum aus Seattle kommen und Anne aus Liverpool, daher ihr witziger Akzent.

Alle drei sind durch das Buch *Der Jakobsweg* von Shirley MacLaine zu Pilgern geworden, das ich mir witzigerweise als einzige Lektüre neben meinem bereits viel zitierten Wanderführer eingepackt habe. Meine Zimmergenossen finden, dass Shirley MacLaine in jenem Buch die Strapazen des Pilgerwegs nicht deutlich genug beschreibt. Das hole ich nun gerne nach. Es ist un-be-schreib-lich an-streng-end!

Die Gesprächsatmosphäre ist locker und Anne kann sogar richtig nett sein, denn sie lüftet das Geheimnis ihrer frühen Ankunft in dem Saloon. »I just wanted to see an old Western movie set, which is off the Camino! And that's quite a short cut!« Es gibt also auch Abkürzungen! Schade, die behält mein erzkatholischer Pilgerwegführer anscheinend für sich.

Lori will von Anne wissen, was sie bisher auf dem Weg gelernt habe, und die gibt freimütig zu, dass sie auf dem Weg langsam lernen würde, sich von Dingen zu trennen, und sie erkannt habe, dass *attachement* wohl ihr Problem sei, die Neigung, zu sehr an den Dingen zu kleben. Siehe da, die erste Gemeinsamkeit zwischen der Dame und mir! Wir drei Zuhörer benicken heftig ihre weise Erkenntnis. Und während sie erzählt, macht sie sich auch offensichtlich von der fixen Idee frei, dass ich etwas von ihr wollte?

Ich gebe zum Besten, dass mir mein Rucksack mittlerweile vorkommt wie eine Superluxusyacht. Denn jetzt mal ehrlich! Wirklich brauchen tue ich nur ein Drittel der Sachen, die ich mitschleppe. Und wozu habe ich mir eigentlich diese Isomatte andrehen lassen? Ich schlafe doch gar nicht im Freien oder auf dem Boden und habe es auch nicht vor! Morgen verschenke ich meine Isomatte. Die wiegt fast ein Kilo. Exakt siebenhundertfünfzig Gramm. Ganz schön viel, wenn man die einen Monat lang mitschleppen muss. Ein Heidengeld habe ich für das Superluxusteil bezahlt. Was man hier wirklich braucht, ist Wasser, ein paar Orangen, Bananen, ein bisschen Brot, Klopapier und – ganz wichtig – einen Stock. Die Kleidung, abgesehen natürlich von der Unterwäsche, kann man alle zwei Tage waschen. Tatsache ist: ich hab viel zu viele Sachen mitgenommen!

Während Lori und Brad sich aufmachen zum Abendessen, bleibe ich mit Anne wieder alleine zurück im Zimmer. Sie wurstelt inzwischen mit einer gelben Plastikplane herum und braucht offensichtlich Hilfe: »Gosh, I don't know how to fix this bloody tent!« Ich versuche ihr dabei zu helfen, das ausgebreitete Ein-Mann-Zelt in ihren Rucksack zurückzudrängen. »You sleep in a tent?«, frage ich und diesmal entgleiten mir die Gesichtszüge. »It's too cold outside!? Isn't it?« Anne grinst. »Oh, yes it is! So once in a while I sleep in a *refugio*. Although I'd rather like to sleep alone! You know, what I mean!« Anne schlüpft währenddessen unter einem Handtuch in ihren Pyjama, sodass sich eine Einladung meinerseits zum Abendessen erübrigt. Mit einem nicht zweideutigen »See you later!« entschwinde ich.

Um zehn Uhr spätestens muss ich zurück sein, denn dann ist hier Umschluss und ich muss brav in die Koje.

Der Domplatz von Santo Domingo de la Calzada ist eine Bilderbuchkulisse. Santo Domingo ist nach dem heiligen Domingo benannt, der hier im Mittelalter ein Hospiz für die Armen errichtete und sich ihrer selbstlos annahm. Die romanisch-gotische Kathedrale ist ihm gewidmet. In der Kirche gibt es eine Kuriosität: einen goldenen Käfig, in dem ein Hahn lebt. Der Überlieferung nach soll sich hier Folgendes zugetragen haben:

Eines Tages im Mittelalter kommt ein deutsches Pilgerpaar mit seinem Sohn Hugonell in die Stadt. Sie übernachten im örtlichen *refugio* und wollen am nächsten Morgen weiterpilgern. In der Nacht werden jedoch dem Herbergsvater einige Goldmünzen gestohlen und er bezichtigt den Sohn der Tat. Der unschuldige Sohn wird, fragwürdig wie die damalige Gesetzeslage nun mal ist, zum Tode verurteilt. In ihrer Not sprechen die Eltern des Jungen beim Bischof von Santo Domingo vor mit der Bitte, den Sohn zu begnadigen. Der Bischof, der gerade ein Hähnchen vertilgt, verweigert dies mit den Worten: »Euer Sohn ist so schuldig, wie dieser Hahn tot ist!« Kaum hat der Bischof dies ausgesprochen, flattert das tote Hähnchen fröhlich vom Teller des Bischofs. Die Unschuld des Knaben ist bewiesen und seitdem befindet sich immer ein Hahn im goldenen Käfig in der Kathedrale.

Nette Story, eine von vielen Varianten, aber ich glaube, man darf berechtigte Zweifel am Wahrheitsgehalt anmelden. Herrje, wer denkt sich so was aus, und vor allem, wer glaubt das?

Trotzdem besuche ich das Federvieh in der Kathedrale, denn es heißt: Beginnt der Hahn zu krähen, wenn man die Kathedrale betritt, so wird die Pilgerreise nach Santiago glücklich verlaufen! Ein bisschen Aberglaube kann ja vielleicht doch nicht schaden. Erwartungsvoll betrete ich das Gotteshaus und ... nichts! Stille!

Als ich nach einem kurzen Rundgang die beeindruckende Kathedrale wieder verlasse, laufe ich dem spanischen Anthony-Quinn-Verschnitt direkt in die Arme. Der mit dem Sombrero und dem Riesenkruzifix um den Hals, das so aussieht, als hätte er es in einer bayerischen Schule von der Wand gerissen. Seine hagere farbige Begleiterin fehlt. Das erweckt meine Neugierde und ich spreche ihn spontan an. »Hola, como estas? Soy Hans Peter.«

Meinen Doppelnamen schluckt er ohne jeden Kommentar und stellt sich seinerseits vor, wobei er formvollendet den Hut abnimmt. »Soy Antonio, encantado!« Bingo. Er heißt also auch noch so, wie er aussieht, und ich komme auf den Punkt: »Nosotros nos hemos encontrado ayer, te recuerdas?! Donde esta'tu companera?« Ich erinnere ihn daran, dass wir uns bereits begegnet sind, was unnötig ist, da er mich bereits einzuordnen weiß, und ich frage ohne Umschweife nach dem Verbleib seiner Freundin. Kaum habe ich die Frage gestellt, fängt Antonio bitterlich an zu weinen. Er fällt mir in die Arme und lässt seinen Gefühlen freien Lauf. Da mir die Situation peinlich wird, bitte ich ihn, mich in das kleine Restaurant auf der Plaza zu begleiten.

Ich lade ihn auf ein Glas Rotwein ein und er erzählt mir mit tränenerstickter Stimme seine Geschichte: Er, Antonio, sechsundfünfzig Jahre alt, Andalusier, geht seit sechsundzwanzig Jahren jedes Jahr den Jakobsweg. Und in diesem Jahr hat er kurz vor Viana – das ist die Etappe, die ich nicht gelaufen bin –, eine Begegnung der unglaublichen Art. Auf einem Höhenweg findet er auf dem Boden liegend und nach Luft ringend eine kleine farbige Frau. Sie liegt im Sterben. Er beatmet sie und es gelingt ihm irgendwie, sie heil zur nächsten Pilgerherberge zu tragen. Sie ist eine Benediktinernonne aus Sao Paolo, die von ihrer Mutter Oberin nach Spanien befohlen wurde, um den Jakobsweg zu gehen. Die zerbrechliche, achtundsechzigjährige Frau, nur knapp dreißig Kilo schwer, trägt einen Fünfzehn-Kilo-Rucksack auf ihren schmalen Schultern.

Aus einem Grund, den ich offen gesagt nicht verstehe, da ich mit meinem Spanisch an eine Grenze stoße, sollte sie diesen Weg gehen, um Buße zu tun. Sie ist chronische Asthmatikerin. Irgendwo auf der Strecke verletzt sie sich jedoch ihren Fuß so schlimm, dass es zu einer Blutvergiftung kommt. Des Spanischen ist sie kaum mächtig und da sie in einem brasilianischen Dialekt spricht, versteht sie hier so gut wie keiner.

Nachdem Antonio sie sechs Tage lang begleitet und sie etwa einen Kilometer in der Stunde schaffen – das bedeutet fünfmal so lange, wie ein Pilger im Durchschnitt brauchen würde –, überredet er sie endlich, zu einem Arzt zu gehen. Der Arzt schickt sie sofort zurück nach Brasilien.

Kurz vor ihrer Abreise, erzählt mir Antonio unter Tränen, hatte die Nonne auf Geheiß ihres Ordens eine Lebensversicherung in Höhe von umgerechnet einer Million Euro abgeschlossen. Offensichtlich, so stöhnt Antonio weiter, wollte die Oberin gar nicht, dass ihre Mitschwester lebend zurückkehrt. Ich kann nur hoffen, sie kommt heil in Brasilien an. Die Geschichte klingt zwar unglaubwürdig, aber wenn ich mir den verweinten Antonio ansehe, muss ich sie einfach glauben. Ich habe die Frau ja mit eigenen Augen gesehen und in der Tat schien sie mehr tot als lebendig.

Er hat sich ihrer wirklich rührend angenommen. Die beiden wirkten wie ein eingespieltes Team und strahlten eine tiefe Harmonie und sogar eine gewisse Zärtlichkeit aus.

Nach dem Essen bittet er mich um etwas Geld, woraufhin ich ihm zweitausend Pesetas gebe und er mir verspricht, sie mir auf dem Weg irgendwann wiederzugeben. Den seh ich wahrscheinlich nie wieder!

Das Glockengeläut des Doms ruft zur Messe und ich gebe dem verzickten Hahn noch eine zweite Chance. Kaum betrete ich die Kirche, kräht der Hahn viermal aus voller Kehle. Na also, geht doch! Habe selten eine so komische Messe miterlebt. Der Hahn macht die ganze Zeit einen unglaublichen Radau. Der Priester unterbricht sicher zehnmal seelenruhig seine Predigt, während das Tier vor sich hinkrakeelt und die Pilger sich vor Lachen biegen. That's entertainment!

Nach der Messe verlasse ich beschwingt das Gotteshaus und bekomme einen ziemlichen Schreck. Vor der Tür hockt sturzbetrunken und bettelnd Antonio. Er erkennt mich natürlich sofort und läuft knallrot an. Um ihm die Peinlichkeit zu ersparen, tue ich so, als hätte ich ihn nicht wahrgenommen, und mache mich dünne. Mein Gott, der Mann lebt offensichtlich davon, diesen Jakobsweg seit 26 Jahren rauf und runter zu laufen und zu betteln. Wahrscheinlich ist er nicht der einzige Profipilger! Die Übernachtung in den *refugios*, in denen man immer nur eine Nacht verbringen darf, ist frei und auch die spärliche Verpflegung ist für Bedürftige gratis. Viele *refugios* nehmen freiwillig gegebene Unkostenbeiträge entgegen, haben aber keine festen Preise. Um acht Uhr morgens muss jedoch jedes Bett spätestens wieder geräumt sein.

Als ich gegen neun Uhr in mein Acht-Bett-Zimmer zurückkomme, sind die vier übrigen Betten auch belegt. Mittlerweile geht es hier so ähnlich zu wie auf dem Lufthansaflug München–Düsseldorf morgens um sechs. Man grüßt knapp und behandelt die anderen danach wie Luft.

Hier und da liegt noch jemand wach und liest, während andere, wie Anne, bereits lautstark ratzen. Auch die angrenzenden sieben Schlafsäle sind komplett belegt und da die Räume nicht durch Türen getrennt sind, hört man auch die Geräusche der nicht sichtbaren Mitbewohner in den hohen, alten Räumen widerhallen. Genauso wie die WC-Spülung, die nach meinem Toilettenbesuch kräftig weiterrauscht. Ich wühle nach meinem Schlafsack, um ihn, wie vorgeschrieben, auf meiner Pritsche auszubreiten; als ich ihn aus meinem Rucksack herausziehe, strömt mir ein nassfauliger Geruch entgegen. Der Schlafsack ist klitschnass! Mist, ich hatte in Roncesvalles vergessen, das Ding an der Luft trocknen zu lassen. Schnell lasse ich ihn wieder verschwinden. Der Gestank ist aber auch bestialisch! Anne wendet sich unruhig im Schlaf hin und her, kneift mehrmals die Augen zusammen und wird wach. Da ich gerade versuche, meine überflüssige Isomatte aus der Seitentasche meines Bündels zu zerren, um sie in der Not als Decke zu verwenden, kommt mir eine Idee und ich flüstere: »Anne, do you want my ... äh ...?« – Verdammt, wie heißt denn jetzt bloß Isomatte auf Englisch? Ich kriege sie nicht aus dem Rucksack heraus, sonst könnte ich sie ihr ja einfach zeigen. Also sage ich: »My iso-mat? You know what I mean?«

Anne wird schlagartig hellwach, verzieht wieder ihr Gesicht, so als hätte ich ihr gerade ein anstößiges Angebot gemacht und fragt mich laut: »What? Your what?« In Pidgin-English stammele ich flüsternd: »My iso-la-tion-mat ... or how do you call this?« Nach einem kräftigen Ruck meinerseits löst sich die Matte und fliegt mir um die Ohren. Anne starrt mich ungläubig an. »Your thermarest? You want to give me your thermarest? Are you kidding?« Sie hält mein Angebot wahrscheinlich für einen ganz üblen Trick und so sage ich: »I don't need it anymore and to be honest I never did!« Wie ein hibbeliges Kind, das sich auf die Bescherung freut, springt sie aus ihrem Bett und setzt sich auf meins.

»Oh god, of course I want it! So I can sleep in my tent every night and I don't have to be ...«, angewidert fügt sie hinzu: »... here!«. Das klingt überzeugend und so schenke ich ihr mein »thermarest«. Als hätte sie einen weichen Stoffteddy im Arm, drückt sie die Matte an sich und strahlt übers ganze

Gesicht. Ich beschließe, bekleidet zu schlafen, und freue mich über 750 Gramm weniger in meinem Rucksack.! Kurz bevor Anne sich wieder in ihren Schlafsack kuschelt, dreht sie sich noch einmal flüsternd zu mir: »Sorry, Hans Peter, for being so rude to you today … but you know … Not everyone is nice only because he's a pilgrim. But you are nice!«

Mesón el Peregrino (in Santo Domingo de la Calzada)

Ich kann mir nicht helfen, aber meine englische Bettnachbarin erinnert mich kolossal an meine englische Gastmutter in Eastbourne, bei der ich vor einundzwanzig Jahren Englisch lernen durfte. Sie hieß auch Anne, war genauso groß, trug auch eine Brille, hatte einen ähnlichen Akzent und rote Haare. Ich habe irgendwie das Gefühl, diese Anne zu kennen.

Und das, obwohl sie sehr abweisend auf mich wirkt, aber das war meine englische Gastmutter damals am Anfang auch. Bis wir uns sehr gut befreundeten und uns über viele Jahre Briefe geschrieben haben.

Als ich gegen 22 Uhr kurz vor dem Einschlafen bin, werde ich durch stramme Schritte und eine laute, monotone Stimme geweckt.

Ich fasse es nicht, die Mutter Oberin läuft durch die Schlafsäle und sie zählt die Pilger durch. Weder wünscht die Nonne uns eine gute Nacht noch sonst was, sie zählt einfach nur ihre Schäfchen. Ich hoffe, ich kann wieder einschlafen. Es ist schon verdammt laut und stickig in diesem Saal. Dieses Acht-Bett-Zimmer ist verbunden mit sieben weiteren Schlafsälen, in denen insgesamt weitere fünfzig Personen schlafen. Jedes Geräusch, jede Bewegung ist zu hören und die geschlossenen Fenster sind nicht abzudunkeln. Na dann, gute Nacht!

Erkenntnis des Tages:
So manche Sache hat man dann doch nicht umsonst mit sich rumgeschleppt!

18. Juni 2001 – Santo Domingo de la Calzada

Es ist jetzt vier Uhr morgens. Bisher habe ich kein Auge zugetan. Mein ganzer Körper juckt, irgendwas hat mich gebissen.

Die zählende Nonne weiß jetzt zwar, wie viele Schafe sie hütet, und schläft wahrscheinlich fest und tief, aber das Schaf in Bett Nr. 7 kann leider nicht mehr einschlafen seit dem Zählappell, zumal dieses Zimmer einfach nicht richtig dunkel wird. Alles ist irgendwie, wie soll ich sagen, siffig. Es ist anstrengend, mit sieben fremden Leuten in einem Zimmer zu schlafen und die anderen fünfzig Personen in den weiteren Sälen zu hören und belastend viel von ihnen mitzukriegen, sie zu spüren und zu riechen. Mein Bett steht auch noch ausgerechnet direkt an der Tür zur einzigen Toilette. Grauenvoll. Alle fünf Minuten geht irgendjemand aufs Klo und die Spülung braust ununterbrochen. Da schnarcht einer, die Luft wird knapp, da sprechen Leute im Schlaf. Von wegen: »intensive menschliche Begegnung in der Pilgerherberge«, wie mein euphemistischer Reiseführer es nennt.

Ich bilde mir ein, die Ätherkörper der anderen Menschen, ihre Sorgen, Wünsche, Sehnsüchte förmlich zu spüren. Wenn man schlafen will, ist das einfach nur anstrengend. Keine Ahnung, wie man sich gegen so etwas besser schützt! Ich bin zu offen!

Pilgerherbergen sind für Leute gedacht, die kein Geld haben. Überhaupt kein Geld.

Billiger kann man nicht Urlaub machen, denn die Pilgerherbergen kosten nichts. Meine Oma hat es schon immer gewusst: »Was nichts kostet, das ist auch nichts.«

Und kalt ist es geworden! Ich hab sie doch nicht mehr alle, mir so eine Herberge anzutun. Wie alt bin ich eigentlich? Fünfzehn? Ich hab es schon zu meiner Schulzeit gehasst, in Jugendherbergen zu schlafen.

Warum sollte so was zwanzig Jahre später toll sein? Ich sag nur: Lagerkoller! Diese Badezimmer! Na ja, Zimmer … Kabinchen. Ohne Worte. Ich muss nicht durch den Fußpilz anderer Leute waten, um erleuchtet zu werden! Fußpilz leuchtet übrigens bei Infrarotstrahlung im Dunkeln!

Das geht nicht! Ich kann mir ein Hotel erlauben, also werde ich ab jetzt auch wieder in Hotels schlafen. Ich kann und will hier nicht den Armen spielen. Hans Peter! Sei du selbst! Das hier bist du nicht!

Da sowieso nicht mehr an Schlaf zu denken ist, stehe ich auf und packe meine Habseligkeiten zusammen. Anne, als eine der Wenigen, schläft tief und fest, also breche ich grußlos auf und verlasse den Raum. Es kann nicht mehr so lange dauern, bis die Sonne aufgeht. Und so mache ich mich durch das verzwickte Labyrinth der Klostergänge auf den Weg nach draußen und öffne die große Tür, die in den gemauerten Verbindungsgang zur Stadt führt. Dummerweise lasse ich die Tür hinter mir zuschlagen und stehe in dem bedrückenden Eingangstunnel, der auf der einen Seite durch eine große Holzpforte zur Straße führt und auf der anderen Seite durch ein schmiedeeisernes Gittertor in den Klostergarten. Beide Pforten sind fest verriegelt. Natürlich, ich bin hier ja auch in einem spanischen Nonnenkonvent!, schießt es mir durch den Kopf. Auch der Weg zurück ins Kloster ist versperrt, da die Eingangstür sich nur von innen öffnen lässt. Ich sitze fest zwischen den Klostermauern! Ein einziger Schritt trennt mich von der Straße.

Hoffentlich ist das ein Orden von Frühaufsteherinnen. Ich habe an die sieben Stunden wach gelegen. Fühle mich wie gerädert. Mist!

Ich werde weder noch einmal in einem Kloster noch auf dem Boden schlafen; es sei denn, ich muss! Eher bleibe ich wach oder ich penn draußen auf 'ner Bank. Ich kann einfach nicht glauben, dass Shirley MacLaine auch nur eine einzige Nacht in diesen *refugios* verbracht hat. Und wenn doch, dann hat sie wirklich einen Sockenschuss! Ich will hier raus! Direkt gegenüber ist eine herrliche Pension, nur knappe fünf Meter entfernt.

Wann, um Himmels willen, öffnen die hier die Klosterpforte? Grauenvoll, es ist wie im Knast! Mal sehen, wie lange ich jetzt in diesem Zwischenleben festhänge. Ich bin nicht drin und nicht draußen. Ich hänge fest. Diesmal wörtlich. Zwei Stunden hocke ich so in der Kälte.

Um Schlag sechs Uhr erlöst mich eine Schwester und öffnet die Pforte zur Freiheit. Und ich gehe nicht über Los aus dem Gefängnis, sondern direkt in die gegenüberliegende Pension und falle todmüde in ein frisch gemachtes, sauberes, blütenweißes Bett und schlafe durch bis elf Uhr.

Da die Sonne schon wieder unerbittlich vom wolkenlosen Himmel knallt, als ich erwache, beschließe ich, einen Tag in

In Santo Domingo de la Calzada

Santo Domingo auszuruhen, weiterzulaufen wäre bei der Hitze sowieso idiotisch. Also verbummele ich den brütend heißen Tag in den schattigen Gassen dieses spanischen Traums von einer Stadt und bedaure es ein bisschen, dass ich mich von Anne nicht einmal richtig verabschieden konnte.

Als ich im Schaufenster einer Apotheke im Vorübergehen mein Spiegelbild erblicke, muss ich lachen. Wer bitte soll denn das sein? Diese dürre, bärtige Gestalt mit dem verfilzten, speckigen Käppi auf dem Kopf? Kein Wunder, dass Anne sich vor mir fürchtet! Ich brauche erst mal sofort einen neuen Hut!

Gezielt suche ich nach einem passenden Geschäft und werde am Ende der Altstadt fündig. Ein aufgeschlossener, agiler älterer Herr scheint hinter dem gläsernen Tresen seines chaotischen Gemischtwarenladens schon seit Jahren auf mich gewartet zu haben und beginnt nach einem belanglosen Einstieg ins Verkaufsgespräch umgehend damit, meinen Kopf zu vermessen. Die ungewöhnliche Größe meines Kopfes lässt mir nicht viel Auswahl und nach kurzer Beratung seinerseits entscheiden wir uns gemeinsam für einen grünen Baumwollhut mit weiter Krempe.

Ich behalte den neuen Hut gleich auf und da fragt mich der Herr: »Dürfte ich vielleicht Ihren alten Hut behalten, den tragen Sie doch sowieso nicht mehr?« Die Sache kommt mir zwar eigentümlich vor, aber wenn er unbedingt will. Trotzdem frage ich ihn: »Was wollen Sie denn damit?«

Die Antwort scheint ihm ein bisschen peinlich zu sein und sein Blick geht zur Zimmerdecke: »Ach, wissen Sie, ich sammle ausrangierte Pilgerhüte!« Mit offenem Mund schaue ich nach oben. Über mir hängen an die hundert alte Mützen, Kappen und Hüte. Er zückt einen Filzstift und hält ihn mir entgegen: »Sie müssten ihn mir schon signieren … mit Datum, sonst ist es wertlos. Macht es Ihnen etwas aus?« Also setze ich mein Autogramm und das Datum auf meine gelblich schimmernde Baseballkappe, nicht ohne das zu kommentieren: »Vielleicht finden Sie das jetzt ein bisschen angeberisch?«, füge ich hinzu, »… aber … das ist nicht das erste Autogramm, das ich gebe. Ich bin in Deutschland … so was wie … na ja … Star ist vielleicht das falsche Wort aber …«

Er unterbricht mich: »Sie sind berühmt? Das ist ja großartig. Das macht meine Sammlung ja noch wertvoller!« Sofort unterzieht er meinen alten Hut einer genaueren Untersuchung und freut sich wie ein kleiner Junge über meine gut leserliche Unterschrift! »Allen Deutschen werde ich diesen Hut zeigen, glauben Sie mir. Die Mütze bekommt einen Ehrenplatz!« Und da er nicht nur Hutverkäufer, sondern auch Drogist ist, schenkt er mir noch zwei Tuben Gesichtscreme von Yves Rocher. Kurz bevor ich das Geschäft verlasse, ruft er mir noch hinterher: »Ulkig, alle Deutschen haben so einen großen Kopf wie du. Ihr denkt viel. Zu viel!«

Recht hat er, diese verfluchte Denkmaschine, die versucht, Herz und Bauch ständig zu kontrollieren.

Ich versuche jetzt mal, meinen Kopf abzuschalten. Klick, mache ihn jetzt aus. Ich gehe jetzt in die Kathedrale und warte so lange, bis der Hahn wieder kräht. Stop! Nicht denken, heute mal nur Herz!

Während der Messe im Dom küsse ich wie alle Pilger eine Reliquie des heiligen Hieronymus; keine Ahnung, wofür der gut ist. Heute denke ich ja nicht mehr.

Die Spanier verstehen es, eine Messe zu zelebrieren! Aber der Hahn bleibt dieses Mal wieder stumm!

Immer wieder zieht es mich in die Kirchen, natürlich auch, weil sie die einzigen kühlen Orte weit und breit sind, dagegen kommt keine Aircondition an. Und ganz nebenbei verbessere ich während der Messe mein Spanisch; selbst, wenn ich nicht alles verstehe – ich geb's fast ungern zu –, fühle ich mich nach dem Kirchgang gestärkt.

Als ich danach durch die Stadt zurück ins Hotel laufe: Wer hält plötzlich mit seinem Wagen, laut hupend, neben mir? Der Mann aus dem Hutladen und lädt mich zu einer Flasche Rioja auf seine Finca ein. Mein Herz jubelt: Ja, ich würde wirklich gerne mitfahren. Aber Rioja – das klingt nach einer langen Nacht und ich will morgen früh weiter. Also lehne ich dankend ab.

Ein bisschen enttäuscht zuckelt der Herr in seinem Wagen weiter und ich ärgere mich schon wieder über mich: Warum bin ich nicht mitgefahren? Hätte doch eigentlich Lust dazu gehabt. Blöde Kopfentscheidung!

Auf dem kleinen Domplatz ist es am schönsten, also lasse ich mich auf den Stufen zum Rathaus gegenüber dem Gotteshaus nieder und beobachte den hektischen Flug der Tauben in der Abenddämmerung. Mir fällt eine einbeinige schneeweiße Taube auf, die wegen ihrer Behinderung gehörig aus der Reihe tanzt und mit dem Tempo ihrer gefiederten Gefährten nicht mithalten kann. Ihre Bewegungen sind tollpatschig, trotzdem wirkt sie, so weit das bei einem Vogel möglich ist, durchaus würdevoll. Das Tier beeindruckt mich und so besorge ich mir in einer Bäckerei in einem Seitengässchen etwas Brot und versuche eine vorsichtige Kontaktaufnahme mit dem Tier. Während alle anderen Tauben ängstlich vor mir flüchten, traut sich die weiße Taube immer näher an mich heran, bis sie mir schließlich sogar aus der Hand frisst.

Hinterher gurrt sie satt und zufrieden. Sie wusste, dass ihr in ihrer Situation nichts anderes übrig blieb, als sich dem gefährlich wirkenden großen Wesen zu nähern, wenn sie überleben wollte. Diese Taube hat eine stramme Leistung vollbracht. Ich bilde mir ein, ihre Mittauben haben ihr bewundernd und neidisch zugeschaut.

In meinem allwissenden Reiseführer steht, dass dieser Weg ein Erleuchtungsweg ist.

Ich glaube allerdings, es ist ein Weg ohne Erleuchtungsgarantie. So wie Urlaub keine Erholungsgarantie bietet. Gut, ich will nicht zu viel erhoffen, aber Erleuchtung wäre schon nicht schlecht! Was immer das auch ist!

Ich stelle mir die Erleuchtung wie ein Tor vor, durch das man schreiten muss. Wahrscheinlich darf man keine Angst haben, durch das Tor zu treten, und man darf es sich andererseits auch nicht zu sehr wünschen, hindurchzugehen. Je gleichgültiger man durch das Tor der Erleuchtung zieht, desto schneller und einfacher passiert es vielleicht?

Man darf sich nicht nach dem sehnen, was hinter dem Tor ist, und nicht das hassen, was vor dem Tor ist. Es ist gleichgültig. Vielleicht ist Gleichgültigkeit ja Lebensfreude? Keine Erwartungen, keine Befürchtungen.

Erwartungen verursachen Enttäuschung. Enttäuschung verursacht Befürchtung und Befürchtung ist ja wieder Erwartung. Hoffnung erzeugt Angst, Angst erzeugt Hoffnung. Gleichgültigkeit? Tja, der Opa kommt heute ins Philosophieren.

Weizenfelder, wohin das Auge blickt

Die morgige Strecke habe ich mir bereits auf der Wanderkarte angeschaut. Die dürfte nicht zu anstrengend werden und knapp siebeneinhalb Stunden dauern.

Erkenntnis des Tages:
Öffne dein Herz und knutsche den Tag!

21. Juni 2001 – Castildelgado

Als ich heute Morgen um neun Uhr loslaufe, ist es bereits glühend heiß und in der Ferne bringt die Sonne die schneebedeckten kantabrischen Berge zum Leuchten. Ein fast heiliger Anblick!

Während der mehrstündigen Wanderung wird der Boden immer trockener und soweit das Auge reicht, ruht mein Blick nun für lange Zeit auf gigantischen, goldfarbenen Wei-

zenfeldern, immer wieder unterteilt von grün-orangefarbenen Hügeln. Eine traumhaft schöne Landschaft.

In Grañon komme ich vor einer Bar, die in etwa die Größe eines durchschnittlichen deutschen Badezimmers hat, mit einer sehr netten, etwas stämmigen Holländerin ins Gespräch. Sie bestellt sich sofort nach ihrer Ankunft zwei kühle Biere, wovon sie das erste gleich in der Bar herunterkippt und das zweite mit nach draußen nimmt. Sie steuert den im schwülen Wind quietschenden, rosafarbenen Sonnenschirm an, um sich dort lachend neben mir auf eine klapprige Plastikbank plumpsen zu lassen: »Ik ken je!«, sagt sie auf Holländisch zu mir. Da ich des Holländischen einigermaßen mächtig bin, frage ich ernsthaft: »Woher? Aus dem Fernsehen. Uit de televisie?« Diese Frage findet die strohblonde, bunt gekleidete Frau in den späten Fünfzigern zum Brüllen komisch und holt sich immer noch kichernd gleich noch mal zwei Bier aus der mikroskopisch kleinen Bar. Nachdem sie sich wieder hat plumpsen lassen, stellt sie sich vor: »Ik ben Larissa uit Gouda! En ik ken je uit Saint-Jean-Pied-de-Port! Weet je niet meer'?« Aha, die Frau namens Larissa kennt mich also aus Saint Jean?! Bei mir klingelt es allerdings nicht. Sie deutet grinsend auf ihren Pilgerstab – und jetzt endlich klingelt es bei mir doch noch. Wir beide haben in Saint Jean im selben Geschäft je einen ähnlichen Pilgerstab gekauft!

An der Kasse fanden wir es dann komisch, dass wir uns bei dem Riesenangebot an Stöcken beide für ein ähnliches Modell entschieden haben. Jetzt deutet sie stolz auf den Stab und findet: »Die is goed, he? Vind je niet?« In der Tat, ich bin mittlerweile genauso begeistert wie sie von unserem Pilgerstab, Modell: Immer flott voran!

Larissa lädt mich auf ein Bier ein und wir kommen ins Reden. Sie wird ein bisschen melancholisch und erzählt mir, dass dies bereits ihre zweite Reise auf dem Jakobsweg sei.

1999 lief sie zusammen mit ihrer Tochter Michelle. Die war damals zweiunddreißig Jahre alt und hatte Brustkrebs. Mutter und Tochter sind tiefgläubig und wollten den Camino unbedingt gehen. Da Michelle keinen Rucksack tragen konnte, kauften sie sich in Südfrankreich kurzerhand einen Esel namens Pierrot. Mit dem Tier wanderten sie dann zwei Wochen, so gut es eben ging, Richtung Santiago. Dann musste Michelle wegen der unerträglichen Tumorschmerzen die Reise abbrechen. Mutter und Tochter reisten überstürzt zurück in die Niederlande und dort starb Michelle nach vierzehn Tagen.

In diesem Jahr beginnt Larissa ihre Wanderung in Südfrankreich, genau an der Stelle, wo Michelle ihren Weg 1999 beenden musste. Larissa ist fest entschlossen, den Weg für ihre Tochter zu Ende zu gehen. Jeden Wandertag widmet sie einem Menschen. Den Tag morgen, entscheidet sie spontan, widmet sie mir!

Nach unserer intensiven Begegnung fällt es uns beiden ein bisschen schwer, auseinander zu gehen. Larissa aber hat sich entschlossen, den Camino ganz alleine zu laufen, und so will sie mich mit einer Dreiviertelstunde Vorsprung weiterwandern lassen.

Als ich aufbreche, legt sie ihre Hand auf meine Schulter und sagt: »Irgendwann fängt jeder auf dem Weg an zu flennen. Der Weg hat einen irgendwann so weit. Man steht einfach da und heult. Du wirst sehen!«

Nach einigen Meilen bietet der Weg dem geneigten Wandersmann drei Möglichkeiten: Entweder geht man links die Hauptstraße entlang oder rechts in einen Feldweg, der 200 Meter schnurstracks geradeaus führt, um sich dann doch noch spontan zu gabeln. Weit und breit sind wieder mal keine gelben Pfeile in Sicht und aus meiner Landkarte werde ich überhaupt nicht schlau, egal wie rum ich sie auch drehe.

Ich hätte meine Pfadfinderlaufbahn 1978 vielleicht doch lieber erst nach dem Querfeldein-Orientierungsmarsch abbrechen sollen und nicht bereits nach einer Woche, bloß weil ich unter gar keinen Umständen in dieser paramilitärischen Uniform herumlaufen wollte.

Jetzt habe ich den Salat – und zwar vor mir auf dem Feld!

Auf der Hauptstraße will ich nicht laufen und entscheide mich für den Naturpfad und dann für die Gabelung nach links.

Drei junge Spanier, die ebenfalls orientierungslos umherirren, latschen mir brav hinterher. Der Feldweg endet nach ein paar Kilometern vor einem gigantischen Kornfeld.

Die Pilger, die sich vor uns hier verlaufen haben, waren so freundlich und haben eine schöne Schneise ins Feld getreten. Was soll's? Irgendwo muss man also offensichtlich hinkommen, denn die Spuren führen nur in eine Richtung, also ist keiner der Irrläufer je wieder zurückgekehrt. Was nicht unbedingt ein gutes Zeichen sein muss! Aber es ist heiß und bei der Hitze weitere sinnlose Kilometer zurückzulaufen, kommt mir nicht in die Wandertüte. Etwa einen Kilometer folge ich der Schneise, bis gar nichts mehr geht und ich vor einem weiteren riesigen Feld mit Setzlingen – Zwiebeln, glaub ich – stehe.

Die immer noch hinter mir her tapernden Spanier entpuppen sich als Weicheier, haben kein Vertrauen mehr in meine Wanderführer-Persönlichkeit und kehren entschlossen um. Spuren oder gar Schneisen durch Vorpilger sind nicht mehr zu erkennen. Dies also muss eine Stelle sein, wo Pilger spurlos in den Himmel auffahren! Bis auf meine Wenigkeit. Heute wird scheinbar keiner hochgebeamt und so setze ich vorsichtig einen Fuß in das jungfräuliche Feld und durchquere auch dieses, um später in einem namenlosen Dorf zu landen. Auf der asphaltierten kleinen Hauptstraße sehe ich dann wieder den ersten gelben Pfeil und bin wieder auf dem Weg.

Wäre ich die Landstraße entlanggelaufen, erfahre ich von einem leicht angetrunkenen *campesino* in der Dorfschänke, wäre auch das falsch gewesen.

Also hatte ich mich wahrscheinlich schon vor der Weggabelung verlaufen. Auf dem ganzen Weg habe ich übrigens wieder keinen einzigen Schmetterling gesehen. Darauf hätte ich vielleicht achten sollen! Es ist verrückt, aber abseits des Jakobsweges sehe ich nicht einen einzigen Schmetterling.

Es klingt absurd, aber auch Singvögel halten sich offensichtlich in erster Linie direkt am Jakobsweg auf. Und noch nie in meinem Leben habe ich so viele Störche gesehen. Hier nisten sie auf allen Kirchenkreuzen entlang des Weges. Die Zeichen für Tod und Geburt friedlich nebeneinander vereint. Nur das Kreuz, das Zeichen des Todes, gibt dem Storch, Symbol für die Geburt, hier die Möglichkeit, sein Nest in schwindelnder Höhe zu errichten. Vielleicht lässt sich daraus auf eine enge Verwandtschaft und gegenseitige Abhängigkeit der beiden grundlegenden Erfahrungen im Leben eines Menschen schließen?

Heute ist Sommeranfang und die Hitze ist unverschämt,

locker 35 Grad Celsius. Sogar noch am frühen Abend, als ich das Ziel meiner heutigen Etappe, Castildelgado, erreiche. Ich bin in Kastilien, hurra!

Castildelgado liegt auf 770 Höhenmetern mitten im Nirgendwo der kastilischen Pampa und ich bin glücklich, ein zünftiges Brummifahrer-Motel mit deftiger spanischer Küche vorzufinden. Eine Pilgerherberge gibt es hier nicht. Der Ort besteht aus fünf – wie soll ich sagen – hausartigen Gebilden, einer größenwahnsinnigen Dorfkirche, die das Zeug zur Kathedrale hat, dem Motel, einem dubiosen Club mit rosa Leuchtschrift und zwei Mähdreschern.

Rundherum ist nichts anderes zu sehen als quietschgelbe Felder und eben die näher rückenden schneebedeckten Berge in der Ferne. Ja, und hier wird dann jetzt auch endlich das Spanisch gesprochen, welches ich in der Schule gelernt habe. Das Castellano.

Während ich aus meinem Motelfenster auf die Kirche schaue, sehe ich, wie eine Oma die Kirche aufschließt.

Nichts wie runter! Die einzige Sehenswürdigkeit im Ort muss ich mir doch anschauen!

Als ich unten vor dem Gotteshaus ankomme, steht die Oma immer noch davor.

Da sie mich sehr verwundert anschaut, nehme ich an, dass Pilger sich offenbar so gut wie nie hierher verirren. Schade eigentlich, denn die paar alten Leute, die hier leben, sind offen und gastfreundlich. Umso mehr freut es sie, dass ich mir das Juwel von Castildelgado ansehen will, und begleitet mich in den Innenraum. Unsere Besichtigungstour ist schnell vor dem Altar beendet und so bittet die Frau mich, in einer der herrlich kühlen Kirchenbänke Platz zu nehmen. Nach und nach betreten fünf weitere alte Damen und ein Opa die Kirche.

Die ältere Dame beginnt den Rosenkranz zu beten. Der monotone Singsang wirkt beruhigend und das sich fortwährend wiederholende Lamento gibt Kraft, Sicherheit und macht friedlich! Also falle ich, nachdem ich die Worte mitsprechen kann, in das Mantra ein und denke unweigerlich an Larissa.

Nach dem Gebet gibt es noch einen kurzen Plausch auf dem sandigen Platz gegenüber dem Motel und die Gemeinde hat im stillen Einvernehmen beschlossen, dass ich jetzt irgendwie dazu gehöre.

Besonders ulkig finde ich, dass niemand merkt, dass ich Ausländer bin. Sie halten mich für einen Spanier! Dadurch komme ich mir auch gleich nicht mehr so fremd vor. Wahrscheinlich hören die Herrschaften nicht mehr ganz so gut.

Je länger ich diesen Weg laufe, desto mehr fühle ich mich hier – wie soll ich sagen – nicht zu Hause, aber wohl und es ist mir nicht mehr fremd.

Vielleicht komme ich ja nicht nur Santiago, sondern auch mir selbst langsam näher?

Könnte heute zwar durchaus weiterlaufen, will aber lieber keine Experimente mehr machen und werde meine Beine schonen. Obwohl ich schon sehr froh bin, dass ich bisher nicht eine einzige Blase an den Füßen habe.

Mein Biorhythmus für die nächsten Tage sieht übrigens nicht besonders gut aus. Hab mir im Motel an so 'ner Maschine einen Auszug machen lassen. Besserung erst in sechs Tagen!

Erkenntnis des Tages:
Ich bin in mir zu Hause!

22. Juni 2001 – Belorado, Tosantos und Villafranca

Jetzt hab ich doch tatsächlich schon sechzehn Kilometer geschafft! Bin jetzt in Tosantos, sitze auf der mikroskopischen Plaza und mache meine Siesta, während ich meine dicken roten Füße im Dorfbrunnen bade.

Heute Morgen um sieben bin ich bereits wieder unterwegs gewesen. Es ist einfach besser, frühmorgens zu laufen. Die Sonne knallt dann noch nicht so sehr und man kommt deutlich flotter voran als am Nachmittag. Heute werde ich noch bis Villafranca laufen, das sind noch weitere sieben Kilometer.

Der Tag ist bisher keineswegs ereignislos verlaufen: Kurz vor dem Abstieg nach Belorado hatte mich ein sehr sportlicher Madrilene namens Victor überholt. Ein sympathischer Hingucker! Sein Alter ist schwer zu schätzen, ich denke, er ist ein bisschen jünger als ich. Der Mann ist Profipilger, nicht so ein Hobbywallfahrer wie ich, denn er läuft flink mit zwei federleichten Nordic-Walking-Stöcken. Wir laufen eine ganze Zeit gemeinsam und nehmen ein zweites Frühstück in einer Mühle im Wäldchen von Belorado zu uns. Der Typ hat wirklich einen goldigen Humor, jeder zweite Satz endet mit einer unerwarteten Pointe und so verstehen wir uns auf Anhieb prächtig. Er erzählt mir begeistert, dass er sich seinen Kindheitstraum erfüllt, einmal den Jakobsweg zu laufen!

Während des Essens beschließen wir, gemeinsam weiterzuwandern.

Und so legen wir, abgelenkt durch unsere angeregte Unterhaltung, in kürzester Zeit vier Kilometer zurück. Schön zu merken, dass mein Spanisch von Tag zu Tag besser wird. Ich verstehe eigentlich alles, was Victor erzählt; Es dauert halt manchmal, bis ich selbst komplizierte Sachverhalte kompakt ausdrücken kann.

Aber nach geraumer Zeit nimmt unser Gespräch peu à peu eine ziemlich unerwartete Wendung. »Casado?« Ob ich

Die Dorfbrunnen – ideal für dicke rote Pilgerfüße

verheiratet bin?, beginnt er mit seinen Nachforschungen; ich lasse das Thema unbeantwortet im Wald stehen.

Seine Fragen werden immer privater und fast ein bisschen forsch. So richtig will er mit der Sprache nicht herausrücken, dazu scheint er doch zu sehr Macho-Madrilene zu sein. Trotzdem habe ich schnell das sichere Gefühl: Der nicht ganz so keusche Pilger Victor sucht ein Abenteuer und das hat einen Doppelnamen. Allerdings verspüre ich im Moment nicht die geringste Lust, während meiner Pilgerreise ruckartig in den Soft-Porno-Bereich abzurutschen. Da Victor nicht nur auf die Flirttube drückt, sondern sich auch im Lauftempo zusehends steigert, sehe ich ein, dass ich auf Dauer unmöglich mit ihm Schritt halten kann, weder in dem einen noch in dem anderen Tempo.

Er hat durchtrainierte Waden wie ein Ochse und ist einfach viel sportlicher als ich. Wenn ich auch nur zwei Kilometer in diesem irren Tempo weiterdüse, geht es mir durch den Sinn, knicke ich irgendwann auf dem holprigen Weg um und breche mir doch noch was. Also bleibe ich stehen und sage nur: »Victor, perdon. Ich kann nicht mit dir Schritt halten. Das ist nicht mein Tempo!« Ich ahne, dass er erwägt, mir den Vorschlag zu machen, gemächlicher zu gehen, aber durch meinen Blick fühlt er sich dazu nicht ermuntert und so reicht er mir die Hand, verabschiedet sich herzlich und verspricht, in Villafranca auf mich zu warten, um dann mit mir zu Abend zu essen. Dann verschwindet er so schnell, wie er zuvor aufgetaucht war. Und ich weiß, dass in Villafranca garantiert niemand auf mich warten wird, denn einem stolzen Spanier erteilt man keinen Korb.

Nun sitze ich hier immer noch schön auf 'ner Bank und kühle meine Füße in dem Brunnen, der dem Örtchen von Generalíssimo Franco gestiftet wurde. Dem Wasser im Brunnen ist das egal; es ist trotzdem frisch und sauber und keine braune Brühe, wie man bei dem unedlen Spender vermuten sollte. Könnte jetzt gut und gerne eine Stunde schlafen. Aber ich will weiter nach Villafranca.

Also schleppe ich mich ganz langsam durch die Hitze vorwärts.

Bei einem weiteren kurzen Stopp in einem Landgasthof in Espinosa gesellt sich dann Stefano, ein sehr schicker älterer Herr, zu mir, der sogar in seiner exquisiten Designer-Wanderbekleidung formvollendet aussieht. Ohne lange Umschweife beginnt er mir, als wir gemeinsam weiterlaufen, ein Ohr abzuknabbern. Durch sein perfektes Castellano glaube ich einen leichten norditalienischen Akzent durchschimmern zu hören und so frage ich: »De donde eres? Woher kommst du?« Die Frage wendet er zu einem Quiz, indem er mich dazu auffordert zu raten. Also sage ich: »Na, Schwede bist du sicher nicht. Du kommst aus Norditalien, aus dem Piemont oder aus der Lombardei!« Stefano ist sichtlich beleidigt, dass ich das Rätsel so schnell geknackt habe, und gibt zu, Mailänder zu sein; was mir die Gelegenheit bietet, jetzt ins Italienische zu wechseln, was ich weitaus besser beherrsche als Spanisch.

Der dreiundsechzigjährige Telekommunikationsingenieur ist bereits pensioniert und erzählt mir, dass er im letzten Jahr die Via Francigena von Piacenza nach Rom gepilgert ist. Das sind auch so an die sechshundert Kilometer und ich weiß schon, wo ich demnächst pilgern werde. Eigentlich ist er sehr nett, aber unterschwellig bleibt er ein bisschen arrogant. Penetrant spricht er dann weiter mit mir auf Spanisch, obwohl er natürlich merkt, dass mein Italienisch eindeutig besser ist. Das scheint ihn gewissermaßen zu wurmen und er möchte mich auf Spanisch klein halten. So rede ich irgendwann italienisch, er spanisch. Ich bitte ihn dann mehrmals, doch mit mir in seiner Muttersprache zu reden, was er schließlich ungern tut – und plötzlich nur noch halb so interessant ist. In seiner Muttersprache, bemerke ich viel deutlicher, wie sehr er die Kommunikation durch vordergründige, zugegebenermaßen brillant formulierte Worthülsen bestreitet. Er ist halt Kommunikationsingenieur.

Ständig will er auch noch von mir wissen, wie es denn komme, dass ich in meinem Alter noch nicht verheiratet sei; das gehöre sich doch nicht für einen Katholiken und ich denke nur, dass seine mittlerweile prahlerische Arroganz auch nicht in sein eigenes Dogma passt. Kurzerhand empfiehlt er mir seine ebenfalls unverheiratete Tochter wärmstens als potenzielle Lebensgefährtin. Was ist denn heute nur mit meinen Mitpilgern los? Es geht hier zu wie auf dem Basar.

Dennoch ist es schön, für kurze Zeit wieder einmal Italienisch zu hören und zu sprechen. Irgendwann lasse ich auch Stefano ziehen, der um jeden Preis die heutige Rallye-Etappe gegen seinen zukünftigen Schwiegersohn gewinnen will.

Villafranca ist bald erreicht und lockt, einladend in einem saftig grünen Tal gelegen, mit strahlend weißen Häusern und bunten Dächern. Je näher man dem Städtchen allerdings kommt, desto mehr verblasst der strahlende Eindruck und irgendwann steht man mitten in einem grauen, toten Nest das den Charme einer belgischen Industriestadt besitzt. Villafranca ist eigentlich nichts weiter als eine wohlklingende Fata Morgana.

Schade, dass ich bisher noch keine wirkliche Freundschaft geschlossen habe, dann wäre der Anblick dieser Tristesse bestimmt erträglicher. Aber es bedrückt mich nicht. Zum Teil genieße ich es sogar, jeden Tag die eine oder andere flüchtige Bekanntschaft zu machen, kurze, tiefe Einblicke in das Leben fremder Menschen zu gewinnen. Das ist spannend, aber nicht belastend.

Ich frage mich, ob ich es überhaupt jemals zu Fuß bis nach Santiago schaffen werde? Der Weg bleibt weiter hart und ein Spaziergang ist diese Erfahrung wahrlich nicht. Und wenn ich es schaffe, wird es mein Leben verändern? Vielleicht erwarte ich einfach zu viel! Wahrscheinlich. Gleichgültigkeit muss ich eben noch lernen.

Ich beziehe ein Zimmer in einer ziemlich abgefahrenen, aber sehr netten kleinen Brummifahrer-Pension. Jeder Antiquar wäre begeistert von dem Jahrhundertwende-Mobiliar, das schlecht behandelt, wahllos im ganzen Haus verteilt, im Weg steht. Aber es ist alles sehr sauber. Mein Gott, entwickle ich mich hier ganz nebenbei auch noch zur Karikatur eines Deutschen? Vor der Pension befindet sich ein gigantischer, leerer Schotterparkplatz, in dessen Mitte die einzige Telefonzelle des Ortes steht.

Meinen Pilgerstempel hole ich mir gezwungenermaßen im *refugio* ab. Das ist übrigens wieder einmal nichts als der blanke Horror. Von Victor ist natürlich weit und breit nichts zu sehen. Ich denke mal, der ist weitergelaufen und wollte sich diesen klinisch gekachelten, schmierigen Schlafsaal, der den Charme einer Abdeckerei hat, nicht antun. Dreißig Gitterbetten stehen auf vierzig Quadratmetern, direkt an der Hauptstraße, in einem Haus, dem nur noch eine Abrissbirne weiterhelfen kann, denn die Fensterscheiben sind schon zerschlagen und lieblos mit Kartons geflickt. Immerhin war dies noch vor ein paar hundert Jahren ein Ort, an dem die Pilger ihre Kräfte für die beschwerliche und gefährliche Überquerung der Oca-Berge sammelten: In den Wäldern lauerten Räuber und Banditen.

Vielleicht meide ich die *refugios* auch, weil es mir nicht gleichgültig ist, wo ich schlafe, denke ich über meine modernen Sorgen nach. Sollte ich das lernen? Aber die Schlafzeit ist für mich die einzige Erholungsphase von den Strapazen des Tages. Ich bleibe dabei, die Pilgerherbergen tue ich mir nicht an, und schon gar nicht bei dieser drückenden Hitze!

Die Bude ist brechend voll und nur mein Schwiegervater in spe Stefano bewegt sich in dem Raum, als wäre es die Präsidentensuite des Hotel »Savoy« in Mailand, und kommt strahlend auf mich zugelaufen.

»Schrecklich hier! Findest du nicht auch?«, will er von mir auf Spanisch wissen und ich antworte der Einfachheit halber in der gleichen Sprache, denn das Hin- und Hergehopse zwischen den beiden romanischen Sprachen mache ich nicht mehr mit: »Orible! Warum schläfst du hier? Ich schlafe da vorne in der Pension am Ortseingang für 15 Mark und es ist grandioso!« Er will sofort mein Zimmer sehen und auf die Gefahr hin, dass er darüber nachdenken sollte, bei mir einzuziehen, schiebe ich dem schnell einen Riegel vor und sage: »Die haben noch ein paar freie Zimmer!« Die großspurige Mailänder Sparflamme hat sich wohl schon Hoffnung auf eine laue Nacht gemacht und wollte wohl kontrollieren, ob ich schnarche, um es dann brühwarm meiner zukünftigen Verlobten zu erzählen.

Angesichts der unerträglichen Wohnsituation im *refugio*

überkommt es mich und ich gebe nun bei Stefano damit an, dass ich drei Toiletten, zwei Duschen und noch dazu einen Aufenthaltsraum mit Farbfernseher für mich alleine habe!

Warum tun sich all die anderen Pilger – zum Teil keine armen Leute – diese entsetzlichen Absteigen an, in denen man oft auch noch schlecht behandelt wird? Ich versteh's nicht. Mir reicht es, dass ich mir Zwanzig-Kilometer-Märsche bei glühender Hitze auf staubigem Asphalt und Holperwegen zumute.

Sicher, hier und da gibt es auch ganz schöne Herbergen, die von tollen Leuten betrieben werden, so wie das *refugio* in Navarrete, wo man wirklich gerne über kleine Mängel hinwegsieht.

Ein älteres amerikanisches Ehepaar, eindeutig wohlhabende Leute, gibt sich heute Nacht auch das Armenlager. Ein Obdachlosenasyl muss dagegen luxuriös genannt werden. Privatsphäre und Intimsphäre werden in diesem *refugio* mit Füßen getreten. Ein Klo und eine Duschgelegenheit für dreißig Leute! Wir wissen seit Jahrhunderten, dass das nicht gesund ist. Dennoch spielen hier wohlhabende Menschen Armut und tagsüber verdonnern sich fünfzigjährige, pummelige Amerikanerinnen unter sengender Sonne zu Märschen von über vierzig Kilometern. Wie schuldig müssen die sich fühlen, dass sie das alles auf sich nehmen?

Oder wollen die sich am Ende einfach nur alle wieder ganz doll auf zu Hause freuen? Ich freue mich jetzt erst mal auf mein schönes Zimmer.

Stefano begleitet mich zurück in mein Hotel und ist begeistert, so was hat auch er jetzt schon seit Wochen nicht mehr gesehen, einfache, saubere Räume mit sanitären Anlagen, die den Hygienevorschriften der EU entsprechen. Trotzdem beschließt er, ohne Nennung von Gründen, in dem *refugio* zu bleiben, was mir fast die Sprache verschlägt. Dennoch wollen wir im Haus gemeinsam zu Abend zu essen. Ich habe einfach keine Lust, heute Abend wieder allein zu sein, und ich hab auf dem Weg schon schlimmere Typen als Stefano getroffen. Die Kneipe unten bietet Deftiges, was bei Stefano und mir Heimweh nach der italienischen Kochkunst hervorruft. Nach dem Essen will Stefano zu Hause bei seiner unverheirateten Tochter anrufen, aber er, der Telekommunikationsfachmann, besitzt kein Handy, also begleite ich ihn zu der Telefonzelle auf dem Parkplatz vor dem Haus. Ich vermute, dass er seiner Tochter erzählen wird, dass ich schmatze und sie sich mich aus dem Kopf schlagen soll.

Die Telefonzelle ist allerdings mittlerweile verschwunden hinter zwanzig parkenden LKWs, die den Platz erobert haben und mit ihren laufenden Motoren nicht nur die Häuser im Tal noch grauer machen, sondern auch ein ohrenbetäubendes Konzert veranstalten. Stefano und ich finden im Gewühl der Wagen die Telefonzelle wieder. An telefonieren ist allerdings nicht zu denken, denn die laufenden Motoren vereiteln jeden Telekommunikationsversuch. Stefano rennt daraufhin von einem LKW-Fahrer zum anderen und bittet um Ruhe. Ich muss sehr lachen, schließlich war der Mann mal Fachmann für Telekommunikation.

Die LKW-Fahrer denken allerdings nicht daran, ihre Motoren abzuschalten, da sie fast ausschließlich Fracht transportieren, die bei der Bullenhitze ohne Kühlung zu vergammeln droht. Stefano hat dann nicht mit meiner Zukünftigen telefoniert und ist stinksauer zu seinem Gitterbett zurückgestiefelt.

Tja, so wird dann auch mein nettes kleines Hotel heute Nacht wohl zum akustischen Albtraum. Werde mir nasses Klopapier in die Ohren stopfen müssen, damit ich die zwanzig Kühlaggregate nicht höre.

Offensichtlich bin ich heute der einzige Pilger, der dieses kleine, gepflegte, wenn auch etwas laute Haus nutzt.

Stefano will morgen mit seinen dreiundsechzig Jahren die sechsunddreißig Kilometer bis nach Burgos durchlaufen, denn am nächsten eigentlichen Etappenziel in San Juan de Ortega gibt es auch wieder keine vernünftige Unterkunft. Ich bin fast geneigt, es ihm gleichzutun. Aber auch diese Strecke ist nicht ohne und bleibt die Hitze, schaffe ich das auf gar keinen Fall.

Als ich in mein Zimmer zurückkomme und meine Kleidung in der Wanne reinige, ist sie bereits nach einer Dreiviertelstunde wieder knochentrocken, so heiß ist die Luft.

Erkenntnis des Tages:
Was macht uns menschlich? Unsere kleinen Macken und die großen Fehler. Hätten wir sie nicht, wären wir alle wandelnde Götter!

24. Juni 2001 – Burgos, Tardajos

Gestern Morgen war es irrsinnig kalt und neblig in Villafranca und ich bin zu kaputt, um auch nur einen Schritt zu tun. Konnte vor lauter Müdigkeit auch den ganzen Tag keinen klaren Gedanken fassen und nichts aufschreiben. Mein Biorhythmus ist absolut im Keller!

Habe sehr schlecht geschlafen; was offensichtlich an den Kühlaggregaten der zwanzig LKWs lag. Hab wild und durcheinander geträumt von Stefano, LKWs und seiner Tochter! Hab geträumt, das Universum expandiert und schrumpft gleichzeitig. Hab's selber nicht so genau verstanden. In etwa so, als würde sich ein normal großer VW-Käfer in einen Miniatur-LKW verwandeln. Er schrumpft, wird aber dennoch größer. Was für ein absurder Traum.

Bin dann runter in die Brummi-Kneipe, bei Tageslicht betrachtet ein übler Laden, wo alle Fahrer schon bei üppigem fetten Frühstück sitzen, lauthals diskutieren, rauchen, einige trinken schon Rotwein – allzeit gute Fahrt – und man glotzt auf den laufenden, höllisch lauten Farbfernseher. Nur ich weiß in dem Moment, wie klein ihre LKWs draußen wirklich sind, und komme mir dabei ziemlich absurd vor. Ich bestelle mein Frühstück und nehme dies in Ermangelung freier Plätze im Raum einfach draußen zu mir. Eine Tasse Kaffee und einen Keks kann man auch auf dem Bordstein vertilgen. Abgesehen davon sind die knatternden Kühlaggregate leiser als die Fahrer in der Kneipe.

Da steht wie aus dem Nichts dorthin gezaubert ein kurzhaariger blonder Engel vor mir mit strahlend blauen Augen und lächelt mich frech an. Nachdem ich seit fast zwei Wochen Übung darin habe, Pilgern die richtige Nationalität zuzuordnen, sehe ich in der Frau eine Schwedin. Tatsächlich fragt sie mich dann in perfektem Englisch, das von einem süßen schwedischen Akzent durchsetzt ist: »Oh, do they serve breakfast here?«, und stürzt umgehend in die Brummi-Spelunke. Anlass genug für mich, das auch zu tun und einen weiteren Milchkaffee zu ordern. Und da steht sie nun neben mir an der Theke und versucht in dem Getöse etwas hilflos, aber natürlich in perfektem Englisch, ihr Frühstück zu bestellen.

Der dicke verschwitzte, unrasierte Gastwirt scheint eine solche Erscheinung in seinem Leben bisher noch nicht gehabt zu haben und starrt sie mit offenem Mund an. Er versteht kein Wort von dem, was die Schwedin sagt, und dass sie einfach nur nach Nahrung fragt, scheint für ihn nicht im Bereich des Möglichen zu liegen. Ihre Stimme wird eindringlicher und etwas lauter: »Do you think, it may be possible to have breakfast outside? Meinen Sie, ich könnte auch draußen frühstücken? Vielleicht bauen Sie uns einen kleinen Tisch auf?« Sie deutet auf mich. »... mit einer netten weißen Tischdecke?« Der Wirt tut nicht nur so, als würde er nicht verstehen, er versteht einfach nicht und dieses ätherische Wesen hat noch nicht begriffen, dass es von seinem Thron direkt in das spanische Fernfahrerinferno herabgestiegen ist. Also insistiert sie und will einen Tisch hochheben, worauf ihr der Wirt gestikulierend zu verstehen gibt, dass alle Tische im Lokal zu verbleiben haben. Auch mein promptes Übersetzen verbessert ihre Ausgangssituation um keinen Deut. Woraufhin sie irgendwann resignierend und kommentarlos ihr kleines Frühstück entgegennimmt, es mir gleichtut und sich neben mich draußen auf die Bordsteinkante setzt. Wir lachen beide.

Während wir so lachen, schaut mich die Schwedin an, sieht meinen Muschelsticker, der mich eindeutig als Pilger ausweist und somit als der Fernfahrerhölle Nichtzugehöriger, und fragt auf Englisch: »Na, und was ist dir schon Wunderbares passiert?« Ich schaue sie an und sage: »Ich glaube … nichts.« Sie guckt mich zweifelnd an und sagt: »Das glaube ich nicht! Irgendwas muss dir passiert sein, jedem passiert doch etwas und wenn es nur eine kleine Erkenntnis ist.« Mir fällt doch etwas ein: »Oh doch, Moment, warte … Wusstest du, dass das Universum gleichzeitig schrumpft und expandiert?« Sie explodiert vor Lachen. »You are funny!« Ich sage: »Oh, I know!« Sie steht auf und sagt: »Wenn das so ist, will ich mal schnell weiter und sehen, ob meine Freundin inzwischen geschrumpft ist.« Sie pustet mir einen symbolischen Kuss zu und geht.

Ich bin dann nach dem Frühstück zur Bushaltestelle gekrochen und vollkommen schuldgefühlfrei mit dem Bus die sechsunddreißig Kilometer nach Burgos gefahren. Vor etlichen hundert Jahren sah man hier bis zum Horizont Schafweiden, heute reist man durch ein stattliches Industriegebiet an.

In Burgos wohne ich im besten Hotel am Platze; direkt vor dem mittelalterlichen Stadttor, das den Blick in die stolze Altstadt freigibt; eine mittelalterliche Prachtkulisse wie aus einem Robin-Hood-Film. Alleine in der gotischen Catedral de Santa María und dem dazugehörigen Museum halte ich mich dann den halben Tag auf und habe noch längst nicht alles bewundern können. Als ich die Kirche verlasse, steht da ein hagerer bebrillter Wanderprediger, der wie eine Erfindung von Woody Allen aussieht. Er gehört einer Sekte namens Corpus Christi an und die ist organisiert wie eine albanische Taschenspielerbande. Immer wenn ein freiwilliger Sünder unter den Passanten gesucht wird, melden sich nacheinander immer ein und dieselben drei Personen. Ein junger pummeliger, pickeliger Mann beichtet allein dreimal all seine Sünden vor dem brüllenden Wanderprediger in der Fußgängerzone.

Schrecklich, wenn Leute Geschäfte mit dem Glauben oder gar der Not anderer machen. Aber keiner der Passanten lässt sich in den Bann dieses zweifelhaften Schreihalses, der die Geschichte des Zöllners Zachäus in die Fußgängerzone brüllt, ziehen und beeindrucken.

Habe mir dann meine erste deutsche Zeitung gekauft, meine heißgeliebte *Süddeutsche*, mit der ich mich auf eine schattige Bank ans Ufer des Arlanzón setze und genüsslich Berichte aus der kalten Heimat lese. Und schon steigert sich meine hart erlaufene, gute Laune. Franz Müntefering fordert während einer SPD-Pressekonferenz alle schwulen Politiker auf, sich öffentlich zu outen – mit der Begründung: »Schwule sind Menschen wie alle und können jedes Amt besetzen, auch das des Papstes!«

Ich fliege vor Lachen fast von der Bank! Doch als ich die Reaktionen der CSU schwarz auf weiß abgedruckt lese, bekomme ich die Wut! Da steht doch tatsächlich: Das sei eine Beleidigung für den Papst, was nicht bedeute, dass die CSU etwas gegen Homosexuelle habe, aber Sexualität sei nun einmal Privatsache jedes Einzelnen. Wie bitte? Sexualität ist Privatsache? Seit wann?

Fast jeder geht in unserer Gesellschaft automatisch davon aus, dass sein Gegenüber hetero zu sein hat. Warum um Himmels willen heiraten Menschen in aller Öffentlichkeit? Und warum nehmen Frauen nach wie vor meistens den

Namen des Ehepartners an? Was ist das anderes als das öffentliche Bekenntnis zur eigenen Sexualität und das klare Geständnis: Damit ihr es jetzt alle wisst, wir schlafen zusammen! Ätsch!

Die CSU gehört von Amnesty International wenn nicht auf die schwarze, dann aber doch auf eine schöne dunkelgraue Liste gesetzt.

Auch die Art und Weise, wie die katholische Kirche mit Homosexualität und vielen anderen wichtigen Themen nicht umgeht, ist unmenschlich und geprägt von skandalöser Doppelmoral.

Ich weiß, dass ich mich mit meiner natürlichen Neigung in völligem Einklang mit der Welt und mir befinde! Also warum sollte ich mich von irgendwem in die Disharmonie zwingen lassen, etwa weil ein katholischer Gott will, dass ich und mit mir unzählige Millionen von Menschen todunglücklich und unnatürlich werden? Glauben die ernsthaft, dass Gott genauso kleingeistig und ideologisch wie sie selber ist? Wer andere zu unnatürlichem Verhalten zwingen will, kann selber auch keine Natürlichkeit verkörpern.

Alte Männer in wallenden Seidengewändern mit teuren rot und violett schimmernden Samtapplikationen wollen aus mir machen, was sie selber nicht sind: einen Cowboy! Das ist vor allem eins, lächerlich.

Wann endlich sieht ein Papst ein, dass eine frohe Botschaft nun mal kein Knebelvertrag ist! Dennoch gibt es eine amüsante Parallele zwischen der schwulen Subkultur und der katholischen Kirche; nirgendwo sonst im Abendland gibt es nach wie vor eine so strikte Geschlechtertrennung. Es gibt innerhalb dieser beiden kleinen Gesellschaften entweder nur reine Frauen- oder Männerzirkel.

Ich kann schlussendlich nur einen Standpunkt einnehmen: Jede These, welche von Diktaturen unterstützt oder aufgestellt wurde, ist unmenschlich und führt ins Verderben! Und jede Autorität, die glaubwürdig für Menschlichkeit und Frieden global eintreten will, muss jede einzelne dieser Thesen gänzlich verurteilen.

Mann, bin ich wütend! Ich haue die *Süddeutsche* in die Tonne, dabei bin ich gar nicht auf meine Zeitung wütend. Trotzdem, das ist die erste und letzte deutsche Zeitung auf dem Weg, denn selig sind die Sanftmütigen!

Gestern hatte ich übrigens auch noch Namenstag. St. Johannes wird in Burgos ganz groß gefeiert, da er der Schutzpatron der Stadt ist, glaube ich. Die ganze Stadt ist ein einziger leuchtender Zirkus, in das Licht von Fackeln getaucht. Später gibt's dann noch ein Feuerwerk, welches ich leider nicht mitbekomme, weil ich die dämlichen Rollos in meinem Hotelzimmer nicht hochbekomme. Verbrenne mir fast die Finger beim Hochziehen, aber die Dinger bewegen sich kaum. Tja, mit dem Feuerwerk scheint es wie mit der Erleuchtung zu sein. Um das Feuerwerk der Erleuchtung zu sehen, muss man vielleicht auch nur die Rollos hochkriegen!?

Heute Vormittag hat sich die Sonne spontan entschlossen, wieder gnadenlos auf das bereits ausgetrocknete Land herunterzubrennen. Bin zu spät, erst so gegen elf Uhr dreißig, in Burgos gestartet. Der Weg ist anstrengend und die karge Landschaft, die nur von mageren Birkenhainen unterbrochen wird, eintönig. Es sieht aus wie in Holland, nur ist Holland heute kurz vor dem Verglühen.

Hab heute alle negativen Gedanken aufgegeben und abgegeben. Ich habe keine Lust mehr, mich hier mit ihnen zu belasten. Ich kann nur noch meinen Rucksack tragen, mehr nicht.

In dieser Bullenhitze, bei dem Staub, der Lauferei und dem Durst kann man irgendwann auch eh gar nicht mehr anders.

Nach nur elf zähen Kilometern bin ich mittlerweile in Tardajos angekommen und werde hier bleiben. Heute gibt

Abendstimmung

es auch mal ein richtig nettes *refugio*, das eine ältere Frau zu einem wahren Juwel herausgeputzt hat. Die Betten bezieht sie jeden Tag frisch und mehr als vier Leute schlafen nicht in einem Raum. In meinem Zimmer bleibe ich sogar alleine.

Morgen sollten es dann doch mal wieder zwanzig Kilometer werden. Mehr als zwanzig Kilometer kriege ich allerdings im Moment nicht mehr hin, sonst zwingt die Sommerhitze mich in die Knie. Alles, was darüber hinausgeht, macht mich so fertig, dass ich am darauffolgenden Tag nicht mehr weiterkann.

Erkenntnis des Tages, frei abgewandelt nach Lore Lorentz:
Meine Wut ist jung!

113

25. Juni 2001 – Hornillos del Camino und Hontanas

Heute Morgen hänge ich in der saloonartigen Bar »Ruiz« in Tardajos ab und wäre beinahe gar nicht mehr losgelaufen. Habe zwar sehr gut im Haus der älteren Señora geschlafen, aber die Hitze und der Staub setzen mir schon zu, bevor ich überhaupt mein Tagespensum beginne. Ich bin schlicht ausgepowert und das macht quengelig! Ich bin kurz davor, mich zum Abbruch der Pilgerreise durchzuringen. Und mein Entschluss steht fest: Ich bringe den Pilger in mir jetzt um die Ecke!

Und während ich so in Gedanken versinke, steht plötzlich der Kellner vor mir und ich lese, was auf seinem T-Shirt steht: Keep on running! Das ist wahrscheinlich auch wieder so ein Trick des spanischen Fremdenverkehrsamtes, denke ich, und ich dumme Pilgernuss falle darauf rein!

Denn ich nehme das umgehend als Befehl, bestelle meinen Kaffee, stürze ihn hinunter, packe meine obligatorischen Kekse ein und nichts wie raus. Das ist eine klare Botschaft und bevor ich das wohlmöglich noch mal vernünftig überdenke, laufe ich zügig weiter. Dieser schiere Zufall sorgt dafür, dass ich heute nicht abbreche. Keep on running!

So ist das halt, zwischendurch hängt man physisch und seelisch immer wieder durch. Aber eine Pilgerreise muss man nun mal alleine machen oder zumindest allein beginnen.

Auf dem Weg begegne ich immer wieder lauthals streitenden Paaren oder Menschen, die mir erzählen, dass sie sich auf dem Jakobsweg von ihren Partnern getrennt haben. Manche Leute laufen grummelnd meilenweit im falschen Rhythmus neben ihrem Partner her und sind deswegen voller Groll. Gute Freunde entscheiden sich plötzlich spontan aus einer Eingebung heraus dafür, getrennt weiterzulaufen. Und so gehen fast alle Langzeitpilger allein. Gruppen sehe ich so gut wie nie. Rhythmus und Tempo trennen die meisten Menschen auf dem Weg. Es ist schwer, jemanden zu finden, der in einem ähnlichen Takt über den Weg tanzt. Wenn man im langsamen Walzerschritt, so wie ich, läuft, kann man sich keinem flotten Flamencopilger anschließen. Erst muss man sich seines eigenen Tempos ganz sicher sein und kann sich dann vielleicht jemandem anschließen. Die Pilger sind, fühlen und denken, wie sie laufen.

Sicher, ich könnte einfach nach Hause fahren, eine Party für Freunde schmeißen, meine netten kleinen Reiseanekdoten zum Besten geben und alles wäre herrlich. Aber ich habe mir vorgenommen, diesen Weg zu laufen, und was ich anfange, bringe ich normalerweise auch zu Ende. Ich will wissen, was dieser Weg mit mir macht oder auch nicht. Dann weiß ich es wenigstens. Also: Keep on running!

Eigentlich beginne ich die Pilgerreise jeden Tag aufs Neue. Hab nicht das Gefühl, eine Reise zu machen, sondern tausend kleine Reisen. Jeden Tag muss ich mich neu motivieren. Die Aufgabe, die dieser Weg einem Pilger immer wieder neu stellt, dessen bin ich mir jetzt sicher, heißt: »Sei einfach nur du selbst! Sei nicht mehr und nicht weniger als das!«

Und diese Aufgabe ist schwer genug! Der Auftrag ist leicht, aber die Umsetzung kompliziert; besser als umgekehrt. Es ist wie ein Geduldsspiel; in etwa so als versuche man, eine kleine Silberkugel in einem Miniaturlabyrinth durch ständiges Hin- und Herbewegen in das Loch in der Mitte zu bringen. Ganz einfache Aufgabe, aber…

Und Brüderlichkeit scheint eine Sache zu sein, die der Weg mir beibringen will. Bei allen Unterschieden zwischen den Pilgern zwingt mich der Weg doch immer mehr, das Gemeinsame, das Verbindende als das Trennende zwischen ihnen und mir zu suchen. Wir verfolgen das gleiche Ziel. Ja, und Brüderlichkeit, die vielleicht irdischste aller Tugenden, kann man nur im Hier und Jetzt lernen. Jeder tut, so viel er kann.

Ich habe das Gefühl, hier auf dem Weg eine Art spirituelles Kartenhaus zu bauen. Jede Karte, die ich dazupacke, macht das Haus für mich zwar beeindruckender, aber es wird

immer schwieriger, die nächste Erkenntnis so zu positionieren, dass das gesamte Gebilde stehen bleibt und nicht wieder
in sich zusammenfällt. Die Anforderungen werden höher.
Die geringste Anforderung, nämlich die Basis für das Kartenhaus zu bauen, hatte höchste Priorität und ich hatte das Gefühl, irgendwie unterstützt zu werden. Jetzt fühle ich mich
mehr und mehr auf mich allein gestellt, aber noch steht mein
Kartenhaus! Und wer weiß, wenn der Schöpfer morgen besonders lustig ist, pustet er das Kartenhaus um und dann
stimmt nichts mehr von dem, was ich jemals geglaubt habe.

Ich komme mir vor wie die Menschen des Mittelalters,
die diese naiven Weltkarten besaßen, auf denen ganze Kon-
tinente fehlten und die Erde als Scheibe dargestellt wurde.
Meine naive spirituelle Weltkarte sieht ähnlich aus und beschreibt das, was ich bisher zu ahnen glaube.

Nach drei Stunden ununterbrochenen Laufens durch win-
zige, mittelalterlich wirkende Dörfchen und Getreidefelder
lege ich eine schöne lange Pause in Hornillos del Camino
ein. Danach folgt ein zweistündiger Marsch durch eine trockene, fast gespenstische Hügellandschaft, die mich auf ein
Hochplateau führt. So ähnlich muss die Mongolei aussehen.
Kein Schatten weit und breit – und das bei 35 Grad Celsius.
Und mitten in dieser Steppe steht in einer kleinen Waldoase,
durch die ein Bach führt, ein moscheeartiges Gebäude mit
einem riesigen Johanniterkreuz auf dem Dach. Es ist das
refugio von San Bol.

Als ich dort einkehre, tauchen mein schwedischer Engel
aus Villafranca und ihre ebenso unzweifelhaft skandinavi-
sche Freundin bereits die Beine in den Bach. Der Einladung
der beiden, meine Füße doch einfach dazuzustecken, folge
ich sofort. Es ist schon komisch, dass ich eigentlich nur mit
den Pilgerinnen richtig gut in Kontakt komme, aber sie sind
ja hier auch deutlich in der Überzahl und die meisten Männer sind, wie ich inzwischen wahrscheinlich auch, komische, verschrobene Eigenbrötler.

Der Engel heißt Evi, Iwi ausgesprochen, und ihre Freundin Tina. Wir reden gar nicht viel und dösen einfach nur unter den von Singvögeln übervölkerten Bäumen vor uns hin. Bis sich eine bunt aufgedonnerte Brasilianerin unaufgefordert zu uns gesellt und auf Portugiesisch auf uns einschwadroniert. Normalerweise flüchte ich ja immer sofort vor den so häufig auf Männerfang befindlichen Südamerikanerinnen, aber ich kann nicht, ich schwächele immer noch.

Nicht nur italienische Väter wollen ihre Töchter hier an den Mann bringen, auch rasend gut aussehende Südamerikanerinnen wollen unbedingt den Mann fürs Leben finden.

Die Gegenwart der beiden Schwedinnen wird die Brasilianerin sicher bald davon überzeugen, dass ich bereits überversorgt bin. Da die beiden Skandinavierinnen ziemlich genervt auf das Temperamentsbündel reagieren, sage ich den einzigen Satz, den ich auf Portugiesisch kann und der heißt übersetzt: »Ich spreche kein Portugiesisch!« Etwas Blöderes hätte ich kaum sagen können, denn jetzt geht's erst richtig los! Ich grinse sie nur blöd an und verstehe kein Wort von dem, was sie mir da gerade dringend mitteilen will.

Evi und Tina denken nun ihrerseits, ich wäre gerade dabei, die Brasilianerin anzugraben, und machen sich fix vom Oasenacker. Das würde ich jetzt auch gerne tun, aber ich bin ja noch nicht wieder bei Kräften und so bleibt die Brasilianerin hartnäckig am Ball und erzählt mir, ihrem beeindruckenden Gesichtsausdruck nach zu urteilen, die wahrscheinlich spannendste Geschichte, die mir je zu Ohren gekommen ist – und ich begreife nicht ein Wort! Diese aufgekratzte Frau sagt mir jetzt wahrscheinlich die alles entscheidenden Sätze zum Pilgerweg auf Portugiesisch und meine Erleuchtung wird allein daran scheitern, dass ich während meines Abiturs die Lebensweichen falsch gestellt und mich für den sinnlosen Spanisch-Leistungskurs entschieden habe! Muchas gracias! Mein leeres Gesicht treibt die Frau dann wieder weiter auf den Weg und ich beschließe mich jetzt erst mal richtig zu erholen und schlafe tatsächlich noch ein Ründchen. Das erste Mal auf dem Weg lege ich mich einfach in die Pampa und schlafe. Das nenne ich jetzt mal Gelassenheit.

Auf dem Weg nach Hontanas komme ich an vielen Baustellen und aufgerissenen Straßen vorbei; genauso fühle ich mich auch: da reiße ich was ab, hier versuche ich was aufzubauen! Der Weg scheint täglich meine innere Verfassung nach außen hin widerzuspiegeln oder umgekehrt ... oder beides ...

Nach insgesamt gut zwanzig Kilometern lande ich am frühen Abend in Hontanas. Ein Ort, der nicht mit dem Auto zu erreichen ist. Ich wusste nicht, dass so etwas in der EU noch erlaubt ist. Ihre Autos müssen die Einwohner, dank eines nicht zu befahrenden mittelalterlichen Pfades, der von Pferdeäpfeln übersät ist, weit außerhalb des Dorfes parken. Und so herrscht in diesem Flecken absolute Ruhe und die Luft glüht zwar und riecht nach Pferd, aber sie ist rein.

Das einzige Hotel im Ort empfiehlt mein Reiseführer nicht. Zu Recht, wie sich herausstellt! Ich betrete also diese aus grobem hellem Sandstein gemauerte – na ja, sagen wir – Bodega und habe das Gefühl, von einer Zeitmaschine in das tiefste Mittelalter katapultiert worden zu sein.

Ich stehe in einer Welt, die von Hieronymus Bosch erdacht sein könnte. Ein kleiner dicker schwitzender Wirt mit einer verschmierten Schürze um den strammen Leib tänzelt an großen dunklen Holztischen vorbei, an denen angetrunkene Einheimische und müde Pilger sitzen, durch den düsteren Raum hinüber zum Kamin, in dem sich der Müll bis zur Decke stapelt, und balanciert dabei auf seinem Kopf eine typische Bocale-Flasche, eine Weinflasche aus Glas, die an eine Gießkanne erinnert. Und er gießt sich tatsächlich einen Liter Rotwein über die Haare, saugt ihn dann mit der Nase ein, um ihn schlussendlich in den Mund zu blasen und trällert dabei ein Liedchen. Beeindruckend, aber ekelig!

Das erste Zimmer, das mir Vitorio der Wirt nach seiner gelungenen Performance anbietet, befindet sich im Obergeschoss. Sechs alte halb verfaulte, auf den Boden geworfene Matratzen, ein Fenster so groß wie ein Bullauge und vier von Motten und Staub zerfressene graue Militärdecken befinden sich in diesem biblisch anmutenden Stall, in dem es erstaunlicherweise keine Futterkrippe gibt. Hab ja mittlerweile schon das Duschen ohne Wannenkontakt gelernt; eine echte Kunst und ich bin ein Meister darin, aber in dieser Bude nützt mir das jetzt auch nichts. In einem ähnlichen Raum ist zwar der Heiland geboren, aber ich werde hier nicht schlafen. Wenn schon unten, dann jetzt bitteschön ganz unten! Es scheint heute Nacht draußen warm zu bleiben, also teile ich Vitorio feierlich mit, dass ich einfach vor dem Haus auf der breiten Steintreppe schlafen werde. Das will er nicht zulassen und so zeigt er mir ein zweites Zimmer mit der Bemerkung, dass es allerdings das Doppelte kosten würde. Das Doppelte von ganz wenig ist auch nicht viel, also begehe ich den Raum, der das Prädikat Zimmer in der Tat verdient und mir jetzt vorkommt wie besagte Präsidentensuite des »Savoy« in Mailand.

Das Bett ist erstaunlich sauber und gut gemacht obwohl ich das Gefühl habe, dass seit mehreren Jahren niemand mehr darin geschlafen hat. Alles wirkt so, als habe die in der Zwischenzeit vermutlich verstorbene Frau des Wirtes dieses Zimmer kurz vor ihrem Tode noch ein letztes Mal ordentlich hergerichtet. Neben dem Bett steht eine Sonnenölflasche aus England, deren Verfallsdatum seit vier Jahren überschritten ist.

Daneben liegt eine Eintrittskarte von 1998 für das Kathedralenmuseum von Burgos. Ich nicke kurz, signalisiere Vitorio damit, dass ich seinen Vorschlag akzeptiere, und er kehrt zufrieden zurück in seine Gaststube, während ich versuche, es mir so gemütlich wie irgend möglich zu machen, denn die Dusche wird mir wieder ganzen körperlichen Einsatz abverlangen.

Als ich den düsteren Gastraum erneut betrete, sitzen meine beiden Schwedinnen, Tina und Evi, starr vor Entsetzen vor einem schmierigen geblümten Vorspeisenteller mit irgendwelchen undefinierbaren Fleischfetzen darauf. Ich setze mich zu ihnen und Evi sagt: »Look, what they are doing to us. This is supposed to be *carne con pimientos*, meat with peppers. I won't eat this!«

Den kleinen braunen Haufen auf Evis Teller finden Tina und ich so unfassbar ekelig, dass wir das um uns herum tobende Mittelalter lauthals weglachen. So etwas Groteskes habe ich zuvor nicht mal in einem Hundenapf gesehen. Evi lacht zwar mit, heult aber gleichzeitig und muss sich ständig die Nase schnäuzen. Schließlich schluchzt sie quietschend: »Let's go somewhere else!«

Jetzt brechen alle Dämme! Tina und ich können uns überhaupt nicht mehr halten und wir fliegen uns brüllend in die Arme. Tina fragt mich erstickend vor Gekicher: »Will you tell her or shall I?« Weder sie noch ich schaffen es, irgendein ordentliches Wort herauszubringen, und Evi fragt uns zornesrot, aber auch lachend: »Tell me … what? …« In einem krampfartigen Anfall schreie ich die Worte heraus: »There is no other place!« Evi schreit laut auf und wir schütten uns jetzt alle noch heftiger aus.

Vitorio interpretiert unser Lachen als gute Pilgerlaune und fragt Tina und mich, ob wir jetzt auch etwas bestellen möchten. Wir brüllen ihm nur quietschend vor Lachen ins Gesicht, während unsere Fäuste immer wieder auf den Tisch trommeln. Irgendwann beruhigen wir uns und Tina macht den einzig vernünftigen Vorschlag: »Wir bestellen jetzt einfach alles, was er zu bieten hat. Irgendwas davon muss essbar sein. Zu jedem Gericht bestellen wir drei extra Teller, die wir mit unserem Trinkwasser waschen und noch eine Fla-

sche Whiskey dazu, damit wir uns hier nichts einfangen!«
Und genauso machen wir es dann.

Jedes der bestellten Gerichte sieht entsetzlich aus und die
Teller sind noch nie mit Spüli in Berührung gekommen. Tina
und ich überwinden uns als Erste. Es nützt ja nichts, wir drei
sind heute an die dreißig Kilometer gelaufen und unser Hunger ist massiv und echt. Und siehe da, es schmeckt nichts so
fies, wie es aussieht, auch wenn es interessant riecht. Die
Spiegeleier sind sogar fast auf Anhieb als solche zu erkennen
und kommen deswegen heute auch besonders gut an.

Und der Whiskey, der dazu gereicht wird, wirkt nicht nur
vorbeugend, sondern auch extrem stimmungsaufhellend.
Während wir drei tapfer jeden Bissen, nahezu ungekaut,
runterwürgen, betritt die Brasilianerin die Bühne. Evi stupst
mich an: »Look, who's coming to see you!«

Schwupps!, hat die Brasilianerin mich auch schon wieder
am Haken und quatscht fröhlich drauf los. Zunächst drän-
gelt sie Tina kurzerhand beiseite, denn sie will jetzt neben
mir sitzen. Für einen kurzen Moment wird sie still, als ihr
leerer Blick unsere zehn abgefressenen Teller streift. Nach
ihrem Augenaufschlag zu urteilen ist der widerliche Zustand
des Geschirrs eindeutig auf unser Verschulden zurückzu-
führen. Es geht jetzt ums Ganze für sie, denn auch ihr Magen knurrt und so will sie von mir eine kulinarische Empfehlung von der Tageskarte. Deshalb spricht sie zu mir alsbald
in einem gedrosselten, meinen sprachlichen Fähigkeiten ent-
sprechenden Idioten-Portugiesisch. Nach zwei, drei doppelten Whiskey bin ich offensichtlich in der Lage, Kleinkinder-
portugiesisch hervorragend zu verstehen, und da mir das,
was ich da höre, mehr mit dem Italienischen als mit dem
Spanischen verwandt zu sein scheint, antworte ich auf Italienisch: »Nimm die Spiegeleier!« Das versteht sie, gibt die
Bestellung auf und fragt uns angesichts der halb leeren
Whiskeyflasche auf dem Tisch ernsthaft, ob wir Alkoholiker
seien. Als ich ihr mit etwas schwerer Zunge versichern kann,

dass dem nicht so ist, gönnt auch sie sich einen Doppel-stöcker aus meinem Glas. Langsam scheint auch Claudia, so heißt die dunkle Schönheit aus Rio, aufzugehen, dass wir uns in einem Lokal befinden, das bisher in keinem Gourmet-führer eine lobende Erwähnung gefunden hat, und so geht sie in die Küche, um selber nachzuschauen, was der Küchen-chef dort anrichtet. So blass, wie sie nur werden kann, kommt sie zurück an den Tisch und stammelt nur: »sucio, su-cio!« Das klingt für mich wieder Italienisch, denn wenn man in Rom jemanden besonders abstoßend findet sagt man: »zozzo!« Was so viel heißt wie dreckig und zwar überall!

Als Vitorio sein wenig gelungenes Machwerk auf dem Tisch präsentiert, nimmt Claudia den Teller und pfeffert ihn unter wüsten Beschimpfungen zurück in seine Richtung. Vi-torio kann den Teller gerade noch auffangen, aber er kann gar nichts erwidern. Mir tut er fast ein bisschen Leid, denn jetzt läuft für ihn alles komplett aus dem Ruder. Die Schwe-dinnen und ich bitten Claudia, sich doch zu beruhigen, doch die ist in ihrer Ehre gekränkt, denn ein solcher Fraß ist auch ihr anscheinend bisher noch nicht serviert worden.

Als Wiedergutmachung kredenzt uns Vitorio ersoffene Bananen in Whiskey. Auch er scheint uns inzwischen für hochprozentige Gewohnheitstrinker zu halten. Selbst Clau-dia aus Rio probiert etwas von der neuen *creacion de la me-son*. Der Abend ist nett, die Stimmung wird gut, Vitorio macht auch noch mal den Trick mit der Flasche und Claudia ist gar nicht mehr so nervig, wie sie zunächst rübergekom-men war. Später findet auch noch ein junger Slowene na-mens Mirjo oder so ähnlich an unseren Tisch, den wir vor-sichtig in Vitorios Küchengeheimnisse einweihen und auch zum Gewohnheitstrinker machen.

Bei Einbruch der Dämmerung begleite ich die vier zum *re-fugio*. Auf der Bank vor dem liebevoll restaurierten Gebäude sitzt mit versteinertem Gesicht Claudias Freundin Sonja, die offensichtlich schon seit Stunden auf sie wartet und unter portugiesischen Verwünschungen ziemlich schnell im *refugio* verschwindet. Mann! Diese Brasilianer sind temperamentvoll! Claudia verspürt jetzt nicht mehr die rechte Lust, gleich schlafen zu gehen, und so machen wir es uns auf der Bank unter dem mittlerweile sternenklaren Himmel gemütlich.

Sie redet beinhart weiter mit mir portugiesisch, eine andere Sprache spricht sie ja auch nicht, und der Witz ist, von ihrem Gaga-Portugiesisch verstehe ich eine ganze Menge. Sie muss mittlerweile nicht mal mehr allzu langsam sprechen.

Die hübsche Frau dürfte etwa in meinem Alter sein. Für die Südamerikaner ist der Camino der große Heiratsmarkt. Streng katholische Eltern schicken ihre Kinder mit der Aufgabe los, mit einem potenziellen Ehepartner zurückzukehren.

Ich will nicht hoffen, dass Claudia sich jetzt ernsthaft mich ausgeguckt hat. Chilenen, Argentinier, Mexikaner und Brasilianer sind die Hauptvertreter ihres Kontinents auf dem Pilgerweg. Die Brasilianer sind schon die Lustigsten.

Während Claudia und ich auf der Bank hocken, fragt sie mich, welche magischen Erlebnisse ich bisher gehabt hätte, denn auch für sie scheint es ganz normal zu sein, dass man hier Ungewöhnliches erlebt. Ich kann nicht so recht auf ihre Frage antworten, da ich meine bisherigen Erlebnisse nicht so recht unter der Rubrik »magisch« abbuchen kann.

Claudia erzählt mir die spannende Geschichte vom Nachmittag ein zweites Mal, jetzt allerdings in Zeitlupe.

Sie habe einen kleinen halbtoten Spatzen gefunden, ihn dann fünf Kilometer durch die pralle Sonne in einen schattigen Hain getragen, ihn dort gewaschen – tja – und nach ein paar Stunden konnte er wieder fliegen. Also wirklich gesagt hat sie natürlich: Spatz fast tot – gefunden – aufheben – laufen fünf Kilometer mit Spatz – viel Sonne – dann Wald – kalt – Vogel waschen – warten – dann Vogel fliegen.

Das ist doch mal 'ne schöne Gute-Nacht-Geschichte und

so verabschiede ich mich von der heiligen Franziska von Rio in die lauwarme Nacht.

Und auf dem Spaziergang zurück durch die leichte Brise zu Vitorios Bodega frage ich mich, wo all die Leute, die ich bereits auf dem Jakobsweg kennen gelernt habe, gerade stecken? Antonio, Larissa, Stefano, Victor und Anne?

Claudia sehe ich garantiert morgen wieder oder auch nicht. Man weiß es nie. Menschen tauchen auf und dann sind sie plötzlich wieder wie vom Erdboden verschluckt.

Erkenntnis des Tages:
Keep on running! Ich halte mehr aus, als ich denke!

26. Juni 2001 – Castrojeriz und Frómista

Gestern Abend hat Vitorio mit zwei betrunkenen Freunden noch sehr lange unten in seiner Kneipe gezecht. Zur Sicherheit habe ich den Schlüssel an meiner Zimmertür zweimal umgedreht. Hab aber ganz gut geschlafen. Bin heute Morgen dann schon um 6 Uhr 30 losmarschiert.

Der kleine, dicke Vitorio will mir vorher noch einen Milchkaffee brühen, worauf ich allerdings gerne verzichte, denn meine spanischen Frühstückskekse liegen hier unverpackt zwischen leeren stinkenden Bierflaschen auf der schmierigen Theke. Dann greift er sich flink einen ungewaschenen Teller, legt irgendetwas Undefinierbares darauf und füttert damit die Katzen auf der Straße. Ich nehme an, den Teller hat er danach – wenn überhaupt – nur kalt abgeschreckt.

Langsam, aber sicher gehen der Dreck und der Schmutz mir ein bisschen auf die Nerven. Mein Gott, Deutschland ist wirklich sauber und das ist auch gut so. Vielleicht bin ich spießig, aber es lebe an dieser Stelle mal die deutsche Sauberkeit.

Um mich nicht zu übergeben, verlasse ich das Etablissement fluchtartig und laufe im Eiltempo, völlig heiß auf ein gutes Frühstück, erst mal zwei Stunden über die Landstraße in den nächsten Ort. Elf Kilometer! Eigentlich bin ich ohne Frühstück zwar nicht zu gebrauchen, aber angesichts der Situation bleibt mir keine andere Wahl.

Wenn dann aber auf dem Weg als einziges Geräusch das Singen der Vögel zu hören ist, ist das schlicht traumhaft und man ist mit der Welt versöhnt. Kuckucke, Turteltauben, Spatzen, allerlei Singvögel, dazwischen das Geklapper von Störchen. Dieser Planet wäre doch unerträglich ohne den Gesang der Vögel.

Auf dem Weg nach Castrojeriz entdecke ich vor mir in der Ferne Claudia, ein Stück unterhalb des *castillo*, der Festung, des lang gestreckten Castrojeriz, wo sie recht langsam mit ihrer Freundin Sonja vorantrottet. Claudia dreht sich ständig suchend um. Bin mir sicher, sie will wissen, ob ich irgendwo hier herumlatsche. Die beiden bleiben dann immer öfter stehen und als ich sie plötzlich einhole, tut das Girl from Ipanema sehr überrascht. Sie erzählt mir als Erstes, sie habe heute Morgen zwei Kobras gesehen. Versuche ihr zu erklären, dass es meines Wissens in Spanien keine Kobras gibt. Obwohl, ich hab ja auch zwölf Adler gesehen! Aber bitte, wenn sie denn unbedingt wirklich Kobras gesehen haben will, vielleicht ist es ja symbolisch und sie denkt als fromme Katholikin vielleicht etwas zu oft an Sex.

Nachdem Claudia und ich wieder ins Plauschen kommen, entfernt sich ihre Freundin Sonja ganz entschlossen und charmant von uns und es ist klar – Claudia will es jetzt wissen! Warum guckt sich diese rassige Brasilianerin mich Weichei aus? Na, herzlichen Glückwunsch! Natürlich ist es auch schmeichelhaft, aber eben sinnlos.

Wir plauschen sehr verkrampft weiter, das Gespräch gerät zusehends ins Stocken und sie wartet ganz offensichtlich auf irgendetwas eindeutig Zweideutiges von meiner Seite. Das kommt aber nicht. Die erhabene Festung von Castrojeriz, das Vogelgezwitscher und die dröge Landschaft sind heute Morgen meine Steckenpferde. Alles in allem ist meine Gesprächsführung nicht besonders einfallsreich und läuft nicht annähernd auf das hinaus, was sich Claudia heute unter ihrem Tagespensum vorgestellt hatte.

Plötzlich bleibt sie ohne jede Vorwarnung wütend stehen, schaut mich tief beleidigt an und macht mir in dem Tonfall, in welchem sie gestern Abend Vitorio zur Schnecke gemacht hat, unmissverständlich deutlich, dass sie ab sofort alleine weiterlaufen werde. Ich solle jetzt eine Viertelstunde warten, dann sei sie nicht mehr einzuholen, denn sie wolle mich nicht mehr wiedersehen. Nie mehr! Auf dem Absatz dreht sie sich um und verschwindet.

Gehorsam warte ich eine Viertelstunde, weil auch ich keinen gesteigerten Wert mehr darauf lege, sie wiederzusehen. Aber ich finde das Ganze schon sehr überraschend, doch böse kann ich ihr nicht sein. Tja, da versprüht sie am frühen Morgen wirklich ihren ganzen Charme und Liebreiz und dann das. Und so sehe ich auch Claudia sicher nie wieder!

Das mittelalterliche Frühstückscafé in Castrojeriz ist sensationell. Der Besitzer ist unglaublich freundlich und ein lustiger Papagei namens Kathie fliegt zu Wiener Walzermusik frei herum in dem mit wallenden bunten Vorhängen ausstaffierten sonnendurchfluteten Raum. Ich setze mich an einen Tisch gegenüber einer groben Steinwand, an der ein großes Foto von einem sympathisch lächelnden Südländer prangt, auf welches ich während meines üppigen Frühmahls zwangsläufig starren muss. Ich haue ordentlich rein und sammle Kraft für den ganzen Tag. Auf einmal steht mein schmieriger dicker Wirt Vitorio aus Hontanas in der Tür, bestellt sich einen Kaffee und meint zu mir: »Ja ... hier ist es auch ganz schön, was?«

Schon befinde ich mich vor meinem geistigen Auge wieder in seinem grotesken Mittelalterinferno und ans Weiteressen ist nicht mehr zu denken.

Also beschließe ich, zügig aufzubrechen zum 900 Meter hohen Meseta-Pass, der über den Berg Mostelares führt.

Der Weg führt mich durch eine trockene, gelb blendende Einöde, die zwar landschaftlich spektakulär ist, aber wie Menschen je auf die Idee kommen konnten, hier zu siedeln, ist mir ein Rätsel. Ich hätte meine Videokamera mitnehmen und einen Dokumentarfilm drehen sollen. Es ist einfach unglaublich und einzigartig schön und die paar Menschen, denen ich in einem Dorf begegne, sind ausgesprochen freundlich und sehr um die Pilger bemüht.

Wer weiß, wo ich heute wieder lande? Ein sauberes Bett und Bad reichen mir, aber das, bitte, muss schon sein.

Beim alpinen Aufstieg auf neunhundertdreißig Höhenmeter zum schattenlosen Meseta-Pass treffe ich eine rund zweihundert Kilo schwere, ältere, quietschbunte Amerikanerin, die ohne Rucksack, mit Badelatschen und einem Stöckchen über den sehr schlechten, von Kieselsteinen übersäten Weg humpelt. Die Frau ist mit ihrer barocken Üppigkeit das absolute Gegenteil dieser hageren ausgemergelten Landschaft. Ich hätte sie eher in einem Schnellimbiss in Dallas vermutet, aber nun scheint sie in ihrer bunten Fülle als Gegenstück zur monotonen Kargheit der Umgebung hier so eine Art natürliches Gleichgewicht wiederherzustellen. Mittlerweile quatsche ich hier jeden an und lasse mich auch gerne mal in ein Gespräch verwickeln und der Dame scheint es genauso zu gehen. Also bleiben wir beide stehen und tun so, als hätten wir uns hier in dieser Halbwüste bei 40 Grad Celsius im Schatten zum Tratsch verabredet.

Sie erzählt mir, dass sie sich von ihrem Mann jeden Tag an einer halbwegs befahrbaren Straße absetzen lässt, um dann zwei bis drei Kilometer alleine bis zu einem vereinbarten Treffpunkt zu laufen, an dem ihr Mann im Wagen auf sie wartet. Die Amerikanerin aus Seattle scheint mir mit dieser knochentrockenen Aufgabe schlichtweg noch überforderter zu sein als meine Wenigkeit, also laufe ich nach unserem kurzen Smalltalk extrem langsam weiter, weil ich nicht annehme, dass die Dame jemals heil über den Pass kommen wird. Zwischendurch tue ich immer wieder so, als würde ich mich ausruhen, um zu sehen, ob sie noch lebt. Weit und breit ist kein anderer Pilger in Sicht, also sehe ich es jetzt als meine Aufgabe an, über das Wohlergehen der properen Lady zu wachen. In der Ferne an einer Feldwegkreuzung im Tal steht dann tatsächlich ein weißer Jeep mit laufendem Motor, darin sitzt ein Mann, der sehnsüchtig in meine Richtung starrt und offensichtlich darauf wartet, jemanden wieder aufzugabeln.

So kann ich getrost mein Tempo anziehen und weitermarschieren. Dieses langsame Gehen hat allerdings spürbar an meinen Kräften gezehrt und so halte ich mich durch das Absingen von Liedern bei Wanderlaune. Zunächst einmal baue ich mich mit ›Reich mir die Hand, mein Leben!‹ von Mozart wieder auf. Mozart, so bilde ich es mir ein, macht meinen Körper gewissermaßen leichter und elastischer.

Überhaupt, wenn ich merke, die Kräfte verlassen mich, singe ich laut vor mich hin. Musicals, Hymnen, Volkslieder aus aller Herren Länder, von ›Hawa nagila hawa‹ bis zu ›How many roads?‹, gerne auch mal die eine oder andere Arie, Märsche und Popsongs. Meist läuft man ja über Stunden allein, ohne jemandem zu begegnen, also was soll's?

Zum Wandern eignen sich deutsche Volkslieder in der Tat ganz gut, damit komme ich am schnellsten vorwärts. Der ›Radetzky-Marsch‹ hat mich heute, bevor ich die Amerikanerin traf, zum Meseta-Pass gebracht! Meine Füße tun heute besonders weh. Ich weiß, ich wiederhole mich, denn meine Füße tun immer weh, aber heute halt noch mehr und das finde ich durchaus erwähnenswert! Man kann es gar nicht oft genug sagen, wie weh die Füße genau tun, wenn man den Jakobsweg läuft.

Um sechzehn Uhr dreißig bin ich bereits die für mich unglaubliche Strecke von zweiunddreißig Kilometern gelaufen und gönne mir also eine Pause und ein schönes leckeres *bocadillo*, Brötchen mit Schinken und Käse, und eine Spezi in einer Bar in einem sandigen Dörflein.

Die anderen Pilger gucken immer blöd, wenn ich Fanta und Cola mische; ich erkläre ihnen dann, es handele sich dabei um eine deutsche Spezialität namens Spezi oder Kalter Kaffee.

Keiner von den Norwegern, Schweden, Spaniern, Italienern und Brasilianern ist anscheinend jemals auf die Idee gekommen, es auszuprobieren. Mit zwei sehr handfesten norwegischen Frauen aus der Telemark komme ich am Dorfbrunnen vor der Bar schnell ins Gespräch und erzähle ihnen auf Englisch von meiner Begegnung mit dem brasilianischen Temperament Claudias. Die Geschichte muss ich heute einfach noch loswerden! Spaßeshalber sprechen die beiden danach mit mir zwar kein Portugiesisch, aber Norwegisch und ich mit ihnen Deutsch. Wir wollen mal sehen, ob wir uns auch so verständigen können. Und siehe da, es geht. Die beiden Frauen verstehen nahezu alles und so mache ich also auch noch einen Crash-Kurs in Baby-Norwegisch – und ich muss sagen, die kühle Sprache von den Fjordgletschern wirkt erfrischend in dieser Hitze.

Tina und Evi konnte ich gestern Abend fast gar nicht verstehen, wenn sie miteinander Schwedisch sprachen. Aber Norwegisch, langsam gesprochen, ist für mich ganz gut zu begreifen.

In diesem Kaff gibt es zwar ein *refugio* und eigentlich kann ich nicht mehr weiter, aber ich will heute ein schönes Bett und die Herberge ist nicht nur entbehrungsreich, sondern auch noch proppenvoll.

Es bleibt einfach rätselhaft, wie man den ganzen Tag über mutterseelenallein wandert und gegen Abend am Etappenziel auf hunderte Menschen trifft, die den gleichen Weg gegangen sind.

Knapp fünf Kilometer Weg liegen noch vor mir bis nach Frómista und hurra, da gibt's ein Hotel. Das schaffe ich irgendwie auch noch.

Die Strecke bis nach Frómista hat es allerdings noch mal in sich und so latsche ich erschöpft und ausgepowert an einem nicht enden wollenden Kanal entlang, der genauso lahm vor sich hinplätschert, wie ich mich voranschleppe. Meine Füße spüre ich zwar gar nicht mehr, dennoch stößt mein Körper nicht genug Endorphine aus, sodass mein Wille alleine mich irgendwann ans Ziel bringt. Und so erreiche ich nach etwa 36 Kilometern Fußmarsch mein Etappenziel. Wahnsinn.

Vor knapp vierzehn Tagen wäre ich wahrscheinlich nach sechsunddreißig Kilometern tot umgefallen. Jetzt bin ich einfach nur müde und eben die Füße ...! Mehr aber nicht!

Der Weg war heute die Härteprüfung, aber landschaftlich wahrscheinlich der bisher schönste Teil. Ich kann's nicht glauben, sechsunddreißig Kilometer und ich hab dafür keine elf Stunden Laufzeit benötigt, sondern knapp acht Stunden. 36 geteilt durch 8 macht 4,5; also in etwa 4,5 Kilometer in der Stunde. Nicht schlecht dafür, dass ich in Sport immer eine Nulpe war.

Ich habe allerdings den Eindruck, dass es nicht meine körperliche Kondition ist, die sich verbessert, sondern vielmehr meine mentale. Ich weiß jetzt die Anstrengung richtig einzuschätzen und mir meine Kräfte vernünftig einzuteilen. Zu gemächlich darf ich bei manchmal 40 Grad Celsius im Schatten jedoch nicht laufen. Je schneller ich aus der Sonne rauskomme, desto besser ist es. Wenn ich wiederum zu schnell laufe, kann ich früher oder später gar nicht mehr weiter und hänge in der Sonne fest. Mein Flüssigkeitsverbrauch ist enorm. Ich habe heute so an die sechs Liter getrunken. Komischerweise ist der Hunger nicht wirklich ein Problem. Mit Hunger läuft es sich sogar flotter. Schon unglaublich, was ich aus diesem Couch-potato-Körper alles rausholen kann. Subjektiv habe ich seit einigen Tagen das Gefühl, kein Gramm mehr abzunehmen, aber das ist ja auch nicht der Sinn dieser Übung.

Dieser Weg lehrt mich eine Menge über meine Kraft. Ich lerne meine Energie richtig einzusetzen, mit ihr Haus zu halten, Pausen zu machen, wenn notwendig, und mich bei aller Anstrengung immer gut zu behandeln. Heute Abend belohne ich mich mit dem Hotel San Martín. Ein wunderschönes kleines Haus gegenüber der gleichnamigen strahlenden romanischen Kirche. Die Plaza wirkt mit den überall flatternden kleinen Fähnchen so würdevoll, als erwarte sie persönlich jeden Moment einen hochrangigen Staatsgast.

Als ich zum Abendessen in den mit edlem roten Cotto ausgelegten Speisesaal komme, sitzen da wie bestellt an einem schick gedeckten Tisch bei Kerzenlicht als einzige Gäste Tina und Evi, meine frisch gewaschenen Schwedinnen. Herrlich! So verbringen wir also wieder einen geselligen Abend. Diese beiden herzlichen, humorvollen Stockholmerinnen tun mir einfach nur gut! Sie sind die Torturen der Pilgerherbergen also auch endgültig leid und gönnen sich nette Hotels. Bravo! Die Vernunft hat auch auf Schwedisch gesiegt!

Evi und Tina haben sich übrigens nach diversen Streits auch dafür entschieden, getrennt voneinander zu laufen. Manchmal übernachten sie sogar an unterschiedlichen Orten. Die beiden knackebraunen Blondinen haben so wie ich Kommunikationshunger und so wird geredet, gelästert und gelacht.

Tina muss eine wunderbare Geschichte loswerden.

Sie war auf der Suche nach Waschmittel. Irgendwann landet sie in einem winzigen Ort und sucht verzweifelt nach Flüssigwaschmittel. Des Spanischen ist sie nicht mächtig, also erklärt sie der Verkäuferin wild gestikulierend ihren Wunsch. Die Spanierin greift entschlossen nach einer Packung Irgendwas und Tina wandert damit erleichtert weiter in Richtung Pilgerherberge. Als Tina die kleine Packung später über dem Waschbecken öffnet, stellt sie fest, dass es sich bei dem Inhalt um flüssigen Vanillepudding handelt. Also wird alles mit Vanillepudding gewaschen! »Sauber war's zwar nicht«, meint Tina, »aber es hat sehr gut gerochen!«

Ein weiterer Grund, warum Tina und Evi nicht mehr in den Herbergen übernachten wollen, ist die Tatsache, dass viele Pilger Wandernachtschichten einlegen. Viele Leute stellen sich den Wecker für zwei Uhr morgens und sorgen damit für einen Höllenradau im Schlafsaal. Unvorstellbar, aber es wird jetzt auch nachts gewandert. Jedermann ist immer auf der Jagd nach dem nächsten freien Bett, denn sind die spärlichen Pilgerherbergen ausgebucht, muss man zusehen, wo man bleibt. Deshalb bilden sich Grüppchen, die sich aufteilen. Manche laufen tagsüber, andere nachts und halten sich so gegenseitig die Ruhelager frei. Und dann gibt es eben noch ganz verrückte Einzelkämpfer, die um acht Uhr morgens schon am Etappenziel ankommen, anstehen und auf eine freie Schlafgelegenheit warten.

Wie machen die das bloß? Die haben wahrscheinlich Suchscheinwerfer dabei, denn es gibt auf dem Weg keine künstlichen Lichtquellen und Vollmond ist hier auch nur einmal im Monat. Abgesehen davon gibt es streunende Hunde und anderes Getier!

Auf so etwas habe ich eindeutig keine Lust; ich möchte in meinem Tempo gemütlich pilgern und nicht irgendeiner Pritsche hinterherwandern! Nightshift! Nachtschichtpilger, unglaublich! Das ist wahrscheinlich der Grund dafür, warum ich neuerdings selten anderen Pilgern begegne.

Beim anschließenden gegenseitigen Beruferaten liegen wir alle gar nicht schlecht. Evi ist, wie ich vermute, Englischlehrerin und Tina arbeitet als Chefsekretärin in einer Stockholmer Behörde. Nachdem ich ihnen die Fortsetzungsgeschichte mit meiner brasilianischen Verlobten in allen pikanten Einzelheiten schildere und ihnen die Schlusspointe natürlich auch nicht vorenthalte, tippen die zwei bei mir doch glatt auf Komiker!

Im weiteren Verlauf unseres Gespräches fällt uns auf, dass uns an Schlüsselorten des Caminos immer erst Tiere erwarten und begrüßen.

In Saint Jean, der ersten Station meines Weges, sitzt ein alter Hund am Bahnhof, als ich loslaufe, und glotzt mir aufmerksam hinterher. Heute, bei der Ankunft in Castrojeriz, liegt ein toter Uhu an der Stadtmauer und in Fromista begrüßen mich auf einer Weide ein schwarzer und ein weißer Hengst. Kurz vor Belorado stolpere ich fast über eine tote Katze. Tausende von Schmetterlingen umflattern mich in Zubiri und in Logroño hocken fünf Störche auf einer Kirchturmspitze.

Wahrscheinlich sind das bedeutungslose Beobachtungen, doch wenn man alleine wandert, verändert sich die Wahrnehmung.

Evi erzählt, wie sie bei ihrer ersten Pilgerreise auf dem Jakobsweg »gerettet« wurde.

An einem Sonntagmorgen um neun Uhr bricht sie sich in den Bergen den Fuß und ist weit und breit allein. Einige Zeit später laufen zwei spanische Krankenschwestern in Tracht den Weg entlang. Die eine beginnt sofort mit der Erstversorgung, während die andere mit ihrem Handy die Feuerwehr ruft. Es fällt mir schwer, die Geschichte mit der Tracht zu glauben, und so hake ich mehrmals nach, aber Evi beteuert den Wahrheitsgehalt, obwohl auch sie mangels Spanischkenntnissen keine Ahnung hat, warum die beiden medizinisch geschulten Damen in voller Montur durch die Natur wanderten.

Tina ist auf ihrer ersten Reise als Pilgerin auch allein und hat sich wie die meisten ihre Wasserration schlecht eingeteilt. Nach einem dreistündigen Marsch unter sengender Sonne ohne Wasser ist sie kurz vor dem Zusammenklappen, da findet sie auf dem Weg eine dicke, saftige Orange, die wahrscheinlich irgendein Pilger verloren hat. Jeder hat so seine komische Geschichte vom Weg zu erzählen. Bedauerlicherweise haben es weder Evi noch Tina beim ersten Anlauf bis nach Santiago geschafft.

Die zwei durchtrainierten Hübschen haben sich vorgenommen, in knapp zwölf Tagen in Santiago zu sein; ein fast übermenschliches Pensum.

Nach dem fantastischen Essen gehe ich zufrieden auf mein Zimmer und während ich meine verschmutzte Kleidung wasche denke ich unter lautem Gelächter an Vanillepudding. Es war ein großartiger Abend. Tina und Evi sind wunderbar.

Wenn alles gut läuft, plane ich mein Ziel in 19 Tagen zu erreichen und würde mir dann gerne noch ein paar entspannte Tage am Meer in Portugal gönnen.

Vor dem Einschlafen muss ich noch mal an die dicke Amerikanerin aus Seattle denken. Sie war so glücklich und es war ihr so wichtig, auf die Meseta zu laufen.

Erkenntnis des Tages:
Freunde! Man muss die eigenen Grenzen auch mal bewusst überschreiten!

27. Juni 2001 – Carrión de los Condes

Mann, die beiden Schwedinnen und ich haben gestern ganz schön gebechert. Bin heute erst nach zehn Uhr los. Tolles Wanderwetter. Bewölkt und eher kühl. Irgendwas zwischen 15 und 16 Grad Celsius.

Als ich heute loslaufe, stoppt mich am Ortsausgang von Frómista ein älterer Herr und sagt: »Sie haben aber Glück auf Ihrem Weg, was?«

Ich frage: »Warum?«

»Na ja, wenn der Apostel Ihnen so ein Wetter schickt, begleitet er Sie auf dem Weg.«

Ich sage: »Ich hoffe, er begleitet mich.«

Darauf er mit einem Lächeln: »Sehen Sie, und ich weiß es!«

Der Landstrich und die Orte Población de Campos und Villovieco, durch die ich laufe, sehen fast genauso aus wie die kleine Bauernschaft vor Recklinghausen, in der ich meine ersten sechs Lebensjahre verbracht habe. Westfälisch platte Runkelrübenfelder unterbrochen von rustikalen massiven kleinen Bauernhöfen. Das trübe Wetter verstärkt meinen Eindruck zusätzlich. Unglaublich. Es sieht aus wie früher, selbst die Leute schauen ähnlich aus, derb, aber herzlich. Hab das Gefühl, ich laufe nach Hause! Das ist schon sehr abgefahren. Muss die ganze Zeit an unseren damaligen Nachbarn Opa Bödeker denken, einen pensionierten Bergmann, der mannshohe naive Plastiken aus Gips erstellte, die leider erst nach seinem Tod einen Künstler von Weltruf aus ihm machten. Heute ist der Name Bödeker in der Kunstwelt ein echter Begriff. Seine Plastiken prägen das Bild meiner Geburtsstadt Recklinghausen bis heute und er gilt als der Botero des Ruhrgebiets. Hab mich immer gut mit ihm verstanden und durfte als Kind zwischen den märchenhaften Figuren spielen. Wieso fällt mir der jetzt ein? Den hatte ich komplett vergessen.

Mann, Mann, Mann, die sechsunddreißig Kilometer von gestern sitzen mir noch ganz schön in den Knochen und der Wein natürlich auch. Heute sollen es dann mal nur zwanzig Kilometer werden; sechs oder sieben davon habe ich schon geschafft.

Gestern in dieser Bar in Boadilla del Camino, wo ich so fürchterlich kaputt herumhing und an meinem Spezi nuckelte, hatte ich das Gefühl, mit mir und der Welt ganz in Frieden zu sein. Alles war da und nichts hat gefehlt. Ich war zwar nicht am Ziel, trotzdem gerade angekommen und kurz vor einem neuen Aufbruch. Ich hatte keinerlei Zweifel am Sinn meiner Pilgerreise.

Eine Freundin hat mir mal gesagt: »Du musst nicht zweifeln! Du musst dich im Leben einfach auf Gott verlassen! Irgendwie löst er alle Probleme auf seine unglaubliche Weise!«

Und so kreist mir heute immer wieder eine Geschichte durch den Kopf, die ich 1989 in Prag erlebt habe.

Drei italienische Freunde aus Bologna und ich haben am zweiten Weihnachtstag die spontane Idee, das Revolutionssilvester '89 in Prag zu feiern. Wir finden uns sehr originell und nehmen natürlich an, als Einzige auf diesen glorreichen Einfall gekommen zu sein. So fahren wir also am 30. Dezember 1989 von München Richtung tschechoslowakische Grenze, wo wir bei wildem Schneegestöber gegen zehn Uhr nachts ankommen. Der Schlagbaum ist geöffnet und nur im Zollhaus brennt ein diffuses Licht. Innerhalb kürzester Zeit finden sich hinter unserem Auto zehn weitere ein, fast alle gefüllt mit spontanen Italienern. Da sich kein Beamter nähert, mache ich mich kurz entschlossen auf den Weg zum Zollhäuschen. Dort angekommen teilt mir der Beamte knapp mit, dass die Grenze bereits geschlossen sei und ich als Bundesbürger sowieso nicht an diesem Übergang hätte einreisen können, sondern nur die Italiener. Ich müsste einen Übergang sechzig Kilometer weiter nördlich benutzen, der sei aber auch schon geschlossen.

Ich also zurück zum Auto und erkläre meinen Freunden und den anderen in der Kolonne: »Hier geht nix mehr, wir müssen alle zurück.« Aber Italiener können herrlich aufsässig werden. Keiner von ihnen macht auch nur die geringsten Anstalten umzukehren. Ein lautes italienisches Gebrüll Richtung Grenzhäuschen setzt ein: »Verdammt, ihr seid doch jetzt eine Demokratie, lasst uns rein.«

Aber es gelten offensichtlich noch die alten Einreisebestimmungen und so rührt sich nichts. Es ist kalt und dunkel und wir alle wollen jetzt in die CSSR einreisen, also beschließen wir, von der friedlichen Revolutionsluft infiziert, einfach die Grenze zu passieren. Meine Freundin Anna ist beunruhigt und denkt laut: »Was ist, wenn die auf uns schießen?« Die Befürchtung scheint mir absurd und ich antworte lachend: »Die können doch hier nicht am Tag vor Silvester zwei Dutzend italienische Touristen abknallen! Da hätte Vaclav Havel sicher was dagegen!«

Der Schlagbaum ist nach wie vor geöffnet, also fahren wir alle gemeinsam in einer dichten Kolonne über die Grenze. Es ist stockduster und erst fünfhundert Meter weiter kommt der eigentliche in bedrohliches Flutlicht getauchte Grenzübergang. Ruck zuck sind wir von Militär umzingelt. Wunderbar, wir sind mitten in einem James-Bond-Film aus den Siebzigern! Die Soldaten machen einen beängstigenden Aufstand und da wir in Wagen Nummer eins sitzen, werden wir als erste zusammengefaltet.

Wir erklären dem wachhabenden Offizier oder was auch immer der darstellt: »Der Kollege hat uns rübergeschickt.«

»Das ist unmeglich«, faucht er in seinem tschechisch gefärbten Deutsch zurück und wartet auf eine etwas plausiblere Erklärung. Also sage ich: »Wir sind doch nicht lebensmüde und fahren mal eben einfach über die Grenze in ein Land des Warschauer Pakts!« Das schluckt er dann, denn wie ein Held sehe ich nicht aus. Anna freut sich indes, dass es heute nicht mehr zu einer blutigen Schießerei im mittlerweile zwanzig Zentimeter hohen Schnee kommt. Wir müssen dann alle die Motoren der Autos abstellen und aus den selbigen raus. Die Personalien werden aufgenommen und der Ärger mit den verbohrten Beamten geht erst richtig los.

Nach einer eineinhalbstündigen Diskussion händigt man uns gnädigerweise Visapapiere aus, die in tschechischer und russischer Sprache verfasst sind und die wir korrekt auszufüllen haben. Leider beherrscht niemand von uns diese

Sprachen und da der General-oberst-major-oder-was-auch-immer ein bisschen Deutsch versteht, laufe ich zu ihm und bitte freundlichst um ein Dokument in einer uns bekannten Sprache. Der hat nun langsam auch die Nase voll von uns und kramt spanische Visa-Dokumente hervor.

Während es heftig weiter schneit, füllen wir bei einer Höllenkälte die auf den Autodächern verteilten Papiere aus. Zurück in die Autos dürfen wir nämlich nicht, weil wahrscheinlich Fluchtgefahr besteht; in welche Richtung allerdings, bleibt mir dabei völlig schleierhaft. Spanisch ist für die Italiener und mich prima zu verstehen. Mein Name ist mein Name, egal ob spanisch oder nicht. Meine Adresse bleibt die gleiche und meine Körpergröße, Geburtsdatum et cetera gebe ich in Zahlen an. Deutschland kürze ich mit F.ederal R.epublic of G.ermany ab. Das hat ja wohl auch internationale Gültigkeit! Aber dann kommt der Klopfer: Color del coche! Farbe des Autos!? Ja, was schreibt man da jetzt? Tschechisch, spanisch, englisch? Ich trabe also noch mal zurück zu dem dicken Leutnant mit der Bitte um freundliche Belehrung. Der blafft mich an: »Tschechisch!«

Untertänigst frage ich also: »Was heißt denn ›weiß‹ auf Tschechisch?«

»Finden Sie's raus!«, schreit er zurück, während ich in seiner Atemwolke verschwinde. Gute Idee nachts um zwölf im verschneiten Böhmerwald!

Einer der Italiener geht nun langsam von einem Auto zum nächsten und übersetzt jedem tapfer die Farbe des Autos ins Tschechische. Er ist ein emigrierter Tscheche. Weiß heißt übrigens *bila*. Irgendwann dürfen wir dann einreisen und übernachten im nahe gelegenen Pilsen.

In Prag kommen wir am nächsten Tag um fünfzehn Uhr an. Es ist immer noch höllisch kalt. Schnee und Eis, wohin man schaut. Alle Hotels in der goldenen Stadt sind ausgebucht und es wimmelt von spontanen Italienern auf der Suche nach einer Bleibe. Selbst weit außerhalb der Stadt ist für uns kein freies Bett mehr zu ergattern und auch Pensionen und Kneipen sind hoffnungslos überfüllt. Keine Chance auf ein Zimmer, obwohl wir Stunden mit der Suche danach verbringen.

Gegen Abend beschließen wir vier resignierend: »Okay, wir gehen jetzt einfach essen, feiern irgendwo und nach uns die Sintflut.« Nachdem ich dann einen Hotelportier mit einhundertfünfzig Mark bestochen habe, dürfen wir an einer großen Silvestergala in einem Prager Luxushotel am Wenzelsplatz teilnehmen. Im Festsaal muss jeder dann noch mal einhundertfünfzig Mark abdrücken. Geld für ein vernünftiges Zimmer hätten wir also schon mal keins mehr. Aber im Hotel ist es warm und bis ein Uhr – denn so lang dauert die Party – sitzen wir zumindest nicht auf der Straße.

Die Party ist lustig. Wir feiern ausgiebig und trinken viel Alkohol, um uns dann um Punkt ein Uhr auf den Wenzelplatz zu wagen, wo die Menschen sich weinend vor Freude in den Armen liegen. Ein unglaubliches Silvester. Die Tschechen feiern ihre hart erkämpfte Freiheit! Und wir sind mittendrin – mittrinkend, mitheulend, mitlachend!

Gegen drei Uhr morgens wird uns wieder klar, dass wir keinen Schlafplatz haben, zu betrunken sind, um weiterzufahren, dass die Wetterverhältnisse eine Weiterfahrt sowieso unmöglich machen würden und dass eine Übernachtung im Wagen kaum zu überleben wäre. Die Situation spitzt sich zu und Anna fängt an fürchterlich zu weinen, als ich vorschlage, doch einfach in der Bahnhofsvorhalle zu übernachten. Die Situation ist aussichtslos und irgendwann sind wir heftig zerstritten. Wie sollen wir eine ganze Nacht bei Eiseskälte und Schnee draußen verbringen?

Plötzlich steht mitten im Revolutionssilvestergetümmel eine lächelnde langhaarige Blondine in meinem Alter vor mir und sagt: »Dobri novi rok.«

Ich schaue sie an: »Häh?«

Darauf sie begeistert: »Telewischa!«

Ich sage: »Telewischa? Ja genau!« Bei mir klingelt's. Die Pragerin kennt mich aus dem Fernsehen. Die Frau sagt plötzlich in sehr gutem Deutsch: »Was machen Sie denn hier?« Ich werde hellwach: »Ich feiere mit drei Freunden Silvester und jetzt kommt der Knaller: Wir haben kein Hotel. Können wir vielleicht bei Ihnen schlafen?«

Die Frau lacht: »Sicher, klar. Warum nicht?« Sie ruft ihre Freunde – zwei Frauen und einen Mann – zu sich. Der Mann ist Bildhauer und wie der Zufall es will, Enkel eines italienischen Einwanderers und spricht richtig gut italienisch. Veronika, so heißt unsere Retterin, ist ebenfalls Bildhauerin und kennt mich tatsächlich aus dem Fernsehen, genauso wie ihre Freundin, eine tschechische Emigrantin, die mittlerweile in Nürnberg lebt und zum ersten Mal seit Jahren in der alten Heimat ist. Als ich dann noch erzähle, dass meine Oma eine gebürtige Marienbaderin ist, bin ich von den Tschechen adoptiert.

Wir dürfen dann vier Tage in Veronikas Atelier, das einen herrlichen Blick über die Altstadt von Prag bietet, wohnen. Jahre danach haben wir uns noch geschrieben.

»Dobri novi rok« heißt übrigens frohes neues Jahr.

Genauso absurd ist die Geschichte, als ich in Ägypten in einem Hotel mitten in der Wüste fast an einer Vergiftung gestorben wäre. Drei Zimmer weiter macht zufällig eine Kardiologen-Koryphäe aus Kairo Urlaub und rettet mir mal eben das Leben.

Da gäb's noch ein paar Geschichten, die die Frage nahe legen: Ist all das Zufall?

Der Weg ist heute extrem anstrengend. Zwanzig Kilometer nur geradeaus. Kein Wunder, dass ich in Gedanken ständig abschweife. Ich laufe mittlerweile immer der Landstraße entlang, links und rechts an endlosen Weizenfeldern vorbei, durch die Tierra de Campos.

Ich bin irgendwann so erschöpft und habe glühende Schmerzen in den Beinen, sodass ich beginne, um mich herum seltsame helle Lichtstreifen wahrzunehmen, und das Gefühl habe, zwei riesige weiße flügelartige Lichtgebilde tragen meinen Rucksack. Ich spüre ihn gar nicht mehr. Anstatt langsamer zu werden, laufe ich dann immer schneller. Dieses unglaubliche Lauftempo erstaunt mich sehr und es fühlt sich so an, als laufe da jetzt jemand anderes!

Dieses Gehen auf dem Zahnfleisch ist anscheinend pure Meditation. Mann, dieses Licht, dieses wahnsinnig helle Licht, das ich dann den ganzen Tag spüre, ist kolossal. Zwischendurch kontrolliere ich sicherheitshalber immer wieder, ob ich meine Sonnenbrille auch tatsächlich auf der Nase habe. Es ist alles so hell. Der Weg, die Felder, mein Körper. Ohne dieses Licht würde ich vor Erschöpfung umfallen. Oder ist dieses Licht vielleicht nur Ausdruck meiner Erschöpfung? Keine Ahnung. Wahrscheinlich ist meine Endorphinproduktion mittlerweile auch am Ende mit ihrem Latein und lässt mich warnend aufglühen wie eine Neonlampe. In zwei Tagen sechsundfünfzig Kilometer zu laufen ist für einen wie mich vielleicht doch eher zu strapaziös.

Meine Träume werden von Nacht zu Nacht intensiver und in mir arbeitet es, als hätte jemand das Getriebe geölt. Gestern Nacht bin ich im Schlaf hochgeschreckt, weil irgendwer im Traum die Empfehlung parat hielt, mich von drei Freunden radikal zu trennen. Konnte danach gar nicht mehr richtig einschlafen. Die Telefonnummern der drei Menschen habe ich in meinem Handymenü vorsichtshalber mal gelöscht; kann sie ja, falls ich es bereuen sollte, wieder aus dem Papierkorb fischen.

Ich spüre, dass das, was ich gerade tue, deutlich über meine körperlichen Kräfte geht, aber ich tue es weiter, und dass ich tot umfallen werde, glaube ich nicht mehr, denn irgendetwas scheint mich zu tragen. Vielleicht ist es ja mein Wille? Mental fühle ich mich bei allem Schwächeln durchaus gestärkt. Ob mir diese lange Zeit des Alleinseins wirklich bekommt? Allmählich fange ich an, das Alleinsein zu mögen! Diese luxuriöse Möglichkeit, mich einmal nur mit mir auseinander zu setzen, fängt an, Früchte zu tragen; auch wenn manche davon einer mir bisher unbekannten – aber interessanten – Gattung angehören.

So durchwandere ich Carrión del los Condes, einen schroffen kleinen hellgrauen Ort, überquere eine Steinbrücke aus der Römerzeit über einen reißenden Fluss und erreiche das zu einem Hotel umgewandelte Benediktinerkloster Real Monasterio San Zoilo, wo ich mir ein Zimmer nehme. Von außen ist das Kloster unscheinbar, fast hässlich und wirkt wenig monumental. Aber im Innern der Anlage befinden sich ein beeindruckender Kreuzgang, der umwerfend schöne weiße Klosterhof, eine ausladende rechteckige Kathedrale und der gigantische Park.

Über Lautsprecher wird man mit gregorianischem Mönchsgesang in eine Art Dauermeditation versetzt. Dieses Hotel hat zig Zimmer, aber außer drei Spaniern und mir wohnt hier niemand. Wir vier haben das ganze Kloster für uns. Der Ort und die Pilgerherberge sind ehrlich gesagt nicht der Erwähnung wert, aber das Real Monasterio, in welchem der Märtyrer Zoilo begraben ist, gehört nicht ohne Grund zum Weltkulturerbe. Obwohl es eigentlich nicht von dieser Welt ist.

Alfons der VI., Alfons der VII. und Alfons der VIII., alles Könige von Spanien, haben sich hierhin nach ihrer Abdankung zurückgezogen. Verständlich. Dieser Ort ist wie Balsam für den geschundenen Körper und die müde Seele.

Klöster beeindrucken mich mehr als Schlösser, denn die sind meist nur protzig. Ein Kloster verbindet Prunk und Bescheidenheit in perfekter Harmonie. In Carrión de los Condes ist die Vereinigung der beiden scheinbaren Gegensätze besonders gut gelungen.

Real Monasterio San Zoilo, Rückzugsort für Könige und Pilger

Beim Spazieren durch den großen menschenleeren Kreuzgang kommt mir wieder in den Sinn, dass auf dem Jakobsweg die Außenwelt oft mein Innenleben widerspiegelt. Allerlei skurrile Figuren und Symbole sind in die Säulen gemeißelt. Also frage ich mich: »Welche Bedeutung hat der Kreuzgang dieses Klosters für mich? Was erzählt er mir über mich?«

Ich setze mich auf eine Bank in den Schatten und betrachte in aller Ruhe die Säule vor mir. Ein Totenkopf glotzt mich an. Das passt, denn ich bin todmüde und dadurch sehr gelassen, also wehre ich mich nicht gegen die nun aufsteigenden Assoziationen.

Totenkopf . . . Ich kann hier also über das Sterben und den Tod nachdenken? Mein Blick geht hinauf zur großen Turmuhr; sie steht. Die Zeit steht hier also. Ich kann mir also Muße zum Meditieren nehmen.

Exakt um sechs Uhr siebzehn ist die Uhr stehen geblieben, also irgendwann in der Morgen- oder Abenddämmerung. Ich sitze auf einer Bank im Schatten und schaue auf einen Totenkopf. Sollte ich etwa auf dem Weg durch mein eigenes Schattenreich schreiten und symbolisch sterben? Die Turmuhr steht ...Versuche ich vielleicht gar die Zeit anzuhalten und verhindere dadurch in meinem Leben, dass es Nacht wird, und somit, dass es einen neuen Morgen geben kann?

Wer erleuchtet werden will, muss wahrscheinlich erst mal das totale Gegenteil erleben: die Verfinsterung.

Ich muss meine Schattenseiten genauer betrachten. Wie sieht meine Nacht aus? Was kriege ich da zu sehen? Der gregorianische monotone Gesang und meine leuchtende Erschöpfung treffen im richtigen Moment aufeinander. Also lasse ich es in meiner Meditation jetzt Nacht werden. Meine Nacht, die hereinbricht. Allerlei Fratzen und Verzerrungen tauchen da auf, eben meine Schatten. So sitze ich still und lasse das Spektakel so gleichgültig wie möglich an mir vorbeiziehen.

Später gehe ich etwas benebelt auf die andere Seite des Kreuzgangs und setze mich wieder auf eine Bank. Diesmal in die Sonne. Ich blicke auf die Säule vor mir. Dort ist ein Neugeborenes in den Stein gehauen. Sterben, um neu geboren zu werden, kommt mir natürlich sofort in den Sinn. Durch die Nacht auf den Morgen zugehen. Die wesentlichen Merkmale des Lebens sind Geburt und Tod. Sie wechseln sich unentwegt ab und machen eigentlich das Leben aus.

Aufstehen – Schlafengehen, Arbeitsbeginn – Arbeitsschluss, Ausbildungsbeginn – Rentenbeginn. Alles beginnt und hört wieder auf, obwohl es immer Jetzt ist und eigentlich alles in einem einzigen gigantischen Moment passiert.

Vom Kreuzgang begebe ich mich in die Kathedrale. Dort bin ich alleine und beobachte, wie eine Taube auf den Altar zufliegt. Direkt darüber hängt das riesige Kruzifix und zum ersten Mal nehme ich bewusst wahr, dass der Gekreuzigte eindeutig in eine Richtung schaut. Von uns aus gesehen, schaut Jesus Christus auf den meisten Darstellungen nach links. Nach Westen. Dem Sonnenuntergang, der Nacht, dem Tod entgegen.

Aber aus seiner Sicht schaut er nach rechts, nach Osten. Dem Sonnenaufgang und dem Leben entgegen. Das, was uns wie ein düsteres Ende erscheint, ist für ihn in Wahrheit der strahlende Anfang. Und ganz zweifelsfrei kann nur seine Wahrnehmung als die richtige angesehen werden. Unsere ist die falsche Sichtweise. Vollends zu begreifen ist das für einen Menschen sicher nicht.

Wir müssen alle auf die eine oder andere Weise unweigerlich durch unsere Nächte wandern und besser, wir tun es

Der Kreuzgang in Carrión de los Condes

freiwillig und gleichmütig, als dass wir vom Schicksal unweigerlich in sie hineingezwungen werden, denn sie sind ein wesentlicher Bestandteil unseres Lebens.

Vielleicht machen es die Nachtschichtpilger doch genau richtig? Die stellen sich der Dunkelheit.

Je weniger wir uns über die ständigen symbolischen Geburten in unserem Leben freuen und an ihnen hängen, desto leichter können wir vielleicht auch die symbolischen Tode akzeptieren? Ich muss mich jedenfalls mal intensiver mit meinem Schatten auseinander setzen!

Mir bleiben noch achtzehn Etappen zu laufen. Elf Etappen – zweihundertzwanzig Kilometer – habe ich zu Fuß zurückgelegt. Eine bin ich per Anhalter gefahren und vier habe ich mit dem Bus zurückgelegt. Das entspricht in etwa einhundert motorisierten Kilometern.

Übermorgen wäre also Halbzeit. Bin heute Abend erschöpft und einfach leer gelaufen! Komme mir vor wie eine leere Flasche, die aufgefüllt werden muss.

Erkenntnis des Tages:
Ich werde meinem Schatten begegnen!

28. Juni 2001 – Calzadilla de la Cueza

Heute Morgen komme ich erst um halb acht aus dem Bett und bin immer noch todmüde. Mühsam schleppe ich mich auf die Marathonstrecke die zunächst über eine grob gepflasterte Römerstraße führt. An einer Tankstelle, kurz bevor der staubige, siebzehn Kilometer lange Feldweg nach Calzadilla de la Cueza beginnt, gönne ich mir noch einen Kaffee. Und da ich nur zwei Liter lauwarmes Wasser dabei habe, bestelle ich mir noch ein Sprudelwasser. Der Inhalt der

Plastikflasche entpuppt sich allerdings als steinharter Eisklumpen. Erst will ich mich beschweren, aber dann stopfe ich den Minigletscher einfach murrend in meinen Rucksack. Was nützt es schon: entweder die oder keine!

Die dann folgende Etappe ist schlicht und ergreifend die Hölle. Die Sonne brennt schon in der Früh gnadenlos und penetrant herunter. Kein Strauch und kein Baum sind weit und breit zu erkennen, vor mir liegen nur immer gleiche Felder und dieser kerzengerade staubige Sandweg, dessen Ende nicht zu erkennen ist. Heute leuchte nicht ich, sondern der Pfad. Siebzehn endlose Kilometer geht es immer nur in dieselbe Richtung ohne jede Abwechslung oder auch nur die Andeutung eines Schattens. Heute begegne ich meinem Schatten garantiert nicht! Normalerweise kann man zumindest alle zehn Kilometer irgendwo einkehren, um für einen Moment im Kühlen zu sitzen und sich auszuruhen. Das ist heute anders, ganz hart. Der Weg blendet mich durch die intensive Sonnenstrahlung so sehr, dass ich meine tränenden Augen ab und zu trotz Sonnenbrille zur Entspannung für mehrere Sekunden schließen muss. Meine Atmung wird immer lauter und trockener. Irgendwann nehme ich außer meinem leidenden Japsen gar nichts anderes mehr wahr.

In der prallen Sonne zu rasten wäre Wahnsinn, also muss ich tun, was ich eigentlich nicht gut verkrafte: ich verschärfe mein Tempo drastisch, um so schnell wie möglich aus diesem überbelichteten Kornfeldinferno herauszukommen.

Zum Glück habe ich meinen Eisklumpen dabei und so schütte ich ab und zu etwas von meiner lauwarme Brühe in die gefrorene Flasche und habe immerhin für zweieinhalb Stunden einen kalten Drink, denn so lange dauert es, bis das Eis ganz geschmolzen ist. Trotzdem bleibt die Strecke gnadenlos und ich gerate, als das Eiswasser getrunken ist, allmählich ein bisschen in Panik, denn das Dörfchen Calzadilla de la Cueza, das auf meiner Karte zweifelsfrei eingezeichnet ist, will und will nicht am Horizont auftauchen. Dabei ist es

Kein Strauch, kein Baum, kein Schatten

hier flunderflach und man kann irrsinnig weit schauen. Dieses Tempo, das lehrt mich meine bisherige Erfahrung als Pilger, halte ich nicht mehr lange durch. Wahrscheinlich hab ich mich wieder verlaufen? Das wäre heute ganz schlecht. Aber die Schmetterlinge flattern vereinzelt immer noch am Wegesrand entlang und ich halte mich mit dem Absingen von Gospels und Märschen entschlossen über dem nicht vorhandenen Wasser.

Nach gefühlten 25 Kilometern erscheint auf einmal unvorhersehbar vor mir, keine 50 Meter entfernt, in einer sanft absteigenden Senke Calzadilla de la Cueza. Man denkt siebzehn Kilometer lang, dieser doofe Flecken wird nie auftauchen, und auf einmal ist er da. Ganz plötzlich, aus dem Nichts!

Das war heute die grausamste Strecke! Lieber latsche ich noch mal freiwillig bei Nebel über die Pyrenäen.

Bin jetzt siebzehn Kilometer in exakt drei Stunden ohne Pause gelaufen. Das ist Rekord und ich fühle mich wie ein Olympiasieger. Eigentlich müsste das ganze Kaff hier zusammenlaufen und mir weinend eine Standingovation schenken; das ist das Mindeste was ich jetzt erwarte. Und danach spendiere ich vielleicht Freibier für alle.

Aber hier tut sich nichts, dieser Ort ist wie gerade gestorben. Laut meinem zoologisch geschulten Pilgerbuch sollen hier nachts laut vernehmbar zumindest die Wölfe heulen! Im Moment fegt nur ein trockener heißer Wind fauchend den Staub durch die zwei Straßen.

Wohl oder übel muss ich in diesem aus fünf baufälligen Häusern und einem kleinen schmucken Hotel bestehenden Kaff bleiben. Das nächste Hotel ist vierundzwanzig Kilometer entfernt.

Als ich in das kühle einfache Hotelrestaurant, unter dessen Decke ein riesiger Ventilator ganze Arbeit leistet, komme, sitzt da eine hübsche dunkelhaarige Frau beim Kaffee und schreibt Tagebuch. Ich grüße freundlich, lasse mir an der

Wie eine Fata Morgana taucht plötzlich
Calzadilla de la Cueza auf

Rezeption, die gleichzeitig die Biertheke ist, vom Wirt einen
Zimmerschlüssel aushändigen und geselle mich ungefragt
zu der jungen Frau.

Viel Vorgeplänkel brauchen wir nicht, um ins Gespräch
zu kommen, und so geht es flott ans Eingemachte. Je länger
man läuft, desto weniger Lust hat man auf irgendein ober-
flächliches Gequatsche übers Wetter oder ähnliche Belang-
losigkeiten und ich spüre mittlerweile, wer hier zu mir passt
und zu wem ich passe.

Jose aus Amsterdam passt zu mir. Sie erzählt, dass sie sich
gestern in Carrión vorläufig von ihrer Freundin verabschiedet habe. Beide haben beschlossen, den Weg jede für sich allein zu gehen. Jose läuft morgen vom nächsten *refugio*, das
noch einige Kilometer entfernt liegt, weiter. Ihre Freundin
bleibt noch einen Tag in Carrión und will sich den Kreuzgang des Klosters ansehen. So hat Jose vor ihrer Freundin
zwanzig Kilometer Vorsprung und in elf Tagen wollen sie
sich dann wieder treffen.

Für die Holländerin gibt es auf diesem Weg auch nur ein Thema. Sei du selbst! Und die entscheidende Frage für sie ist: »Wer bin ich wirklich?« Es entwickelt sich ein schönes, intensives Gespräch wie unter Freunden, denn Jose geht es ähnlich wie mir, auch sie tut sich nicht so leicht mit den Pilgerherbergen und den dazugehörigen Menschen. Es tut immer gut zu wissen, nicht der Einzige zu sein, der die Dinge aus einem bestimmten Blickwinkel betrachtet.

Jose verrät mir zum guten Schluss ihr Geheimnis, wie sie es immer wieder schafft, weiterzupilgern ohne aufzugeben: »Weißt du, wenn ich etwas brauche, bestelle ich es einfach beim Universum!«

»Das klappt?!«, frage ich zweifelnd und finde diesen Tipp ein bisschen bekloppt, auch wenn Jose für mich nicht in die Kategorie »psychisch auffällig« gehört. Sie grinst übers ganze Gesicht und ihre Augen und Zähne strahlen: »Probeer et!«, fordert sie mich auf Holländisch heraus.

Jose verabschiedet sich nach zwei weiteren Tassen Kaffee mit einem Küsschen und zieht weiter.

Mein wunderbares abgedunkeltes Zimmer lässt mich vergessen, wie gerädert ich bin, und so mache ich mich flötend an die große Wäsche. Ich hasse es, wenn meine Sachen langsam anfangen zu müffeln, am liebsten würde ich sie schon unterwegs waschen.

Hab mir gestern in Carrión del los Condes ein bügel- und knitterfreies Stadthemd gekauft, denn in meinem alten Jeanshemd sehe ich wirklich verboten aus. Sobald ich in ein Dorf komme, habe ich den Eindruck, jeder glotzt blöd auf das olle Hemd. Das Stadthemd macht etwas mehr her. Das Jeanshemd benutze ich jetzt zum Wandern und das Stadthemd, na ja, ist halt für die Stadt. Aber hier in Calzadilla lasse ich heute mein Jeanshemd an, denn das Nest fällt definitiv nicht unter Stadt. Außerdem bin ich immer noch sauer auf den Ort, weil er sich bis kurz vor meiner Ankunft in der Mulde versteckt gehalten hat.

Mann, das ist heute wieder eine Wärme! Während im Bad die aufgehängte Wäsche laut in die Duschwanne abtropft, versuche ich ein bisschen zu schlafen, was bei der bleiernen Hitze trotz der geschlossenen Rollos und der weit geöffneten Fenster nur schwer möglich ist. Im Zimmer nebenan ziehen indes neue Nachbarn ein. Ein Ehepaar aus Deutschland; den Stimmen nach sind sie Ende fünfzig. Pilgerstäbe werden mit viel Gepolter gegen die Wand gestellt. Da der Ort keine Kirche hat, besitzt dieses Hotel wenigstens die Akustik des Kölner Doms. Es ist so hellhörig, dass ich jedes noch so leise Wort und jeden Schritt – ob ich will oder auch nicht – mitbekomme. Unweigerlich denke ich an eine Lebensweisheit meiner Oma: Der Lauscher an der Wand hört seine eigene Schand! Ja doch! Aber ich liege schließlich im Bett und will eigentlich schlafen und niemanden abhören und langweilig ist es auch, wenn man nicht eindösen kann. Die beiden Neuankömmlinge wollen sich aber zum Glück auch ausruhen und haben hoffentlich noch voll funktionstüchtige Gaumensegel.

Nach fünf Minuten – sie haben sich bereits hingelegt – höre ich folgenden Dialog, den ich hier ohne Schuldgefühle niederschreibe, denn die Herrschaften bleiben ja anonym:

Sie (schnippisch): »Hör auf, das zu machen.«
Er: »Ich mach nichts.«
Sie: »Doch, wohl machst du was.«
Er: »Gar nichts mach ich.«
Sie (schreit): »Hör auf, verdammt noch mal. Ruhe!«

Es bleibt über zwei Minuten lang ruhig. Ich kann sowieso nicht mehr schlafen und brenne darauf zu wissen, wie die Geschichte weitergeht. Sorry, Oma! Das ist zwar ein übler Zug an mir, aber menschlich allemal! Und tatsächlich, es geht weiter.

Sie: »Hör auf.«

Er: »Ach was.«

Er murmelt irgendetwas Unverständliches.

Sie: »Ach, halt den Schnabbel und dreh dich von mir weg.«

Dann brüllt sie hysterisch irgendetwas Unverständliches. Na, den beiden scheint der Jakobsweg ja gut zu bekommen, denke ich. Ich schlafe dann aber doch tatsächlich ein.

Dreißig Minuten später höre ich wieder die gleichen Stimmen und werde durch sie geweckt. Diesmal allerdings unter meinem Fenster. Die beiden konnten wohl nicht einschlafen und drehen nun eine Runde durch den Ort, wobei sie irgendetwas miteinander bereden. Ich sehe wieder nichts – es bleibt ein Hörspiel. »Sie« wird lauter und spricht jemanden an, der gerade sein Auto auf der Straße parkt. Folgender, gut gebrüllter Dialog ergibt sich, woraus ich schließe, dass man während des Dialogs offensichtlich nicht aufeinander zugegangen ist.

Meine Zimmernachbarin, also Sie: »Sind Sie Deutsche?«

Eine andere, um einiges jüngere Frau antwortet: »Ja, wie kommen Sie darauf?«

Im Hintergrund hört man die Stimmen deutscher Kinder, die miteinander spielen.

Sie: »Weil Sie ein deutsches Autokennzeichen haben.«

Clever kombiniert, denke ich und lache kurz laut auf.

Die andere Frau: »Ja, wir sind Deutsche.«

Sie: »Wir sind auch Deutsche.«

Da wäre die andere Frau sonst sicher nie draufgekommen.

Andere Frau: »Netter Ort, nicht? Sind Sie hier im Hotel?«

Sie: »Ja.«

Andere Frau: »Und?«

Sie: »Sauber.«

Das kann ich als ihr ebenso spießiger Landsmann nur bestätigen und nicke innerlich.

Andere Frau: »Kennen Sie sich hier in der Gegend aus?«
Dann weiter leicht gereizt, wahrscheinlich zu ihrem Mann:
»Günther, würdest du mir mal bitte hier aufmachen?«

Wahrscheinlich geht's um den Kofferraum oder die Autotür, keine Ahnung, vielleicht sitzt sie ja im Wagen und will raus oder umgekehrt. Ist ja ein Hörspiel und ich schäme mich für meine unstillbare Neugierde.

Günther antwortet jedenfalls nicht.

Sie: »Ne, wir kennen uns ja hier nicht aus.«

Andere Frau: »Wir wollen nach Burgos. Kennen Sie da 'n Hotel?«

Sie: »Ja, da kommen wir ja her. Direkt in der Altstadt gibt's ein Art-déco-Hotel.«

Andere Frau: »Kommt man da gut mit dem Wagen hin?«
Dann weiter schnippisch zu Günther: »Kannst du mir jetzt mal bitte hier öffnen?«

Wieder an »Sie« adressiert: »Haben die auch einen Parkplatz?«

Sie: »Ja, das denke ich doch, wir sind nicht mit dem Wagen.«

Die andere Frau zeigt keine Reaktion.

Sie (auf Anerkennung wartend): »Wir sind zu Fuß.«

Andere Frau: »Ach!? Sie *gehen* den Jakobsweg.«

Sie: »Nach Santiago.«

Andere Frau: »Da kommen wir mit dem Wagen her. Tüchtig, denn mal weiter! Gute Reise für Sie, wir wollen dann auch weiter.«

Und weiter zum Mann: »Machst du mal das jetzt hier auf, Günther?«

Sie: »Alles Gute.«

Ich nehme an, »Sie« hatte sich mehr Ehrfurcht erhofft. Die anderen Herrschaften rauschen indes mit ihren Kindern ab.

Meine Nachbarin sagt irgendwas zu ihrem Mann; dem Klang nach vermute ich, dass es sich um etwas Abfälliges über die Leute mit dem Wagen handelt. Fünf Minuten später kommt mein älteres Ehepaar in das Nachbarzimmer zurück.

Er (ganz entschlossen) behauptet: »So, jetzt schlafe ich.« Offensichtlich hat das vorher nicht geklappt, genau wie bei mir. Dann sagt sie wieder was Unverständliches und brüllt wie von der Tarantel gestochen hysterisch durchs ganze Hotel den Namen einer galicischen Stadt: »La Coruña, La Coruña, La Coruña!«

Dann herrscht Ruhe. Höre sie noch mal gähnen, bevor sie anscheinend schlafen.

Dafür streiten sich fünf Minuten später zwei Spanier vor meiner Tür. Und von diesem Streit werden meine beiden Zimmernachbarn auch wieder wach. Mein Gott, was ist das nur für ein schräges Etablissement.

Sie brüllt: »Haltet doch die Klappe!« Und dann weiter zu ihrem Mann: »Die hätte den Bock auch nicht fett gemacht. Du alter Bock, halt' doch die Klappe.«

Das sagt sie tatsächlich! Dabei hab' ich ihn gar nichts sagen hören.

Und jetzt? Ich weiß, das geht mich überhaupt nichts an und, liebe Oma, ja, ich weiß auch: »Stecke niemals die Nase in anderer Leute Angelegenheiten!«

Aber die beiden drängen sich förmlich in mein Leben und so was wie die zwei nebenan gehört doch eigentlich behördlich getrennt! Eben spielen sie noch unter meinem Hotelfenster das adrette, kundige Ehepaar aus Deutschland, zumindest sie, er hat ja gar nichts gesagt, und fünf Minuten später ist sie, der zornig erregten Stimme nach zu urteilen, zum Totschlag fähig.

Möchte nicht wissen, wie viele Menschen so leben. Kann den beiden nur von Herzen eine Trennung wünschen, alles andere wäre gemein. Bin gespannt, wie sie aussehen, bestimmt wie pensionierte in Grau-Blau gehüllte Studiendirektoren. Vielleicht bekomme ich sie heute ja noch zu Gesicht? Sie ist sicher hager und zickig, er vermutlich groß, ein bisschen füllig und sehr müde. Hoffentlich murksen sich die beiden hier nicht gegenseitig ab. Wenn man bedenkt, was der Jakobsweg bei denen so alles in Bewegung gesetzt hat, wäre das durchaus möglich.

Es gelingt mir noch einmal, für ein halbes Stündchen zu schlummern, bis ich erneut von einem Höllenradau geweckt werde. In diesem Hotel liegen alle Zimmertüren direkt oberhalb des Restaurants an einem Umlauf, ein bisschen erinnert es an einen Kreuzgang und so höre ich, wie ein Spanier aufgeregt in die Bar stürmt, einen Whiskey ordert und dem Chef des Hauses erschüttert berichtet, dass er im Auto auf dem Weg hierher einen schrecklichen Unfall gesehen habe. Auf der Landstraße Richtung Burgos sei eben eine deutsche Familie in ihrem Pkw mit einem spanischen LKW auf der Landstraße frontal zusammengeprallt. Alle Insassen waren sofort tot!

Ich frage mich natürlich jetzt, ob das die Menschen waren, die ich vor einer knappen halben Stunde noch unter meinem Hotelfenster gehört habe?

An Schlafen ist jetzt nicht mehr zu denken, also kleide ich mich an und gehe über die große Denver-Clan-artige Freitreppe hinunter in die Bar.

Ich überlege kurz, ob ich mich nach dem Autounfall erkundigen soll, aber ich lasse es doch lieber. Habe heute schon genug Dinge, die mich eigentlich nichts angehen, mitbekommen. Bei einem Kakao und meinem obligatorischen *bocadillo* genieße ich den kühlen Raum und blättere in der Zeitung *El Pais*.

Oben auf dem Umlauf öffnet sich eine Tür. Zunächst höre ich nur wieder die Stimmen, aber dann sehe ich sie! Meine Zimmernachbarn! Gemächlich bewegen sie sich Richtung Freitreppe und steigen langsam herab.

Im Prinzip sehen die beiden so aus, wie ich dachte, grau-blau gekleidet mit einem Schuss Ocker. Nur ist sie größer und noch unsympathischer als in meiner Vorstellung. Eine germanische graublonde verbiesterte Hünin. Er ist dunkelhaarig, sympathischer und kleiner, aber noch matter als in meiner Fantasie. Ich kann den Anblick der beiden kaum ertragen, denn ich schäme mich, dass ich schon so viel über diese mir wildfremden Menschen weiß. So entschließe ich mich zu einer Ortsbesichtigung, denn ich würde ihren Gesprächen unweigerlich weiter zuhören.

Ich befürchte fast, in ihr begegne ich meinem Schatten! Meinem akustischen Schatten! Ich bin zu neugierig!

Die zwei Gassen des Ortes sind schnell durchlaufen und mir fliegen ständig, wie in einem Sergio-Leone-Film, Dornenbüschel entgegen. Ich blicke noch einmal zurück auf den hinter mir liegenden Feldweg und mache ein Foto dieses unbeschreiblichen Anblicks. Am schattigen Treppenabsatz eines Hauses freunde ich mich mit einer streunenden, sehr dreckigen, aber bildschönen, trächtigen schneeweißen Jagdhündin an. Sie ist voll mit Flöhen und zerkratzt sich die Haut. Aus einem Mülleimer fingere ich zwei leere Plastikflaschen. Die findet man an jeder Ecke. Also, ob die vielen Pilger hier für Erleuchtung sorgen, weiß ich nicht. Aber für jede Menge Müll entlang des Weges auf jeden Fall. Mit der Absicht, die Flaschen mit Wasser zu füllen, um die Hündin damit zu waschen, laufe ich zum Dorfbrunnen. Aufs Waschen hat die natürlich gar keine Lust. Trabt dann aber ihrerseits zum Brunnen, da sie clever schlussfolgert, dass ich ja dort gewesen sein, den Hahn geöffnet haben und das Wasser übergelaufen sein muss – und sie nun trinken kann.

In einem Minilädchen in einer der bescheidenen Hütten kaufe ich ein halbes Kilo Aufschnitt und füttere das ausgemergelte Tier. Danach läuft sie gesättigt zu ihrem Hauseingang zurück. Hoffentlich hab ich jetzt keine Flöhe!

Selbst am Abend liegt über dem Ort immer noch eine

bleierne stechende Hitze, die sich in meinem Körper wie Fieber anfühlt. Draußen ist es nicht auszuhalten und bisher habe ich noch keinen anderen Dorfbewohner zu Gesicht bekommen.

Auf dem Weg zurück ins Hotel trifft mich fast der Schlag. Plötzlich steht mitten in dieser Geisterstadt ein unbeschreiblich hässliches Tier vor mir, wie eine Chimäre aus einem Horrorfilm, und mir läuft es eiskalt den Rücken herunter! Da steht etwas in der Größe einer Dogge, das aussieht wie eine monströse Genmanipulation aus Wolf, Hyäne und Kragenbär. Natürlich kann das nur ein wahnsinnig dicker Hund sein, auch wenn ich so etwas im Leben noch nie zuvor gesehen habe. Ich habe wirklich Angst! Leider geht kein Weg an dem Ungetüm vorbei, also nähere ich mich, die rechte Hand voran, mit säuselnder Babystimme: »Duu bist aber süüüß!«, lüge ich, denn die Wahrheit über sich würde das Viech sicher nicht verkraften. Das Tier lässt sich sogar streicheln. Es fühlt sich richtig fies an und mich schaudert. Wieso fasse ich Idiot das Ding auch noch an? Bäh! Der Hyänenwolfbär ist aber ganz zutraulich und ich habe das dumpfe Gefühl, dass er nicht den blassesten Schimmer von seiner brutalen Wirkung hat. Dieser Hund ist mit Sicherheit seit der Geschlechtsreife nicht mehr gestreichelt worden, so lieb wie er mich anschaut!

Mir reicht's für heute, ich gehe auf mein Zimmer, schau noch ein bisschen fern und dann schlafe ich bestimmt trotz »Dauerfieber« irgendwann ein.

Das deutsche Pärchen verhält sich heute Nacht hoffentlich ruhig.

Erkenntnis des Tages:
Ja, man muss sich auch dem Monströsen nähern.

29. Juni 2001 – Sahagún

Heute Morgen bin ich um sechs Uhr aufgestanden und gleich runter in die Bar gelaufen, aber die ist zu meinem Entsetzen leider noch geschlossen und öffnet erst um acht Uhr. Der Tag beginnt ganz nach meinem Geschmack!

Ohne Frühstück bin ich heute nicht zu ertragen und lieber nehme ich ein schlechtes Frühstück zu mir als gar keins! Ohne Frühstück bin ich nichts und kann ich nichts! Zwei bräunliche Bananen habe ich zwar immer dabei und lauwarmes Wasser ist auch zur Genüge in meiner Flasche, aber mir ist halt nach etwas Substanziellerem mit einer schönen Tasse Kaffee zu Mute. Also klaue ich mir ein Stück Marmorkuchen von der Theke und verschlinge es. Das wird sicher kein Fall für die Guardia Civil.

Vor dem Hotel kuschele ich noch kurz mit einem weißen Kater und um halb sieben bin ich bereits auf dem Weg.

Allerdings war das, was ich mir da eben im Mundraubverfahren zugeführt habe, kein richtiges Frühstück. Deshalb bin ich muffelig und quengelig. Zehn Kilometer muss ich laut Wanderbuch bis zur nächsten möglichen Einkehr in Ledigos laufen. Meine Laune verschlechtert sich mit jedem Meter, ich komme kaum voran und krieche wütend vor mich hin. Ich bin wütend auf alles!

Die Landschaft um mich herum interessiert mich nicht die Bohne. Es gibt ja auch nicht gerade viel zu sehen. Wie viel Brot backen die Spanier bloß aus all den Getreidekörnern? Je weiter ich laufe, desto mehr sieht es hier außerdem aus wie in Hessen, da hätte ich auch gleich durch Süddeutschland latschen können! Das wäre garantiert kühler und unkomplizierter.

Hätte große Lust, einen von diesen Muschelwegweisern, die überall am Weg stehen, zu zertrümmern. Aber meinen Pilgerstab brauche ich vielleicht noch und so kann ich mich gerade noch bremsen. Ich fange an, laut zu fluchen. Ich will wirklich nicht mehr weiterlaufen. Herrje, ich kann meine schlechte Laune gar nicht bändigen. Ich habe die Schnauze endgültig voll von dieser doofen Pilgerei und will sofort mein Frühstück!

In meinem Wanderoutfit, diesem blöden Jeanshemd und dem viel zu großen Hut komme ich mir heute lächerlich und naiv vor. Diese Klamotten kann ich nicht mehr sehen und mich darin nicht mehr ertragen. Meine Handwäsche führt auch nie wirklich zum gewünschten Erfolg. Ein richtiger Vollwaschgang mit Schleuderverfahren ist nun mal was anderes als mein müdes Durchgewringe am Waschbecken. Ich will endlich mal wieder was richtig Sauberes anziehen.

Ich bleibe stehen und maßregele mich laut: »Also ich habe jetzt zwei Möglichkeiten. Entweder ich gebe quengelig auf mit der Überzeugung, dass alles, was ich hier mache, doof ist, oder ich laufe weiter und glaube an ein kleines Wunder, ohne zu sehr darauf zu hoffen.«

Als ich mich das sagen höre, wird mir klar, dass ich es wahrscheinlich ewig bereuen würde, jetzt, fast auf der Hälfte des Weges, aufgegeben zu haben. So lautet mein Kommando an mich: Maul halten und weitermarschieren! Ein letzter Funken Vernunft beschließt eigenmächtig in mir weiterzupilgern, auch wenn ich noch so schlecht drauf bin. Ich warte jetzt auf ein Wunder!

Über einen Trampelpfad erreiche ich die in meinem Pilgerbuch angekündigte Bauernschaft Ledigos und suche die einzige Bar. Angestachelt durch den unbändigen Hunger in meinem Körper, finde ich sie schnell. Beim Blick durch die schmierige Fensterscheibe in das Lokal sehe ich: Die Bar ist noch dreckig vom Vortag und hat heute Ruhetag. Sie ist geschlossen. Ich könnte explodieren und die Fensterscheibe einschlagen. Maul halten und weiter!

Der nächste Ort, Terradillos de los Templarios, liegt noch einmal vier Kilometer weiter und so allmählich klettert in mir Verständnis dafür hoch, dass es Leute gibt, die sich einfach so mal ordentlich prügeln wollen.

Auf meinem weiteren Weg entlang der Landstraße durch Hessisch-Andalusien kommen mir allerdings nacheinander in kurzen Abständen vier ziemlich abgerissene düstere Gestalten entgegen. Die Männer trotten barfuß in wirklich heruntergekommenen Kleidern mit Plastiktüten in den Händen ausdruckslos voran. Einer hat einen Eimer bei sich. Was wollen die hier? Pilze suchen? Beeren sammeln? Pilger ausrauben? Da, wo ich herkomme, werden sie nichts von alledem finden!

Kaputt, hungrig, verstaubt, müde und mies gelaunt komme ich in das nächste Kaff. Terradillos besteht nur aus erdfarbenen Lehmhäusern. Konsequent übersetzt bedeutet der Ortsname schließlich so etwas wie »erdig«. Vielleicht sind die Gebäudekonstrukte auch aus Kuhdung, so süß-säuerlich und penetrant, wie es stinkt. Das Örtlein ist wie ausgestorben und totenstill. Nie im Leben finde ich hier etwas zu essen! Ich stehe mitten in diesem Ort und denke mir, ich mach jetzt genau das, was Jose aus Holland mir gestern empfohlen hat: Wenn sie etwas braucht, bestellt sie es einfach beim Universum. Ha, ha, ha! Also höre ich mich laut sagen: »Universum, ich will in den nächsten fünf Minuten ein ordentliches Frühstück, und wehe, wenn das nicht klappt.«

In dem Moment bricht ein ohrenbetäubender Lärm hinter mir los. Leute schreien, singen und hauen auf Trommeln. Irgendwer spielt schlecht Flöte. Ich schaue auf die Uhr: Es ist neun. Ich drehe mich um und gehe dem Krach nach. Da stehen vor einem der Lehmhäuser sechs angetrunkene Jugendliche mit bunten Hüten und Musikinstrumenten. Ich denke, ich hab 'ne Erscheinung, und die auch, als sie mich sehen. Ich sehe aber auch wirklich zu blöd aus mit diesem Wanderhut! Einer streckt mir sein buntes Hütchen entgegen und will Geld. Sie sammeln für das Dorffest, das heute Abend zu Ehren von Sankt Peter, dem Schutzheiligen des

Kaffs, stattfindet! Heute ist Sankt Peter? Dann hab ich ja schon wieder Namenstag. Im Stillen gratuliere ich mir kurz. So viel Zeit muss sein!

Da ich heute nicht gerade die Spendierhosen anhabe, sondern nur mein hässliches Jeanshemd, gebe ich einhundert Pesetas und frage: »Gibt's hier 'ne Bar?« Brüllendes Gelächter schallt mir entgegen. »Hier? 'Ne Bar!?« Einer der besoffenen Jugendlichen bietet mir daraufhin sein angeknabbertes Schinkenbrötchen an. Ich bin drauf und dran, es anzunehmen, und lasse es dann doch. Das habe ich nicht bestellt! Ich hatte mich, glaube ich, klar und deutlich ausgedrückt! Das ist nun wirklich nicht das leckere Frühstück, das ich beim Universum angemeldet habe.

Ich latsche zwei Straßen weiter durch den Weiler und lande vor einem sehr heruntergekommenen *albergue*. In diesen *albergues* gibt es so gut wie nie etwas zu essen; da kann man eigentlich nur schlafen. Ich durchquere den verwilderten Garten, betrete das Haus durch den Hintereingang und lande direkt in einer engen Küche mit niedriger Decke. Eine äußerst schlecht gelaunte kleine Spanierin, die sich eine Schürze um den drallen Leib geschnürt hat, erschrickt fast zu Tode, als ich meinen Fuß in ihr Heiligstes setze: »Perdon, Señora, aber gibt's hier irgendeine Chance auf ein Frühstück? Ich wäre bereit, ziemlich viel dafür zu zahlen!« Die Frau schaut mich missmutig an, denn so ein blödes Angebot hat ihr scheinbar noch nie jemand gemacht: »Klar, hier gibt's immer Frühstück!«, raunzt sie mich an und deutet lustlos mit der Hand in einen anderen Raum, aus dem Gemurmel zu vernehmen ist. Der Speisesaal! Dieses *albergue* hat einen richtig netten Speisesaal. Das gab's ja auf dem ganzen Weg noch nicht!

Die Tische, an denen einige müde Pilger sitzen, sind liebevoll gedeckt und es duftet nach frisch gebrühtem Kaffee, Spiegeleiern und Buttertoast. Mir laufen Sturzbäche im Mund zusammen und ich bestelle umgehend ein *desayuno grande*, ein extra großes Morgenmahl! Als ich meinen Rucksack abgestellt und mich an einen der fünf Tische in der Mitte des hellen Raumes gesetzt habe, schaue ich nach rechts und bekomme einen kleinen Schreck. Wer sitzt denn da am Nachbartisch? Meine lauten Zimmernachbarn von gestern, die ich inzwischen »Schnabbel« und »Bock« getauft habe! Ich zucke kurz zusammen und behalte meinen Hut auf. Nicht dass die mich erkennen und womöglich ansprechen!

Mein Essen wird serviert und ich lasse es mir dennoch munden.

Ominöserweise haben die zwei ebenfalls hierher gefunden und schlagen sich, wie ich mittlerweile auch, den Magen voll. Das Frühstück ist ohne jede Übertreibung das Beste, was ich bisher auf dem Weg zu mir genommen habe. Ewig diese langweiligen Kekse!

Gemeinsam mit Schnabbel und Bock am Tisch sitzt eine Österreicherin, die einzige, der ich seit Beginn meiner Reise andauernd irgendwo begegne. Sie ist eine krebsrot gebrannte Bohnenstange, die immer über beide Backen grinst. An ihrem Tirolerhut haften bunte Sticker der Orte, die sie stramm durchwandert hat bzw. an denen sie fix und fertig hängen geblieben ist, denn offensichtlich kommt sie genauso lahm vorwärts wie ich! Alle anderen Pilger scheint der Weg verschwinden zu lassen, aber sie taucht tapfer immer wieder auf. Wieso fällt mir das jetzt erst auf? Mir wird bewusst, dass wir eigentlich seit Wochen nebeneinander herlaufen.

Egal, wo sie auftaucht, sucht sie unentwegt nach Gesellschaft und zwar immer mit der gleichen Frage: »Gibt's hier irgendwo a G'schäfterl?« Ich war schon zweimal dran und hab sie freundlich abblitzen lassen.

Sie ist mir zu intensiv und gleichzeitig zu oberflächlich, deshalb will ich mit ihr keinen näheren Kontakt.

Die drei Herrschaften unterhalten sich sehr angeregt oder besser gesagt, die beiden Frauen, denn Bock redet nicht viel. Er sitzt mit bloßem verschwitzten Oberkörper irgendwie fies am Tisch und stopft sich einen gefalteten Marmeladentoast in den Mund. Links von mir sitzt ein zusammengewürfeltes junges Häufchen von Amerikanerinnen und einer Deutschen, die mich dann auch prompt erkennt, aufsteht, an meinen Tisch kommt und blöd auf Englisch fragt: »Are you from Germany?« Ich sage: »Ja, hallo.« Die Frau in viel zu kurzen blauen Shorts – oder ist das eine Unterhose? – schaut mich wie versteinert an und setzt sich wortlos wieder zu ihrer Gruppe. Was sollte das jetzt? Entweder ist sie vor lauter Ehrfurcht ganz still geworden oder sie lässt mich aus lauter Verachtung einfach mit meinem dämlichen »Ja, hallo« sitzen.

Ein Benehmen haben diese Pilger! Meine menschliche Schwäche überkommt mich erneut und so höre ich lieber wieder Schnabbel zu, das ist weitaus amüsanter. Die spielt hier nämlich gerade gute Laune, was das Zeug hält, aber ihre Augen – ich kann mir nicht helfen – sehen verzweifelt aus. Sie tut mir fast Leid, denn sie spricht immer so laut, dass alle gezwungen sind zuzuhören.

Und so sagt sie zu der Österreicherin: »Aber Wien ist doch ganz wunderbar. Ich verstehe dich nicht. Die Kulturhauptstadt des deutschen Sprachraums. Alles Gute kommt aus Wien ... Ludwig Hirsch zum Beispiel.«

Stimmt, denke ich, der hat beispielsweise ein großartiges Lied zum Thema Selbstmord verfasst mit dem Titel ›Komm, großer schwarzer Vogel‹. Schnabbel, Schnabbel, das lässt tief blicken!

Die Österreicherin lässt vernehmen: »Den mag ich auch.« Schau an!

Schnabbel redet weiter: »Nicht, Gerd, Wien ist doch toll.« Aha! Bock heißt also Gerd!

Gerd antwortet unbeteiligt: »Wien ist wunderbar.«

Österreicherin: »Waren Sie schon mal da?«

Schnabbel: »Nein, da waren wir noch nie.«

Das schlägt dem Fass den Boden aus! Ich könnte brüllen vor Lachen! Das könnte man sich ja nie ausdenken, so herrlich blöd ist das.

Anscheinend wohnt die Österreicherin in Wien und findet es nun mal grässlich, aber Grässlichkeiten will Schnabbel nicht sehen, schon gar nicht ihre eigenen. Schnabbel, da bin ich mir inzwischen sicher, ist mein Schatten! An der werde ich wahrscheinlich noch eine Weile meine helle Freude haben.

Die Österreicherin bestellt bei der immer noch genervten Spanierin in mühseligstem Spanisch einen weiteren Kaffee und grinst mich wieder über beide Backen an. Gerd überlegt bereits, woher er mich wohl kennt. Hoffentlich hat er eine Fernsehzuschaueramnesie.

An der riesigen Landkarte im Speiseraum rechnet Schnabbel mittlerweile stehend lautstark aus, wie viele Kilometer sie schon hat und wie viele sie noch muss. Es ist für einen Moment wie im Erdkundeunterricht und ich rechne fest damit, gleich von Frau Dr. Schnabbel nach vorne gerufen zu werden, um die Bodenschätze an der Schautafel einzuzeichnen.

Diese Frau ist autoritär und damit habe ich ein Problem.

Dann setzt sie sich wieder mit den Worten: »Wir schauen ja im Fernsehen immer das ›Literarische Quartett‹.«

Die Österreicherin beteuert, dass sie das nicht kennt, und für mich bedeutet dieser dramatische Themenwechsel, Schnabbel hat mich erkannt und will jetzt elegant zu mir überleiten. Ich frühstücke weiter wie Toni Tulpe.

Schnabbel: »Doch, das müssen Sie kennen, das sieht man auch in Österreich, nicht Gerd, das muss sie kennen.«

Wieso siezt sie die Wienerin denn auf einmal wieder?

Gerd: »Das kennt sie auch.«

Österreicherin: »Ich kenne es nicht.«

Stille.

Schnabbel: »Du sprichst aber gut Spanisch.«

Sie meint wieder die Österreicherin; diese indes schätzt sich realistisch ein mit der Feststellung: »Es geht!«

Schnabbel: »Nein, ganz hervorragend. Aber mir gefällt ja Italienisch besser, der Klang ist schöner.«

Will sagen: Liebe Österreicherin, du hast sinnlos Zeit damit verplempert, diese hässliche Sprache zu lernen!

In diesem Moment betritt wieder einmal wie auf Bestellung ein strahlendes südeuropäisches Ehepaar in den späten Fünfzigern den Raum und kommt zu mir an den Tisch. Sie fragt mich sehr höflich auf Italienisch, ob sie sich dazusetzen dürften.

Ich bitte sie förmlich darum, denn ich will von Schnabbel am liebsten keinen Ton mehr hören.

Sofort entsteht ein sehr angeregtes Gespräch mit dem Ehepaar aus dem Friaul. Sie ist heute auch ein Querulant, kommt ganz schlecht voran und würde am liebsten aufgeben. Ihr geht's genauso wie mir, und mich mit diesen beiden offenen, kultivierten Menschen auszutauschen tut mir gut.

Sie baut mich nach allen Regeln der mediterranen Lebenskunst, wie es sich für eine italienische Mamma gehört, wieder auf, er sagt auch noch was Nettes und meine Quengellust ist verflogen. Zur Feier meines Namenstages bestelle ich noch einen Kaffee.

Wenig später gesellt sich dann ein ziemlich netter, aber leicht depressiv wirkender junger Engländer zu uns. Schnabbel schweigt am Nebentisch mittlerweile vorwurfsvoll in den Raum und hört uns interessiert zu.

Mein Schatten ist ja genauso neugierig wie ich!

Dann sagt sie zu Gerd: »Hör mal, der Mann ist ja Spanier.«

Sie meint mich.

Die Österreicherin korrigiert umgehend: »Nein, er redet mit dem Ehepaar Italienisch.«

Ja, Schnabbel, wie kann man finden, dass Italienisch schöner klingt als Spanisch, wenn man die beiden Sprachen nicht mal auseinanderhalten kann? Schnabbel könnte der Pilger sein, mit dem ich heute noch eine hübsche kleine Keilerei anzettele.

An unserem Tisch geht's jetzt fröhlich auf Italienisch und

Englisch her. Der Engländer erzählt eine komische Story von einer Kröte, die er gerettet hat, und die Italiener schmieren Balsam auf meine Seele, indem sie nicht müde werden, mir zu sagen, dass sie mein Italienisch so gut finden. Das tut auch mal gut!

Trotzdem fühle ich mich gerade mit Schnabbel am Nebentisch eng verwandt, die will anscheinend ständig bestätigt haben, wie toll es ist, dass sie den Jakobsweg läuft.

Und so entscheide ich, dass es vollkommen unwichtig und gleichgültig ist, ob ich irgendwas kann oder laufe oder nicht – und habe jetzt einfach nur meinen Spaß!

Schnabbels Gesichtsausdruck verrät, dass ihr die gute Laune an unserem Tisch zu viel wird. Das deutsch-amerikanische Damenkränzchen beginnt damit, sich mit Sunblocker einzureiben. Guter Wiedereinstieg für Schnabbel, die, je genauer ich sie betrachte, umso mehr aussieht wie die böse Schwester von Liv Ullmann. Schnabbel stellt mit einem leicht ironischen Unterton fest: »Wie die sich alle eincremen und pflegen. Die müssen sich aber lieb haben. Guck mal, da werden die Füße gecremt, da der Hals ... Die pflegen und lieben sich, was? Hä, Gerd?«

Die Österreicherin stellt nun endlich die alles entscheidende Frage in die Runde: »Gibt's hier irgendwo a G'schäfterl?« Ich fasse es nicht, sie hat es wieder gesagt. Und sie hat Glück, es gibt eins in einer dieser Lehmhütten, wie Schnabbel zu berichten weiß.

Gerd beobachtet die jungen Damen beim Eincremen ihrer diversen Körperteile noch viel genauer, als seine Frau das tut. Die Österreicherin, Schnabbel und Bock beschließen bei einem weiteren Kaffee, gemeinsam weiterzuwandern.

Tja, und irgendwann geht dann jeder von uns wieder seines Weges.

Auf dem Weg nach Sahagún geht es mir ausgesprochen gut. Die tiefe Krise des Morgens ist überwunden. Mir ist klar,

Gibt's hier denn kein G'schäfterl?

dass meine Wut auf die Dinge und die Dinge selbst nichts miteinander zu tun haben. Eine kleine Änderung in meinem Verhalten und schon erspare ich mir so manchen Wutanfall. Ich frage mich, ob dieser Weg wirklich ein Pfad der Erleuchtung ist, denn ich tappe nach wie vor weitgehend im Dunklen.

Als ich nach einiger Zeit frohgemuten Wanderns eine romantisch süddeutsch anmutende Hügelkulisse durchstreife, grüßt mich plötzlich in der Ferne ein bunter Pilgerhaufen. Lautstark und überschwänglich wird mir von der Weggabelung »huhu« und »hallo« entgegengerufen. Die sind betrunken oder haben einen Sonnenstich ... oder beides, schießt es mir durch den Kopf. Leicht irritiert winke ich zurück und nähere mich lächelnd der Horde, bis ich erkenne, wer da an einer Viehtränke unter einer im Wind rauschenden Weide auf mich wartet: Schnabbel, Gerd, die Österreicherin und die Deutsche in blauen Unterhosen mit ihrer eingecremten amerikanischen Gang!

Bei meiner Ankunft in der Fankurve grüße ich knapp und freundlich genau so, wie ich es vorher im Speisesaal auch getan habe. So, als wären wir seit Jahrzehnten die dicksten Freunde, werde ich von der kurzhosigen Deutschen zum Picknick eingeladen. Aha, nun hat Miss Tanga also allen brühwarm erzählt, wer ich bin, was ich mache und um wen es sich bei mir genau handelt; daher der allgemeine Gefühlsausbruch! Na ja, das hätte ich an ihrer Stelle mit Sicherheit auch getan.

In Ermangelung einer Marienerscheinung auf dem Pilgerweg werde ich jetzt zur Sensation erkoren. Selbst die Amerikanerinnen sind so aufgekratzt, als stünde nicht ich in meinem abgerissenen Jeanshemd, sondern George Clooney in Abendgarderobe vor ihnen, und finden ihre deutsche Pilgerbekanntschaft nun auch viel interessanter, denn die ist jetzt ihrem aufdringlichen Verhalten nach zu urteilen in der Wallfahrer-Hackordnung endgültig zum Alphatier aufgestiegen. Sie hat mich schließlich entdeckt, also gehört die Beute ihr! Ich verspüre jedoch nicht die geringste Lust, hier heute den Etappenknaller zu mimen. Das sollen mal schön Gerd und Schnabbel machen; die können das auch viel besser.

Unter mir auf dem sandigen Feldweg berühren sich Schnabbels und mein Schatten und bilden einen unförmigen Klumpen! Wie entsetzlich! Das Ehepaar starrt mich an, als erwarteten sie ein Wunder von mir. Das könnte ich ihnen zwar bieten, indem ich flott mein Tagebuch zücke und ihnen wie der Nikolaus ihre loriotreifen Dialoge vorlese; aber das wäre ja richtig mies von mir!

Freunde, Freunde. So kommen wir aber alle nicht zur Erleuchtung.

Natürlich könnte ich jetzt hier in meinen staubigen Wanderschuhen auf dem Feldweg an der Viehtränke in meinem Ruhm baden ... aber das wäre nichts weiter als lächerlich.

Es muss einem gleichgültig sein, wer da vor einem steht! Das bedeutet ja nicht gleich, schroff und abweisend zu werden, aber so zu tun, als würde man gerade den Höhepunkt seines bisherigen Lebens erreichen, ist genauso unverhältnismäßig. Auf keinen Fall breche ich jetzt hier in wilde Heiterkeit aus.

Also bedanke ich mich freundlich für die Einladung, lüpfe meinen speckigen Hut und gehe weiter. Die Ansammlung hinter mir verstummt in ein beleidigtes Schweigekonzert. Dabei habe ich gar nichts gemacht. Ich war gleich bleibend freundlich und habe weder Hoffnungen noch Erwartungen geschürt. Schade! Den Kommentar von Schnabbel zu meinem Abgang von der Bühne hätte ich zu gerne gehört.

Diese Pilger waren eine kleine Prüfung für mich und ich war eine Prüfung für sie.

Hätten Schnabbel und Gerd da allerdings alleine gestanden, wäre ich geblieben.

Schnabbel und Gerd tun mir Leid und lassen mich einfach nicht mehr los. Ich hab so tief in ihr Privatleben schauen dürfen und erlebe jetzt ihr Schaulaufen jenseits dieser Intimsphäre. Habe zu den beiden einen richtig unheimlichen Zugang, ähnlich einem Ohr, das alles hört. Am liebsten würde ich mal mit ihnen bei drei Flaschen eines guten spanischen Rotweins quatschen. Vor allen Dingen halten die zwei mir einen trüben Spiegel vor, in den ich gar nicht gerne schaue. Ich bin zwar nicht genau wie sie, wenigstens hoffe ich das doch, aber macht mich das besser? Ich kann doch niemanden verachten, bloß weil er verzweifelt ist! Ihr Schicksal berührt mich so wie das eines nahen Verwandten. Wahrscheinlich nenne ich sie auch deshalb Schnabbel, um sie für mich selbst erträglicher zu machen.

Schnabbel klingt doch eigentlich eher niedlich, nach einer unbeholfenen tollpatschigen Ente mit einem viel zu großen Schnabel.

Als ich gegen Nachmittag das stolze Sahagún von einem Hügel aus in der Ferne erblicke, muss ich spontan heulen. Halbzeit!

Ich habe heute vierundzwanzig Kilometer geschafft und die Hälfte des Weges ist zurückgelegt.

Ich fange jetzt nicht an wie Schnabbel alle meine gelaufenen Kilometer vorzurechnen, aber hätte ich sie nicht getroffen, dann wäre ich an dieser Stelle womöglich versucht, es zu tun.

Während ich langsam wie in Trance auf die erhabene Stadt zulaufe, springt links aus dem Gebüsch etwas Langmähniges auf mich zu. Ich bekomme einen ziemlichen Schreck, denn zunächst denke ich, es handelt sich um einen tätlichen Angriff. Es ist allerdings eine hübsche junge Frau, die freimütig bekennt, dass sie im Feld mal kurz für kleine Mädchen war. Lara kommt aber nicht gebürtig aus dem Feld, sondern aus Vancouver in Kanada; eine der schönsten Städte der Welt, wie ich finde. Meine Wanderschuhe habe ich, ganz nebenbei bemerkt, in Vancouver in einem kleinen Schuh-G'schäfterl gekauft.

Lara und ich reden, während wir gemeinsam verschwitzt weiterlaufen, dies und das über Kanada, die Strapazen des Weges und unsere Begegnungen, und ich räume reumütig ein, dass ich heute mit dem Gedanken gespielt hätte, einer Pilgerin den Hintern zu versohlen. Sie lacht, denn sie ist der Dame auch schon begegnet und fragt mich, wie weit wir eigentlich schon gelaufen seien, denn sie ist wie ich in Saint Jean gestartet. Ich sage: »Heute ist Halbzeit, heute ist die Hälfte geschafft. Wusstest du das nicht?«

Sie bleibt stehen, jubelt, fängt an zu weinen und fällt mir um den Hals. Sie hat keine Landkarte und kein Wanderbuch dabei; sie läuft einfach, ohne genau zu wissen, wann sie wo ankommt und wie viele Kilometer sie am Tag zurücklegt. Diese Frau hat mir Einiges voraus!

Und dann sagt sie: »Wusstest du denn, dass nur fünfzehn

Prozent der Pilger überhaupt bis zum Ende durchhalten? Es werden im Jahr Tausende von Pilgerpässen ausgestellt, aber nur fünfzehn Prozent werden am Schluss wirklich in Santiago abgestempelt ... Es ist halt ein Erleuchtungsweg. Was sagst du?«

Ich schaue sie an und sage: »Maybe!?«

Lara erzählt, dass sie aufgehört habe, Fotos von sich zu machen. Sie trage ja auf jedem Foto sowieso immer dasselbe und sehe immer gleich aus. Also wozu viele Fotos machen, eins reicht. Genau deshalb habe ich auch aufgehört, Fotos von mir zu machen.

Komisch, zu Hause sieht man jeden Tag äußerlich anders aus und ist innerlich nahezu konstant. Hier ist man äußerlich immer gleich, aber innerlich sieht es hier stündlich anders aus.

Sahagún kommt immer näher und eine Frage brennt mir heute wieder unter den Nägeln und so frage ich die hinter ihrer Brille intelligent dreinschauende Lara: »Was, glaubst du, ist Gott?« Sie schaut mich skeptisch an: »Willst du das wirklich von mir hören?« Ich nicke.

»Hast du Zeit?«, will sie kichernd wissen und ich nicke noch einmal.

Lara holt tief Luft: »Okay ... Ich rede nicht gern darüber, denn manchmal habe ich die Ahnung, dass meine Gedanken scharf und genau sind und dann fasse ich sie in Worte und alles wird plötzlich stumpf und vage. Ich glaube, Gott hat in meinem Mund so eine Art Sicherheitsventil eingebaut, sodass, wenn ich meine innere Wahrheit fröhlich herausposaune, alles verzerrt und unwahr klingt. I don't know!

Ich habe auf dem Weg eine ganz naive Vorstellung von Gott oder von der einzigen Wahrheit, wie immer du es auch nennen willst, entwickelt.

Ich glaube, viele Abermillionen Jahre lang gab es nur schweres schwarzes Nichts und durch den Prozess des ewigen Ausharrens wurde ›Es‹ wie nach einem langen Schlaf in einem lichten Moment wach. So, wie sich ein stinkender Misthaufen irgendwann selbst entzündet und dann lichterloh brennt. Ein Lichtfunke wurde geboren!

Dieser Funke kommt wie ein Neugeborenes mit einem Aufschrei des Erschreckens und der Wonne in dieses Nichts und breitet sich unendlich weit aus und erdenkt, erfindet, erlebt und erprobt alles; wie ein kleines Kind.

Dieses Licht verfolgt nur ein eingeborenes helles Ziel – nämlich vollkommen glücklich zu sein.

Dafür macht es allerlei Experimente in allen Dimensionen. Wir sind Teile dieses sich erweiternden Lichts; allerdings schon so weit entfernt vom Ursprung, dass wir uns an die Quelle nicht mehr erinnern können, sondern nur vage an den Auftrag: ›Werde vollkommen glücklich!‹

Dieser Funke hat sich bald das Leid ausgedacht, denn nur Leid führt zu wahrem Bewusstsein. Das Licht will nicht nur unbewusst glücklich sein, wie ein kleines Kind im Spiel, sondern bewusst glücklich, wie nur ein Leidgeprüfter es sein kann.

Ein Sommertag ist doch doppelt so schön, wenn man eine schwere Operation überstanden hat. Nach einer extremen Erfahrung ist der Sonnentag nicht nur schön, er ist bewusst wunderbar und heilig.

Wenn also dieses Licht sich unendlich ausgedehnt und alles erfüllt hat, erlischt es wieder, es schläft wieder ein. Vollkommenes Glück hält ja bekanntlich nicht lange. Es stirbt, weil diese letzte Erfahrung der unendlichen bewussten Ausdehnung einmalig ist. Es genießt in seinem allerletzten Moment die Wonne des bewussten Glücks und vergisst alles erfahrene Leid. ›Es‹ hat zu sich selbst gefunden und ist vollkommene Glückseligkeit. Und dann schläft es ein, um sich irgendwann aus eigener Kraft neu zu erwecken.«

»Du meinst Leid ist der Schlüssel zum Glück?«, frage ich verwirrt.

»Exactly! … Alles dient nur einem Ziel: Gott und damit mir selbst Freude zu bereiten. Du darfst jetzt lachen, ich weiß, das ist kindlich gedacht. Aber in der Bibel steht doch: Werdet wie die Kinder!«

Ich sage erst mal nichts. Finde mich aber irgendwie in dieser Idee wieder. Und da Gott ja alle Gegensätze in sich vereint, muss er logisch gedacht ja tatsächlich auch irgendwann einmal tot sein oder schlafen, oder täusche ich mich da … Aber wir rechnen ja unsere Schlafstunden auch zur Lebenszeit und ziehen sie nicht etwa davon ab.

Ich sage Lara, dass sie mir da auf der Hälfte des Weges eine ganz schön harte Nuss zum Knacken gegeben habe mit der Idee vom Leid als dem Schlüssel zur Glückseligkeit. Ich frage sie, ob sie der Ansicht sei, man könne das Leid deutlich besser ertragen oder vielleicht sogar verhindern, indem man sich in Gewahrsein schult. Sie grinst wieder: »Yes! Look! Das Dunkel kann komplett ohne Licht sein. Wenn du in einem Raum ohne Fenster und Elektrizität bist, siehst du nichts. Aber das Licht kann nie ohne das Dunkel sein. Guck, es ist ein strahlend heller Sonnentag, aber unsere dunklen Schatten laufen immer mit, dessen müssen wir uns bewusst

Die Pilgerroute zum Apostelgrab

werden. Nur auf die Lichtquelle kann nie der geringste Schatten fallen!« O je, hoffentlich kommt Schnabbel nicht gleich um die Ecke!

Lara und ich laufen friedlich schweigend nebeneinander wie ein altes Ehepaar nach Sahagún. Lara will in der hoffnungslos überfüllten Pilgerherberge übernachten. Ich rate ihr nicht davon ab, denn sie hat sich offensichtlich mit den miesen Zuständen in den Häusern arrangiert und akzeptiert sie ohne Murren. So weit bin ich nicht. Ich brauche ein Einzelzimmer mit Dusche und so trennen sich unsere Wege, nachdem wir unsere Pilgerpässe im *refugio* haben abstempeln lassen; allerdings tauschen wir vorher unsere Telefonnummern und Adressen aus.

Mitten in der Stadt gibt es ein günstiges romantisches Hotel. Im Entree führt mir ein buntes, mittelalterlich anmutendes Mosaik des Camino Francés noch einmal deutlich vor Augen, wie viele Kilometer ich noch vor mir habe. Dieses Hotel wird für heute mein Zuhause. Mittlerweile bin ich auch immer seltener der einzige Pilger, der in Hotels übernachtet.

Nach all den staubigen Dörfern beeindruckt mich Sahagún sehr. In der Stadt gibt es großartige Bauwerke aus der Römerzeit bis hin zum Barock. Einige Monumente aus der arabischen Epoche lassen manche Straßenzüge wie ein kleines Mekka erscheinen. Im späten achtzehnten Jahrhundert endete allerdings die Blütezeit Sahagúns, denn alles, was danach entstand, sieht einfallslos aus. Auf der Hälfte der Strecke kommt man in eine Stadt, in der es Jahrhunderte lang bergauf und danach Jahrhunderte wieder bergab geht. Das passt!

Am schwarzen Brett der Hotelrezeption bietet der örtliche Physiotherapeut David Massagen zu Sonderpreisen für Pilger an. Ich wähle umgehend die Telefonnummer und bekomme sofort einen Termin.

Was für ein Glück, endlich wird zum ersten Mal nach über dreihundert Kilometern eine Massage angeboten.

Nach einer eiskalten Dusche und einem Brötchen mit Schinken eile ich zur Massagepraxis, wo David der Masseur bereits auf der Straße auf mich wartet. Den Mann kenne ich von einem Foto!

Also begrüße ich ihn mit den Worten: »Hola David! Ich kenne dein Gesicht von einem Foto in der Bar in Castrojeriz, wo Kathie der Papagei immer frei herumfliegt!« Er lacht und erklärt mir, dass der Besitzer dort sein bester Freund sei. In dem Lokal in Castrojeriz hing direkt neben meinem Tisch an der Wand ein großes Foto von David und da ich die ganze Zeit während des Essens draufgestarrt habe und er sympathisch aussah, habe ich mir das Gesicht gemerkt. Wie die Dinge hier manchmal ineinander greifen.

Ruck, zuck liege ich halbnackt auf der Massageliege und lasse mir die geröteten Füße durchkneten. Während das Radio laut rauschend vor sich hindudelt, erzählt mir David, wie er auf einer seiner zwei Pilgerreisen Kathies Herrchen kennen gelernt hat. Keine Ahnung, was er mir sonst noch erzählt, denn ich befinde mich dank der Reflexzonenmassage an meinen wehen Füßen in der Zone der vollkommenen Glückseligkeit.

Als ich kurz vor dem Einnicken bin und durch mein eigenes Schnarchgeräusch ruckartig ins Hier und Jetzt zurückkatapultiert werde, läuft im Radio ein alter Kate-Bush-Song: »Don't give up 'cause you're half way!«

Das Lied mag ich, also falle ich leise ein, aber erst beim zweiten Refrain fällt mir auf, was ich mir da gerade selber vorsinge. Das gibt's nicht! Das ist wieder eine wundervolle Aufforderung.

Gib nicht auf, du bist schon auf der Hälfte des Weges!

Vielleicht möchte ich auch einfach, dass dieser Weg wundervoll ist, und deshalb ist er es dann auch.

Kurz bevor David mir sämtliche Verspannungen aus den

Füßen massiert hat, fragt er mich, wann ich denn angefangen hätte mit dem Pilgern, vor ein oder zwei Tagen?

Erstaunt und hellwach bäume ich mich auf: »Wie bitte? Ein oder zwei Tage!? Ich habe die Hälfte des Weges hinter mir.« Er nimmt meine Füße skeptisch noch etwas genauer unter die Lupe. »Das ist nicht möglich!«, kommentiert er nüchtern. »Wenn ich es dir doch sage!«, insistiere ich, obwohl es mir völlig egal sein kann, ob er es glaubt oder nicht. Der Fußfachmann bleibt hartnäckig: »Nein, du hast nicht eine einzige Blase oder Narbe am Fuß. Das gibt es nicht!« Ich gebe ihm eine ehrliche Antwort: »Ich weiß, dass es das nicht gibt, und es wundert mich ja auch. Normalerweise habe ich bei jedem neuen Schuh gleich am ersten Tag Blasen, aber auf dem Weg bleibe ich davon verschont. Wahrscheinlich sind meine kanadischen Wanderschuhe einfach die besten der Welt.« David grinst und massiert still weiter.

Don't give up 'cause you're half way!

Nach der Behandlung fühle ich mich wie neugeboren und genehmige mir auf der Plaza unter den schattigen Kolonnaden meinen obligatorischen *café con leche*; dazu wieder irgendein fades *bocadillo* mit Käse.

Das Frühstück heute Morgen war der bisherige kulinarische Höhepunkt. Ansonsten ist das Essen fast überall auf dem Weg schlecht, nicht schlecht im eigentlichen Sinne, es ist gute, nahrhafte Kost, aber fantasielos und gleichgültig zusammengestellt. Wahrscheinlich das Richtige für so einen Pilgerpfad? Das Essen wird zur Nebensache und man freut sich nicht besonders darauf. Man lernt ein einfaches Schinkenbrot zu schätzen. Diese Nahrung hält einen bei Kräften und stimuliert den Gaumen nicht über die Maßen. Es ist schließlich eine Pilgerreise und kein Gourmettrip.

Und während ich den letzten Bissen meines Brötchens vertilge und mir den Mund mit einer Serviette abwische – wer biegt da suchend um die Ecke? Die Österreicherin. Sie kontrolliert wahrscheinlich, ob ein G'schäfterl geöffnet ist. Aber es ist mal wieder Siesta in Spanien und nix mit Shopping! Hinter der Ecke lauert aber noch die Hauptüberraschung, denn im Schlepptau hat die Wienerin Schnabbel und Gerd. Und dann passiert es endlich. Die Österreicherin quatscht mich an und will sich sofort zu mir setzen. Dagegen habe ich rein gar nichts einzuwenden und rücke die Stühle flugs zurecht. Schnabbel will sich aber nicht setzen. Gerd hätte schon Lust, auch wenn er wieder nichts sagt. Wahrscheinlich ist Schnabbel immer noch knatschig wegen des Picknick-Korbes, den ich ihr heute Vormittag erteilt habe. Die Österreicherin traut sich jetzt auch nicht mehr, sich zu setzen, denn Schnabbel kann ziemlich böse gucken. Die Österreicherin ist trotzdem herrlich ungebrochen und fragt mich: »Wann macht denn die *panaderia* auf?«

Übersetzt für Interessierte: Sie meint das Brotg'schäfterl.

Ich sage ihr, dass die Geschäfte in Spanien alle immer erst nach fünf wieder aufmachen. Nach der Siesta. Wenn man eins auswendig weiß nach drei Wochen Camino, dann sind es die Geschäftsöffnungszeiten. Immer erst nach siebzehn Uhr!

Die Österreicherin tut so, als wäre ihr das vollkommen neu und noch nie passiert.

Ihre Gedankensprünge haben etwas Chaotisch-Kreatives, denn sie will wissen, wie viele Sprachen ich eigentlich spreche und so zählt sie auf: »Französisch, Spanisch, Italienisch, Englisch habe ich dich ja schon sprechen hören. Was sprichst du denn noch?«

Ich bin kurz versucht, ihren Wiener Schmäh nachzuäffen, entscheide mich aber für eine neutral korrekte Antwort und gebe ihr ohne viel Angeberei die gewünschte Auskunft und füge noch »Holländisch« hinzu. Vor der Reise hätte ich das für Angeberei gehalten, aber es stimmt doch, warum soll ich es nicht sagen?

Die Österreicherin beobachtet mich scheinbar viel genauer als ich sie, aber mein Gespräch mit Larissa aus Gouda hat sie nicht mitbekommen. Ich merke, ich bin richtig aufgeregt, die drei jetzt endlich einmal richtig kennen zu lernen. Sie kommen mir vor wie die Figuren, die ich für Drehbücher und Sketche entwickle. Ich habe fast das Gefühl, die drei könnten meine Erfindung sein.

Die Österreicherin mit ihrem Tirolerhut und dem G'schäfterl-Spleen ist so komisch. Ich liebe es, wenn Leute in unpassenden Situationen immer wieder den gleichen doofen Satz sagen und das auch noch so wie sie, am liebsten mitten in der Pampa. Die verquasten Schnabbel und Gerd sind eigentlich wunderbar; sie kommen übrigens, wie sich im Gespräch herausstellt, aus Remscheid. Während ich die Tatsache genieße, dass die drei sich bereits bei mir festgequatscht haben, ohne sich setzen zu wollen, erhebt endlich Schnabbel ihre schwere, dunkle Stimme.

»Ich muss jetzt auch mal was erzählen.« Sie erzählt also nicht einfach, sondern sie kündigt es vorher an! Das tun sonst nur die Königin von England oder der Papst.

Gerd stützt den Kopf auf seinen Pilgerstab. Die Story scheint also länger zu werden und wir lauschen gespannt. Ich bin so neugierig, ich müsste rot werden vor Scham! Schnabbel hebt an: »Vor drei Jahren sind mein Mann und ich den Weg ja schon mal gelaufen, aber nicht zu Ende. Da haben wir zwei junge Priesteranwärter, junge kräftige Burschen, getroffen.«

In der Art und Weise, wie sie das sagt, schwingt Frivolität mit. »Und nach der Wanderung von Saint-Jean-Pied-de-Port nach Roncesvalles sind wir abends in die Messe und da mussten sich die beiden, um den Segen am Altar zu bekommen, humpelnd aufeinander stützen. Ich war direkt dahinter und bin aufrechten Ganges und erhobenen Hauptes nach vorne gelaufen!« Sie lacht und ich bin sprachlos. Was für ein Triumph!, denke ich, den eigenen Sieg aus den Niederlagen der anderen zu ziehen! Wobei es auf den Blickwinkel ankommt. Ich weiß nicht, wer hier dabei gewonnen hat.

Aber wie oft hab ich vielleicht ähnlich gedacht? Schnabbel führt mir in einer gewagten Kür de force wahrscheinlich meine schlimmsten Fehler vor! Ich muss der Frau wirklich dankbar sein.

Während Schnabbel selbstgefällig weiterredet und mir die Lust vergangen ist, ihr weiter zuzuhören, bekomme ich wieder mächtigen Hunger. Dabei habe ich seit meiner Ankunft schon einen fetten Hamburger und zwei Riesenbocadillos gefuttert ... und jetzt weiß ich auch, warum sie sich nicht setzen will. Sie ist die Größte von uns allen und wenn sie sich setzt, kann sie auf niemanden mehr herabsehen.

Auf der anderen Straßenseite flaniert eine bildschöne Frau, von der selbst ich meinen Blick nicht lassen kann, vorbei. Sie bemerkt mich, lächelt und winkt. Diesmal winke ich nicht – ich bleibe cool. Die kenne ich nicht, also reagiere ich auch nicht. Sie kommt auf mich zugelaufen und sagt auf Englisch: »Hi, Hans Peter, it's me, Lara!«

Ach herrje! Wie peinlich ist das denn!? Ich hab sie nicht wiedererkannt.

Ich springe auf und biete ihr einen der bereits zurechtgerückten Stühle an und sie setzt sich. Frisch geduscht, ohne Hut und Brille und mit den langen blonden Haaren sieht sie aus wie Miss Canada.

Schnabbel begrüßt Lara knapp und reißt das Geschehen wieder an sich, indem sie verkündet: »Dass das Baskenland so sauber ist, das hat mir gut gefallen, aber warum die immer noch mit Bomben werfen, verstehe ich nicht, wo die doch in so schönen Häusern wohnen?«

So, jetzt wird's gruselig, denn nicht nur ich kenne Teile von Schnabbels Innenwelt, sondern sie, was nur gerecht ist, jetzt auch meine. Kann die etwa Gedanken lesen? Genau das Gleiche habe ich doch auch im Baskenland gedacht und sogar aufgeschrieben. Nur dass es aus Schnabbels Mund peinlich und doof klingt.

Aber ich bleibe bei meiner Meinung, ich finde, Schnabbel

hat Recht, und das sage ich ihr auch laut, was sie sichtlich freut. Lara denkt gottlob auch so, was meine Selbstzweifel mildert. Lara habe ich schon richtig ins Herz geschlossen.

Es ist trotzdem entsetzlich, dass ich denke wie diese rheinische Walküre aus Remscheid!

Schnabbel und ich sind uns ähnlicher, als mir lieb ist.

Ich will die drei verschrobenen Figuren jetzt wieder loswerden und mit Lara alleine essen; das will Lara anscheinend auch, denn sie würdigt das deutsch-österreichische Terzett keines Blickes mehr. Schnabbel spürt das sofort und bleibt samt Anhang demonstrativ auf der Bordsteinkante stehen. Dementsprechend ist meine weitere Konversation mit Schnabbel, Gerd und der Wienerin auch eher vor den Schrank gelaufen. Ich höre mich irgendeine langweilige Geschichte über mein Knie erzählen. Schnabbel will wissen, welches! Was will sie denn mit der Information? Und während ich »links« sage, kommt mir der Gedanke, dass ich zu gern Schnabbels richtigen Namen wüsste; Ursel, Hildegard, Inge, irgendwas Altgermanisches würde zu ihr passen. Ich trau mich aber nicht, sie zu fragen, womöglich will sie sich dann doch noch setzen. Schon blöd, dass die drei meinen Namen kennen und sich aber partout nicht selbst vorstellen! Also heißt sie halt weiter Schnabbel.

Die Österreicherin kann jetzt noch endlich loswerden, dass sie es ganz schrecklich findet, auf dem Weg immer für eine Deutsche gehalten zu werden! Wahrscheinlich trägt sie deshalb auch den Tirolerhut, aber der gehört für die Spanier nun mal aufs Oktoberfest. Schnabbels und Gerds Blicke verraten: Die Deutschenschelte kam nicht so gut an bei ihnen und dürfte noch ein übles Nachspiel haben. Das Trio macht sich dann recht rasch vom Acker und ich will nicht ausschließen: Gerd wird die patriotische Österreicherin hinter der nächsten Ecke festhalten und Schnabbel wird auf sie eindreschen. Die sehe ich wahrscheinlich nicht mehr wieder.

Lara und ich bleiben dann noch eine ganze Weile in dem Café sitzen, essen etwas und dösen in der Sonne vor uns hin. Viel geredet haben wir nicht mehr, denn das Wesentliche hatten wir ja besprochen. Allerdings äußert Lara, dass die ältere Frau aus Deutschland schrecklich sei und ihr der Mann so Leid tue! Dito!

Zurück im Hotelzimmer gönne ich es mir, ein bisschen fernzusehen. Dem deutschen Fernsehen wird ja oft Peinlichkeit und Belanglosigkeit vorgeworfen. Das spanische Fernsehen ist allerdings in diesen beiden Disziplinen nicht zu überbieten.

Auf allen Kanälen hocken stundenlang in wichtig ausschauenden bonbonfarbenen Kulissen Horden von Pseudo-Experten und labern über Paparazzi-Videos vom norwegischen Thronfolger, seiner Verlobten und deren Sohn. Auf allen Kanälen ist das heute das Diskussionsthema und die belanglosen Bilder werden immer wieder gezeigt. Irgendein Idiot filmt den Thronprätendenten samt Anhang und verkloppt das schlechte Material an sämtliche TV-Stationen der Welt. Die Frage: Was tun wir hier überhaupt?, stellt sich nicht. Der Paparazzo wird über den Klee gelobt, dass es ihm gelungen sei, diese sensationellen Aufnahmen vom Kind der Aristokraten zu machen.

Lieblingsbeschäftigung der spanischen Promis scheint es hingegen zu sein, zu dubiosen Einladungen von Blusenherstellern oder Keksfabrikanten zu gehen und vor deren Werbelogo ihre bevorstehende Liposuktion oder Scheidung anzukündigen. Gegen Geld versteht sich! Der Kekshersteller stellt die Promis vor sein Logo. Der Promi kriegt Kohle, muss aber dafür über pikante private Details plaudern. Diese Shows scheinen Rekordeinschaltquoten zu haben, es kann gar nicht anders sein, sonst gäbe es nicht so viele davon.

Die Frau irgendeines berühmten Sängers steht mit blonden Rastalocken vor dem Werbeplakat einer Sherrysorte und der Interviewer fragt: »Mussten Sie während Ihrer Schwangerschaft eigentlich kotzen?« Anstatt zu gehen, lächelt sie und sagt: »Nein, während dieser Schwangerschaft nicht.« Aber beim ersten Kind, oh ja, da hätte sie viel gekotzt. Ich fasse nicht, was da gerade über den Bildschirm flimmert – und lache!

Eine operierte Mittvierzigerin erzählt vor dem Plakat eines Kugelschreiberherstellers, sie habe schon zweimal den neuen »Mister Spanien« im Bett gehabt. Dann steht Mister Spanien bei irgendeinem anderen »Get together« vor dem Plakat eines Make-up-Herstellers und sagt, nein, sie habe ihn nicht im Bett gehabt, aber er kenne sie und wüsste, dass sie rumerzähle, er habe was mit ihr gehabt.

Kauft jetzt etwa irgendjemand diesen Kuli, weil die mit dem in der Kiste war oder nicht?

In einem spanischen Quiz auf einem anderen Kanal stellt eine dralle Blonde gut gelaunt den Kandidaten ernsthaft die Frage: »Zu was verarbeitete der deutsche Massenmörder Hans Dingenskirchen 1982 seine Opfer? A: Falscher Hase, B: Saure Nierchen oder C: Frikadellen?« Dann raten die Kandidaten und es gibt einen dollen Preis. Die Antwort auf die Frage verrate ich nicht, das wäre die Befriedigung primitivster Instinkte und purer Voyeurismus.

Das Schlimme ist: Einen gewissen Unterhaltungswert kann ich nicht leugnen. Es fällt mir schwer abzuschalten.

Aber diese Menschen, die sich da vor Keks- oder Sherry-Plakate stellen und über ihre Bett- und Kotzeinzelheiten Auskunft geben und sich dabei so wichtig vorkommen wie der amerikanische Präsident bei der Bombardierung Bagdads, berauben sich der wichtigsten Eigenschaft die ein Mensch besitzt: Würde!

In einem anderen Sender sehe ich ein weiteres würdeloses Spektakel; Naomi Campbell besucht ein Krankenhaus für leukämiekranke Kinder in Madrid. Überschrift: »Naomi will die Kinder trösten!« Mit von der Partie sind zehn Kamerateams, Bodyguards, Hunderte von Presseleuten mit Blitzlichtgewitter. So sieht man dann einen leukämiekranken Jungen vollkommen verstört in seinem Bett sitzen, neben ihm Naomi Campbell und um die beiden herum die Meute von Bildgeiern, die dem Supermodel zubrüllen: »Setz dich neben ihn und fass ihn an.« Beides tut sie brav. Oder versucht es. Der Junge tut das einzig Richtige. Er wehrt ab und lässt sich nicht anfassen.

Warum läuft so etwas im Fernsehen? Was soll das? Wer verdient daran? Warum sehen sich das Millionen von Menschen an und finden das nicht auch zum Kotzen? Und genau das sagen die Augen von Frau Campbell auch.

Im Studio setzt sich dann irgendeine anderswo operierte Frau vor einer Art News-Dekoration zu einem irrsinnig fetten Mann, der die Liposuktion offensichtlich noch vor sich hat, aufs Sofa und beide verhackstücken das Leben von Naomi Campbell; ihren Selbstmordversuch, ihre kaputte Beziehung. Das nenne ich »Instant-Karma«. Gerade ist Frau Campbell noch die vermeintlich Gute – und schon bekommt sie von ihren heuchlerischen Mitstreitern für die gute Sache eins übergebraten. Und das alles tun sie aufgedreht in dieser quietschbunten, geschmacklosen Bonbonkulisse. Die beiden gehören öffentlich geohrfeigt.

Ich denke an das leukämiekranke Kind. Da kämpft ein tapferer kleiner Junge den Kampf seines Lebens und irgend so eine Schickimicki-Tussi, die nur geil darauf ist, ihre Silikontitten in die Kamera zu halten, erdreistet sich angesichts dieses Dramas, in einem schweineteuren Gucci-Teil dumm rumzuschwafeln, und das nur aus einem Grund: Damit sie im Bild ist!

Ich bin wütend und ich weiß jetzt auch warum.

Das nächste Thema sind dann ganz wichtige, heimlich fotografierte Tittenbilder von einer Luxusyacht, die irgendeinem »Heinz Wichtig« gehört. Das Thema liegt der Tussi dann auch mehr, denn da wartet sie mit wirklich fundiertem

Wissen auf. Ich hätte eigentlich einen Bericht aus Sahagún erwartet über eine Bluttat, verübt von einem älteren Ehepaar aus Remscheid an einer harmlosen Österreicherin. So hätte ich auch Schnabbels Vornamen endlich erfahren. Aber Pustekuchen!

Ich hoffe nicht, dass wir in Deutschland derlei Programme auch noch zu sehen bekommen. Dieser Müll wird nur zu einem führen: Von der übertriebenen Achtung vor Promis geht es dann langsam über zur Verachtung, bis schließlich all diese so genannten Stars den Menschen gleichgültig werden. Wahrscheinlich muss man diese Sendung wie ein homöopathisches Mittel betrachten. Bei der Einnahme verschlimmern sich die Symptome, bevor das Ganze abklingt. Sei's drum!

Diese Wut. Jeder hat so sein Problem. Meins scheint im Moment unterdrückte Wut zu sein. Kein Wunder, dass mir die Galle hochgekommen ist. Aber was genau ist denn nun Wut? Bin ich die Wut? Ist der Gegenstand, auf den ich wütend bin, die Wut? Ist die Wut gar Bestandteil meines Charakters?

Nehmen wir an, der Gegenstand, auf den ich wütend bin, ist ein Stuhl und ich schlage auf ihn ein. Dann ist der Stuhl doch nicht meine Wut und kann sie auch nicht verursacht haben.

Wenn ich mich nach stundenlangem Gehen auf einen Stuhl setzen kann – das passiert mir im Moment nebenbei gesagt täglich –, ist das ganz herrlich und ich finde den Stuhl fantastisch. Aber der Stuhl ist ein Stuhl. Wenn ich also ein Problem mit ihm habe, habe ich in Wahrheit ein Problem mit mir.

Wenn ich wütend bin auf so eine doofe Fernsehsendung, habe ich also auch ein Problem mit mir! Ich kann doch nicht auf Menschen wütend sein, die ich gar nicht kenne und die in keinem direkten Bezug zu mir stehen. Vielleicht bin ich sauer auf mich, weil ich weiß, dass ich mich zu wenig für das Gute engagiere?

Überhaupt muss man vorsichtig sein mit dem schnellen Meinungsbilden. Jeder hat heute sofort eine Meinung und auch die Medien lehren uns: »Bild dir sofort eine Meinung.« Meinungsbarometer, Umfragen. Was sagen die aus? Nichts, absolut nichts. Eine Meinung über einen Gegenstand kann doch nicht wichtiger sein als der Gegenstand selber.

Während ich bereits bei weit geöffnetem Fenster im Bett liege, frage ich mich, was Gott eigentlich für mich ist.

Viele meiner Freunde haben sich schon lange von der Kirche abgewendet. Sie wirkt auf sie unglaubwürdig, veraltet, vergilbt, festgefahren, unbeweglich, geradezu unmenschlich und somit haben die meisten sich auch von Gott abgewendet. Wenn sein Bodenpersonal so drauf ist, wie muss er selbst dann erst sein ... wenn es ihn überhaupt gibt! Geh mir weg mit Gott, sagen leider die meisten. Ich sehe das anders.

Egal ob Gott eine Person, eine Wesenheit, ein Prinzip, eine Idee, ein Licht, ein Plan oder was auch immer ist, ich glaube, es gibt ihn!

Gott ist für mich so eine Art hervorragender Film wie »Gandhi«, mehrfach preisgekrönt und großartig!

Und die Amtskirche ist lediglich das Dorfkino, in dem das Meisterwerk gezeigt wird. Die Projektionsfläche für Gott. Die Leinwand hängt leider schief, ist verknittert, vergilbt und hat Löcher. Die Lautsprecher knistern, manchmal fallen sie ganz aus oder man muss sich irgendwelche nervigen Durchsagen während der Vorführung anhören, wie etwa: »Der Fahrer mit dem amtlichen Kennzeichen Remscheid SG 345 soll bitte seinen Wagen umsetzen.« Man sitzt auf unbequemen, quietschenden Holzsitzen und es wurde nicht mal sauber gemacht. Da sitzt einer vor einem und nimmt einem die Sicht, hier und da wird gequatscht und man bekommt ganze Handlungsstränge gar nicht mehr mit.

Kein Vergnügen wahrscheinlich, sich einen Kassenknüller

wie »Ghandi« unter solchen Umständen ansehen zu müssen. Viele werden rausgehen und sagen: »Ein schlechter Film.« Wer aber genau hinsieht, erahnt, dass es sich doch um ein einzigartiges Meisterwerk handelt. Die Vorführung ist mies, doch ändert sie nichts an der Größe des Films. Leinwand und Lautsprecher geben nur das wieder, wozu sie in der Lage sind. Das ist menschlich.

Gott ist der Film und die Kirche ist das Kino, in dem der Film läuft. Ich hoffe, wir können uns den Film irgendwann in bester 3-D- und Stereo-Qualität unverfälscht und mal in voller Länge angucken! Und vielleicht spielen wir dann ja sogar mit!

Ich entscheide, dass ich mich im Moment ziemlich mutig finde, da ich das hier alles auf mich nehme und bisher nicht aufgegeben habe, ohne die Garantie, am Ende wirklich irgendetwas Gutes für mich getan zu haben.

Erkenntnis des Tages:
Meisterwerke gibt es an den erstaunlichsten Orten zu den erstaunlichsten Zeiten zu sehen.

30. Juni 2001 – León

Ich fühle mich wie gerädert. Heute Morgen um halb drei baut sich eine wild gewordene Horde spanischer Halbwüchsiger vor meinem Hotelfenster auf und krakeelt, was das Zeug hält. An Sankt Peter, meinem Namenstag, sind hier alle aus dem Häuschen. Die ganze Stadt veranstaltet in schwüler Nachtluft zu heißen Rhythmen Fiesta und ist tanzend auf den Beinen. Mit wehen Füßen feiert es sich allerdings nicht gut, deshalb entscheide ich mich wieder mal fürs Bett und langen Schlummer.

Mein weit geöffnetes Fenster im ersten Stock befindet sich direkt oberhalb der Hauptstraße und so erlebe ich erneut ein spannendes Hörspiel, allerdings auf Spanisch. Und diesmal ist es gut, dass ich den Dialog neugierig genau verfolge!

Eins von diesen niedlichen Kids hat eine geladene Pistole dabei und die angetrunkene Truppe will damit spaßeshalber ein bisschen herumballern. Sie beginnen ernsthaft auszurechnen, wer von ihnen wohl am wenigsten Zeit im Knast verbringen würde, falls sie auf jemanden schießen. Ein Vierzehnjähriger wird ausgeguckt! Die Überlegungen, wohin und auf wen man denn zielen könnte, schreiten etwas weniger lautstark fort und bald einigen sich diese Schätzchen darauf, in mein offenes Fenster zu ballern. Ich muss doch wohl träumen! Die wollen in mein Zimmer schießen! Das finde ich so unglaublich, dass ich erst einmal lache! Wahrscheinlich habe ich da was falsch verstanden?

Trotzdem robbe ich vorsichtshalber aus dem Bett und krieche auf allen Vieren über den gekachelten Siebziger-Jahre-Boden Richtung Mülleimer. Ich komme mir zwar sehr albern dabei vor, aber es ist immer noch besser, freiwillig zu Boden zu gehen als von einer Kugel getroffen.

Ich sehe schon die Berichte im spanischen Fernsehen: Schnabbel wird innerlich triumphierend vor laufenden Kameras erzählen, dass ich ein guter Mensch gewesen sei, aber ... eben nicht gut genug! Und ich liege vor den Augen der Weltöffentlichkeit blutüberströmt in meinem Mickey-Mouse-T-Shirt auf dem gesprenkelten Kachelboden in diesem Billighotel. Wenn ich geahnt hätte, dass ich hier erschossen werde, hätte ich mir ein besseres Hotel genommen und was anderes angezogen!

Falls es einen Jugendrichter in Sahagún geben sollte, hört er wahrscheinlich auch jedes Wort mit und hält es schriftlich fest, so laut, wie die Jungs mittlerweile wieder geworden sind. Am Ende fehlt nur noch der Name des Opfers im Pro-

So harmlos kommt Sahagún nicht immer daher!

tokoll. Das Bürschchen, das mich gleich abknallen wird, ist dem Himmel sei Dank ein kastilianisches Weichei, denn er zögert noch, während die Älteren ihn immer lauter aufwiegeln. Er solle es jetzt endlich tun! Der wird gleich schießen und danach sicher heulend beteuern, dass es keine Absicht war und nach einer Woche Stubenarrest fröhlich mit seinen Kumpels weitersaufen. Ich erreiche den Mülleimer, packe ihn und robbe damit ins Bad. Dort fülle ich ihn so leise wie möglich randvoll mit Wasser. Auf allen Vieren krieche ich, den gefüllten Eimer vor mir her schiebend, zum Fenster. Kurz bevor ich mit dem Eimer nach oben schnelle, um den Jungidioten tollkühn Wasser auf die Köpfe zu kippen, sehe ich vor meinem geistigen Auge meine Beerdigung vor mir.

Man wird mich anonym hinter der romanischen Ziegelkirche San Lorenzo in Sahagún verscharren. David der Masseur wird ein paar salbungsvolle Worte sprechen und der weinenden Lara erzählen, dass es um mich besonders schade sei, da ich ja erst vor zwei Tagen gestartet sei. Schnabbel wird langatmige selbstherrliche Geschichten erzählen, während Gerd seinen Kopf auf dem Wanderstock aufstützt und die Österreicherin wird am Schluss feierlich ihren Tirolerhut auf meinen Sarg werfen und laut sagen: »Gibt's hier irgendwo a Hutg'schäfterl?« Ja, genau so wird es sein!

Blitzschnell wirbele ich voran und leere den Eimer komplett aus. Einen Sekundenbruchteil später macht es auf dem Asphalt laut »Platsch«. Das Geschrei geht jetzt erst richtig los. Klar, denn ich habe den Trupp voll erwischt!

Ich will meinem Schicksal schließlich nicht tatenlos entgegensehen und so laufe ich zur Rezeption, wo ich den schnarchenden Nachtportier lautstark wecke, und ihn zwinge, die Polizei anzurufen. Als die Sicherheitsbeamten sich aus der Ferne mit Sirenenalarm nähern, suchen die Kids schnell das Weite und – hoffentlich kein anderes Opfer.

Tja, und dann ist sie wieder da, die Wut auf die Dinge.

In so einer Situation Dalai-Lama-mäßige Gelassenheit auszustrahlen ist schwer.

Fünf Minuten später kann ich den Vorfall aber bereits nur noch lustig finden. Mein Fenster habe ich natürlich geschlossen und auch die Rollos heruntergelassen. Falls es ein Feuerwerk gegeben hat, ich hab's mal wieder verpasst!

Da ich nicht mehr einschlafen kann, drängt sich mir ein Erlebnis förmlich ins Bewusstsein zurück, das ich fast erfolgreich verdrängt hatte.

Wegen einer Vergiftung hatte ich einmal das zweifelhafte Vergnügen, an die Schwelle des Ablebens zu treten. Was ich dabei empfunden habe, setzt sich vor meinem geistigen Auge mosaikartig wieder zusammen.

Die Panik vor dem Tod war das Allerschlimmste. Diese Panik frisst einen Menschen förmlich auf. Aber wenn's dann wirklich auf das Ende zugeht – ein Arzt hat mich kurz vor Toresschluss wieder zurückgeholt –, ist es anders.

Man wird ganz friedlich und ordnet in aller Ruhe die eigenen Gedanken. Da geht es zum Teil um völlig banale Dinge, die aber im Sterbeprozess unglaubliche Wichtigkeit bekommen. Vor allem geht es aber um die Frage: Was tue ich anderen und was tun andere mir! Tiere übrigens eingeschlossen.

Wenn man kaum noch ansprechbar ist, wird es dann bizarr. Man nimmt alles scharf und klar wahr und ist gleichzeitig benommen. Man fängt an, sich nach außen aufzublähen, während man in sich immer kleiner und konzentrierter wird. Man fällt langsam in sich zusammen und gleichzeitig aus sich heraus. Kurz vor dem Kollaps tut sich eine Art Tor oder Öffnung auf, zwar nur so groß wie ein Nadelöhr, aber mit dem Volumen eines Schwarzen Loches. Und dann ist es nur noch ein Schritt. Es ist der banalste Moment des Lebens und gleichzeitig der feierlichste.

Ich kann nur versuchen, es zu beschreiben. Es ist in etwa so ein Gefühl, als würde man mit einem Plöpp-Geräusch eine Bierflasche öffnen und dazu die Berliner Symphoniker in doppelter Besetzung die 9. Sinfonie von Beethoven spielen lassen. Banal und feierlich zugleich.

Als »Nahtoderlebnis« würde ich diese Erfahrung nicht einstufen. Ich war nicht auf einer fremden, anderen Seite. Ich bin nur in die Nähe einer Schwelle gekommen. Ich bin nie durch ein Tor gegangen und habe auch kein Licht gesehen.

Habe heute Morgen zwar bis neun Uhr mehr schlecht als recht geschlafen, bin aber dennoch todmüde und kaputt. In der Nacht blieb zwar alles harmlos, aber es gab einiges Getöse. Bei der bereits aufsteigenden Hitze ist an Laufen nicht mehr zu denken. Also denke ich praktisch und überspringe wieder einmal zwei Etappen, indem ich den Zug nach León nehme. Dort mache ich dann zwei Tage Pause. Mal sehen, was die letzte große Stadt vor Santiago so bringt.

Es tut mir in der Seele weh, heute nicht laufen zu können, aber meine mentale und körperliche Fitness lassen das nicht zu und ich will ja vor allem die letzten einhundert Kilometer komplett zu Fuß schaffen, damit mein Weg als gepilgert anerkannt wird. Lara ist wahrscheinlich schon wieder auf dem Weg und durch mein Etappenhopping werde ich sie nicht mehr wiedersehen, aber ich hab ja ihre E-Mail-Adresse.

Schnabbel, Gerd und die Österreicherin bin ich jetzt wohl definitiv los. Heute ist Sonntag. Da wird meine Österreicherin aber traurig sein: die G'schäfterl haben alle geschlossen.

Am Bahnhof stelle ich fest, dass mir bis zur Abfahrt des Zuges nach León noch anderthalb Stunden Zeit bleiben.

Da ich keine Lust verspüre, noch etwas zu unternehmen, setze ich mich auf den menschenleeren Bahnsteig und schaue auf ein Mosaik mit der Aufschrift Sahagún, das ich aus Langeweile fotografiere. Sahagún! Was dieser komische, arabisch klingende Name wohl bedeutet?

Danach packe ich mein Tagebuch aus und mache Notizen. Ich frage mich, warum ich das hier eigentlich alles aufschreibe? Für mich? Ob irgendwann jemand anderer diese Notizen liest?

Vielleicht ist es Eitelkeit, aber unwillkürlich habe ich das Gefühl, ein Buch zu schreiben, das seiner Veröffentlichung entgegenfieberte. Dabei hatte ich nie die Ambition, Bücher zu schreiben, und trotzdem halte ich akribisch alles fest, so als müsste ich es tun, und meine Einträge werden immer sorgfältiger. Von mir würde man doch – wenn überhaupt – ein Buch zu einem ganz anderen Thema erwarten. Aber vielleicht ist ja gerade das besonders spannend?

Die meisten Menschen gehen diesen Weg im Übrigen wegen der Bücher von Shirley MacLaine und Paulo Coelho. Egal was man über ihre Bücher denken mag; es ist unglaublich, wie viele Menschen sie dadurch auf diesen Weg gebracht haben. Sie waren wie Steigbügel.

Das Erstaunlichste ist, dass alle Menschen, denen ich bisher auf der Reise begegnet bin, nicht den geringsten Zweifel an der Kraft dieses Weges haben. Alle glauben fest an die Präsenz des einen großen Wesens und seines wundersamen Wirkens in dieser Welt.

Vielleicht haben sie ja Zweifel und wollen sie nur einem Fremden gegenüber nicht preisgeben. Ich bringe meine Zweifel zum Ausdruck und zweifele jeden Tag neu.

Bin ich hier auf der richtigen Fährte oder bin ich nur einer von Tausenden anderen Spinnern? In manchen Momenten der Eingebung gibt es keinen Zweifel für mich, aber wenn man dann mal wieder mit seinen müden Füßen vor irgendeinem Fahrkartenschalter steht, sieht die Welt anders aus. Oder besser gesagt, mein Blick auf die Welt verändert sich. Zweifeln? Vielleicht muss ich mir das wie das Rauchen einfach abgewöhnen?

Vor Jahren überredeten mich zwei Freundinnen dazu, an einem Reinkarnationsseminar teilzunehmen. Fünf Frauen hatten sich angemeldet, eine sechste Person fehlte noch, um den Wochenendkurs zu Stande zu bringen.

Ich bin nun mal wahnsinnig neugierig und lasse mich von Carina und Christine natürlich breitschlagen. Wir fahren also gemeinsam nach Frankfurt; die fünf Weiber und ich zum Reinkarnationstherapeuten!

Der Therapeut Carsten ist ausgesprochen sympathisch, sehr gebildet und wenig verbissen. Er erklärt uns dies und das und wie es wohl sein würde, wenn wir etwas sähen, und dass wir vielleicht aber auch gar nichts zu sehen bekommen würden. Das Beste sei eh, alles entspannt auf sich zukommen zu lassen.

Die fünf Frauen und er sind jedenfalls unumstößlich davon überzeugt, schon einmal gelebt zu haben. Die Vorstellung kann ich zwar zulassen, aber nicht glauben. Der Seminarleiter versichert uns, dass wir am Schluss des Kurses feststellen würden, welche Gemeinsamkeit aus früheren Leben die fünf Frauen und mich hier zusammengeführt hätte. Vor

Kursbeginn bittet Carsten jeden von uns noch, die Orte oder Länder aufzuschreiben, gegen die wir eine unerklärliche Abneigung hätten.

Der erste Seminartag ist durchaus interessant, ein bisschen spannend, hier und da bizarr. Man übt Meditations- und Versenkungstechniken und sieht mal dieses wilde Bild, dann jenes, richtig berühren kann uns das alles aber nicht; eher amüsiert es uns. Am Ende des zweiten Tages haben wir alle inzwischen schon irgendein Leben im Mittelalter oder in der Frühzeit durchlebt und es ohne jede Gefühlsregung zur Kenntnis genommen. Einige Details scheinen wertvoll, aber weltbewegend ist es nicht. Die Gruppe versteht sich prächtig und vor allem lachen wir viel.

Am letzten und dritten Tag erklärt uns Carsten, dass er nun mit jedem einzeln eine echte Rückführung unter emotionaler Beteiligung durchführen werde und dass wir davor keine Angst haben sollten. Ich habe keine Angst, denn ich bin mir sicher, es geht so belanglos weiter wie bisher.

Er bittet uns in Einzelgesprächen herauszufinden, was wir in diesem Leben als besonders störend empfinden. Ich weiß sofort, was ich da zu antworten habe. Behalte es aber an dieser Stelle für mich. Carsten bittet mich daraufhin, eine aus der Gruppe auszuwählen, die während meiner Rückführung neben ihm bei mir bleiben solle, um mich wenn nötig zu beruhigen. Wie bitte? Das finde ich zwar ein bisschen albern, aber gut, wenn's denn sein muss. Dann bitte ich eben Carina, mit in den Meditationsraum zu kommen, denn die ist schließlich promovierte Psychologin.

In dem Raum ist es angenehm warm und er ist nur durch ein flackerndes Kerzenlicht erhellt. »Gut, dann wollen wir uns mal das Leben anschauen, das deinem jetzigen vorausging«, sagt Carsten feierlich. »Bist du so weit?«, fragt er, als hätte ich einen doppelten Looping auf einer Achterbahn vor mir, und ich nicke kurz, denn mir scheint dieses Brimborium übertrieben.

Ich schließe trotzdem die Augen und die zwanzigminütige Versenkung gelingt mir lehrbuchmäßig. Carsten beeinflusst nichts und bringt die Dinge einfach nur ins Rollen, während er mit der Hand sanft auf meinen Solarplexus drückt.

Aber etwas ist bei dieser Meditation ganz anders als bei den vorhergehenden. Die aufsteigenden Bilder sind scharf und deutlich! Alles ist ungleich intensiver und ich kann den Verlauf der Geschichte, die mich emotional zutiefst berührt, überhaupt nicht beeinflussen. Ich spüre eine tiefe Verbindung zu den aufsteigenden Geschehnissen.

Ich lebe in einem Kloster. Ich bin ein junger Franziskanermönch. Gegen Ende des Zweiten Weltkrieges. In der Ferne sieht man Breslau. Es ist Herbst und es muss heftig geregnet haben, denn die dunkelbraune Erde auf den Wegen und Äckern rund um das wuchtige Kloster ist matschig. Ich kann jedes Detail des kalt feuchten grauen Klosters erkennen. Außer mir leben dort noch sechs Mitbrüder und ein Abt.

Während ich mich deutlich erkenne und obwohl mir sogar Namen entgegengeflogen kommen, nehme ich die anderen zwar als charakterstarke Individuen wahr, trotzdem bleiben sie vage und verschwommen, wie gesichtslos. Die ganze Klosteranlage ist mir erschreckend vertraut und ich finde mich dort ohne Probleme zurecht. Eine Nonne kommt auf einem klapprigen Fahrrad über einen Hohlweg aus der Stadt und bringt uns wie jeden Tag Essensreste aus den Krankenhäusern der Umgebung, von denen wir kärglich leben.

In der Kapelle sehe ich die Mitbrüder und mich während der Messe. Alles ist so, als wäre ich hier vollkommen zu Hause.

Plötzlich sehe ich mich im Arbeitszimmer des Abtes, während ich gleichzeitig auf dem Teppich der Doppelhaushälfte in Frankfurt liege, und höre mich laut zum Abt und Carsten sagen: »Der Kohlenhändler wird heute kommen. Ich werde ihn in den Keller begleiten.« Eine unsagbare Angst, ein Gefühl der totalen Vernichtung steigt in mir hoch. Als Nächstes begleite ich den Kohlenhändler, der eine Schubkarre mit Kohlen vor sich her schiebt, über eine Rampe in den kalkweißen Keller.

Mein Herz schlägt tatsächlich bis zum Hals und mir bleibt auf dem Teppich in Frankfurt die Luft weg.

Und während der Mann im Keller ablädt, weiche ich nicht einen Meter von seiner Seite. Meine Aufgabe ist es, ihn während der ganzen Zeit zu beaufsichtigen und abzulenken, denn hinter einem mannshohen Haufen von Rüben halten wir eine vierköpfige jüdische Familie versteckt.

Ein junges Ehepaar mit zwei kleinen Kindern – einem Jungen und einem Mädchen. Mein Blick geht ständig in ihre Richtung und ich bete zu Gott, dass der Kohlenhändler nichts merkt! Mich durchfährt eine unbeschreibliche Angst.

Er liefert die Kohlen ab und verschwindet wieder.

Das Versteck ist gefährlich und wir alle haben schreckliche Angst, auch nur eine einzige falsche Bewegung zu machen.

Dann sehe ich mich bei geöffnetem Fester schreiend vor Angst in meiner Zelle sitzen. Es muss frühmorgens sein und ich höre zwei LKWs über den Hohlweg poltern. Uniformierte Deutsche springen von den Autos und stürmen in das Kloster. Ich werde von zwei Soldaten aus meiner Zelle geschleppt und vor die hintere äußere Klostermauer zu meinen dort bereits versammelten Mitbrüdern gestellt.

Die verzweifelte, in Tränen aufgelöste Familie wird auf einen LKW gedrängt. Man transportiert sie ab.

Irgendjemand in Uniform verliest in deutscher Sprache unser Todesurteil. Der Abt und die Mitbrüder bleiben ruhig, aber in mir steigt unsagbare Angst auf.

Ich weiß, dass ich hier auf einem Teppich im Frankfurt der Jahrtausendwende liege, aber mein ganzer Körper zittert und selbst wenn ich die Augen öffne, komme ich aus dieser Geschichte nicht raus. Carsten und Carina beruhigen mich, aber das nützt nichts.

Der Abt teilt dem Offizier mit, dass wir auf Augenbinden verzichten, was uns gewährt wird. Dann stimmt der Prior einen lateinischen Choral an, in den alle außer mir einfallen. »Der Herr ist mein Hirte.«

Die Gewehre werden geladen, die Soldaten legen auf uns an und ich bebe. Meine Knie zittern und mein Rücken wird eiskalt! Ich glaube nicht mehr an Gott! Ich habe meinen Glauben verloren! Ich sage laut: »Ich will nicht sterben!« Einer meiner Mitbrüder brüllt mich an: »Johannes, wir gehen den Weg des Herrn. Unser Weg ist zu Ende.« Ich zittere wie Espenlaub. Mein Körper bebt, ich kann ihn gar nicht mehr ruhig halten. In Frankfurt drückt Carina mich auf den Boden. Ich bin außerstande, mich zu beruhigen.

Es knallt. Ich bin erschossen worden. Es ging ganz schnell und nun bin ich tot. Und zittere als ein Licht irgendwo im Raum. Die anderen sieben Funken drehen sich immer schneller, entfernen sich von mir und verschwinden. Mir gelingt das nicht. Drei nicht beschreibbare diffuse Lichtgestalten kommen mir entgegen und beruhigen mich und eine von ihnen sagt: »Ein ganzes Leben hast du ohne Zweifel geglaubt, warum nicht in diesem einen Moment? Warum nicht?«

Auf meinem Zettel mit den Orten, die man unerklärlicherweise nicht besonders mag, stand nur ein Wort: Polen.

Dabei war ich, zumindest bis zum damaligen Zeitpunkt, noch nie dort gewesen. Irgendwann werde ich mal nach Breslau fahren und schauen, was da dann so mit mir los ist. Aber heute geht's erst mal nach León.

Ob mir das alles wirklich zugestoßen ist? Keine Ahnung. Das würde ich niemals behaupten. Aber auf dem Teppich in Frankfurt ist es mir wirklich passiert und hat mich zutiefst bewegt und lange nachgeklungen. Tja, und was die Gemeinsamkeit unserer Gruppe angeht: Bis auf eine sahen wir uns alle in den Einzelrückführungen als Opfer des Faschismus.

Und nun sitze ich auf dem Bahnhof in Sahagún und zweifele fröhlich vor mich hin. Sollte ich jemals einen festen Glauben gehabt haben, dann will ich ihn zurück.

Während der knapp einstündigen Zugfahrt von Sahagún nach León stehe ich die ganze Zeit auf dem Gang und schaue tapfer hinaus auf den Jakobsweg. Im Geiste laufe ich ihn. Die Etappen, die ich jetzt hinter mir lasse, wären sehr hart geworden. Bei meiner geschwächten körperlichen Verfassung hätte ich sie wohl kaum in drei Tagen schaffen können. Hier und da sehe ich einzelne Pilger, die sich mühsam durch die heideartige Hügellandschaft, die mich an Sylt erinnert, vorankämpfen. Diesen Teil des Weges werde ich also nicht gehen, sondern mehr oder weniger überfliegen. Manche Anstrengung wird mir erspart bleiben und einiges Schöne werde ich nicht erleben.

Die Entscheidung, mit dem Zug zu fahren, ist richtig und ich fühle mich nicht schuldig, sondern kann das gelassen akzeptieren. Dieser Camino hat so seine unerklärliche Eigendynamik. Er will gelaufen werden.

Das Hin und Her in meiner Gefühlswelt auf dem Camino ist schwer zu ertragen. Von zu Hause kenne ich das so nicht. Morgens fühle ich mich manchmal wie ein angefahrenes Reh. Meine Morgenmuffeligkeit ist hier ein echtes Problem. Später, am Mittag, bin ich heiter, mit der Welt im Einklang, ganz auf dem Weg und bei mir. Dann wieder, gegen Abend, bin ich mit meinen Gedanken weder hier noch sonst wo oder todmüde oder aufgekratzt und todmüde. Es ist gut, dass ich meinem Körper jetzt mal wieder eine Erholungspause gönne. Wahrscheinlich denkt der völlig entsetzt, dieses Gelaufe soll ewig weitergehen.

Noch im Zug erteile ich, wie ich es von Jose gelernt habe, dem Universum laut vernehmbar den Auftrag, mir mitten in León ein günstiges Superluxushotel vor die Nase zu setzen.

Nach meiner Ankunft muss ich vom Bahnhof noch kilometerweit in die Stadt laufen und mache dabei sogleich eine

Über den Dächern von León

Sightseeing-Tour. Die sandsteinfarbene prachtvolle Hauptstadt von Kastilien scheint eine Cousine Madrids zu sein. Alles ist hier ein wenig überschaubarer und nicht ganz so elegant, dafür leichter, lebendiger, einladender, und ohne snobistisches Kapitalenflair. Eine Stadt, die erobert werden will und die Lebensgeister weckt. Vor dem herrlichen Parador von León bleibe ich mit offenem Mund stehen und kann nicht glauben, dass Menschen sich diese Architektur haben einfallen lassen.

Mitten in der Innenstadt bietet das edle Hotel »Alfonso V.« im Schaufenster eine Sonderaktion an. 40 Prozent Rabatt für zwei Nächte. Das ist mein Laden, denn ich bin leidenschaftlicher Schnäppchenjäger.

Im modernen Edelstahl-Foyer des Hotels grüßt über der Freitreppe das Wappen Seiner verblichenen Majestät und ich hoffe, dass ich hier trotz meines fleckigen Jeanshemdes ein Zimmer bekomme. Es gelingt mühelos – man ist im Hause anscheinend weitaus Schlimmeres im Umgang mit Pilgern gewohnt. Mein bügelfreies Stadthemd aus Carrión de los Condes, das ich ja noch im Rucksack habe, wird dem Personal garantiert vor Begeisterung den Atem rauben.

Das Zimmer ist der pure Luxus, denn es bietet nicht nur einen gigantischen Ausblick über die verwunschenen Altstadtgässchen, es hat sogar eine Badewanne! Nach dem Bad und der großen Wäsche setze ich mich an den Schreibtisch, telefoniere mal wieder mit zu Hause und schreibe den Leuten, denen ich gerade von meiner beinahe erfolgten Erschießung in Sahagún telefonisch detailliert berichtet habe, auch noch Postkarten. Alle wollen, dass ich so schnell wie möglich wieder nach Hause komme, und während ich gerade überlege, ob sie vielleicht Recht haben und ob ich meinen Weg besser abbrechen sollte, zischt und faucht aus heiterem Himmel plötzlich die Schreibtischlampe los. Ich hatte sie gar nicht angemacht. Sie war aus. Es hat einmal kräftig durch das ganze Zimmer geblitzt und jetzt ist sie hinüber. Ich werde dieses Zimmer besser verlassen und zwar sofort.

Die Kathedrale auf der Plazade la Regla ist der unbestrittene Höhepunkt. Manche sagen, dies sei die schönste Kathedrale Spaniens. Jedenfalls ist sie das stilreinste frühgotische Bauwerk des Landes.

Auf einmal stehen im Seitenschiff unter einem schmiedeeisernen Leuchter Evi und Tina, meine beiden schwedischen Bekannten, grinsend vor mir. Mein Gott, wie schnell müssen die gelaufen sein, um heute hier zu sein? Ich freue mich riesig, die beiden zu sehen, und umgekehrt ist es auch so. Wir fallen uns lachend in die Arme und die beiden wollen mich sofort zum Abendessen einladen, aber heute möchte ich lieber alleine sein. Weiß nicht, ob die zwei das verstehen, so enttäuscht wie sie dreinschauen. Ich versteh es ja selber kaum, aber da es heute so ist, handele ich auch danach.

Diffuses Licht in der Kathedrale von León

Später laufe ich ein wenig ziellos durch die Stadt und besorge mir eine Kinokarte für einen Film mit John Travolta. ›Combinación Ganadora‹. Was so viel heißt wie: ›Die gewinnbringende Kombination‹ oder ›Der Schlüssel zum Glück‹. Der Film ist ganz witzig. Hab heute allerdings nicht so viel kapiert wie beim letzten Kinobesuch. Es wurde sehr schnell gesprochen. Vielleicht bin ich auch einfach zu müde.

Bei Tapas und höllisch lauter spanischer Musik, die ein Videokanal ununterbrochen über den Äther schickt, sitze ich später schön in einer Bar. Zwischendurch mal wieder laute Musik zu genießen nach all dem stillen Wandern ist schon was Feines. Auf dem Camino ist es ja doch eher – sagen wir – leise.

Ich bin der einzige Gast, denn es ist viel zu heiß; noch verirrt sich kein Einheimischer hierher. Auf einem Hocker an der Theke hänge ich vor einem Spezi meinen müden Gedanken nach.

Während ich mir eine in Schinken gehüllte Dattel in den Mund schiebe, denke ich: Wo ist Gott wohl zu finden?

Mein Blick wandert durch den Raum. Auf den Klotüren prangen die Bilder von zwei dicken gesunden Babies, einem Mädchen und einem Jungen. Auf dem Bürgersteig humpeln eine Oma und ein Opa mit traurigen, versteinerten Gesichtern an Stöcken vorbei. Der Barmann steht nervös mit dem Fuß wippend draußen vor der Tür und hält Ausschau. Er wartet die ganze Zeit darauf, dass irgendetwas passiert.

Die Hitze steht in León.

Dann endlich tut sich etwas in der *Calle*: eine Ambulanz sammelt eine ältere Señora mit einem Kreislaufkollaps ein und fährt sie mit Blaulicht ins Krankenhaus. Auf dem Musikkanal fängt plötzlich ein rasend gut aussehender Mexikaner an, eine herrliche Schnulze mit dem Titel: ›Imaginas me en ti‹ zu singen, und ich bleibe an der Mattscheibe kleben. Übersetzt bedeuten die Worte des Liedes so viel wie: »Stell dir mich in dir vor« oder besser: »Visualisiere mich in dir«.

Wen? Gott? Schon wieder ein Lied, das mir etwas sagen will?

Ich versuche mir Gott in mir vorzustellen und ich fühle mich wohl. Ist es das?

Muss ich mir »es« einfach in mir vorstellen? Vielleicht muss ich mir nur vorstellen, was ich gerade benötige? Das werde ich in den nächsten Tagen mal testen, dazu ist eine Pilgerfahrt ja da.

Kurz vor Sonnenuntergang tanzen auf der Plaza Hunderte Einheimische einen spanischen Volkstanz. Ein schönes Bild. Alle sind miteinander verbunden. Auf dem Weg zurück ins Hotel komme ich an einer Sparkasse vorbei, über der ein Riesenplakat prangt und mich auffordert: »Schließen Sie die Augen und wünschen Sie sich was!«

Ja, ja, mache ich ja schon.

Wie oft musste ich in den letzten Tagen denken, dass alles falsch ist, was ich hier mache, und ich in die verkehrte Richtung laufe. Wenn ich das mal immer gedacht hätte, als ich nachweislich in die falsche Richtung gelaufen bin! Da war ich mir oft so sicher, das einzig Richtige zu tun. Tief in mir wusste ich zwar, es ist falsch, aber die innere Stimme abzuwürgen ist einfacher, als sie wahrzunehmen. Vielleicht bin ich gerade deshalb jetzt auf dem richtigen Dampfer!? Es ist einfacher, die gesuchte Frequenz auf einem Weltempfänger wegzudrehen als sie sauber einzustellen.

Alles, was mir in meinem bisherigen Leben so passiert ist, kommt hier auf dem Weg wieder zum Vorschein und die vielen Verzweigungen scheinen jetzt alle hier zusammenzulaufen. Ich denke hier wieder und wieder an all meine direkten Begegnungen mit dem Tod, die ich zum Teil wirklich verdrängt hatte.

In meinem Lieblingscafé auf der Königsallee in Düsseldorf saß ich gerne bei Cappuccino und Käsekuchen und konnte, neugierig wie ich bin, den Gesprächen der älteren Damen lauschen. So mancher meiner Sketche ist so entstanden.

Eines Tages sitze ich an einem sonnigen Nachmittag wieder da und eine ältere Dame, begleitet von einer jüngeren, schleppt sich am Stock die Treppe hinauf. Kurz vor der letzten Stufe schaut sie sich mit einem verzweifelten Blick suchend im ganzen Café um. Da sitzen nur noch mehr ältere Damen und eben ich. Ihr Blick bleibt an meinem haften. Sie nimmt ihre ganze Kraft zusammen und stolpert im Eiltempo auf mich zu, dabei stößt sie einen Tisch um und fällt mir vor die Füße. Ihre jüngere Begleitung ist wie erstarrt und kann nichts tun. Ich habe zwar mal einen Erste-Hilfe-Kurs gemacht, aber in der Aufregung weiß ich rein gar nichts mehr. Die Frau ist so unglücklich gestürzt, dass ich befürchte, sie hat sich ihr Bein gebrochen oder Schlimmeres.

Ich reiße ihr die Bluse auf, lege ihren Kopf auf mein Knie und schreie laut: »Rufen Sie einen Arzt.« Es ist totenstill in dem Café, niemand tut etwas. Handys gibt es 1985 noch nicht. Die Bedienung beugt sich über die Frau und sagt teilnahmslos mit einem polnischen Akzent: »Die is eh hiniber.« Ich schreie diese Serviererin an, wie ich wohl noch nie jemanden angeschrien habe, und sie bequemt sich ans Telefon. Ich bin wütend. Die sterbende Frau starrt mich mit weit aufgerissenen Augen an und ich kontrolliere ihren Atem. Ganz langsam läuft sie blau an. Kein Laut, kein Stöhnen, nichts ist zu hören. Sie stirbt, ihren Kopf auf meinen Knien. Es dauert ewig, bis der Notarzt eintrifft und ihren Tod feststellt. Die Begleitung der Dame ist sehr gefasst, sie scheint keine ihr wirklich nahe stehende Person zu sein.

Ich frage den Arzt in meiner Verzweiflung, was ich hätte tun müssen. Er sagt: »Nichts, Sie hätten nichts tun können!« Sechzehn Jahre war ich daraufhin nicht mehr in dem Café. Als ich dann das erste Mal wieder dort war, musste ich ständig auf die Stelle starren, an der die Frau gestorben war.

An dem Abend habe ich ein Treffen mit Freunden, so dachte ich damals. Heute weiß ich, es waren lediglich Bekannte. Ich komme also sehr verstört zu diesem Treffen und erzähle die Geschichte und einer lacht mich aus und macht sich im ganzen Lokal laut über den Tod der Frau lustig und imitiert Erstickungsattacken. Ich brülle die aufgekratzte Truppe zusammen und verlasse das Lokal. Zwei Jahre später erstickt der Mensch, der den Tod so präzise nachgeäfft hat.

Die zweite Begegnung mit dem Tod ist ebenso bizarr. Ich sitze mit meinem damaligen Agenten in Hamburg im Büro eines Filmproduzenten, um ein Projekt zu besprechen. Wir hatten uns gerade gesetzt und den ersten Schluck Kaffee zu uns genommen. Da hören wir durch das Fenster ohrenbetäubendes Knallen. Wir rennen zum Fenster. Der Sitzungsraum liegt im Erdgeschoss, so können wir die ganze Hoheluftchaussee einsehen.

Etwa drei Meter von uns entfernt steht ein hagerer älterer Mann, bewaffnet mit einem Küchenmesser vor einer Wäscherei. Zehn Meter weiter rechts steht ein Polizist mit der Pistole im Anschlag und brüllt: »Schmeißen Sie das Messer weg!« Die Besitzerin der Wäscherei steht heulend im Schaufenster. Der ältere Mann steht wie benommen mit erhobenen Händen vor der Wäscherei. Der Polizist hat offensichtlich einen Warnschuss abgegeben, aber der Mann wirft das Messer nicht weg. Der Polizist schießt ihm ins Knie, der Mann taumelt.

Wir schreien aus dem Fenster: »Hören Sie auf, nicht schießen, nicht mehr schießen!« Der Polizist schießt zwei weitere Male, ein Schuss geht in den Bauch. Der Mann wird ganz langsam kreidebleich, fällt in Zeitlupe um und ist tot.

Das Gesicht des Sterbenden werde ich nie vergessen. Er starb ganz schicksalsergeben. Fast erleichtert. Es floss kaum Blut. Jedes Mal, wenn ich an der Stelle vorbeifahre, mache ich dort eine kurze Pause.

Am nächsten Tag steht damals in der Zeitung: »Der junge Polizist wollte gestern Mittagspause machen, da sieht er den Mann mit dem Messer in die Wäscherei laufen. Der Mann bedroht die Besitzerin und erbeutet fünfzig Mark. Der Frau war nichts geschehen, aber der junge Polizist sieht rot und schießt.« Wochen später wurde ich dann von der Kriminalpolizei verhört.

Diese beiden Erlebnisse hatte ich vollkommen verdrängt und vergessen. Hab das Gefühl, das ist mir gar nicht passiert, aber hier kommt es wieder hoch.

Bei meiner dritten Begegnung mit dem Tod wurde ich von einer Aktion namens »Wünsch Dir was« gebeten, ein krebskrankes Mädchen zu besuchen. Sie durfte sich etwas wünschen. Und ihr Wunsch war es, mich einmal kennen zu lernen. Ich besuche also die siebzehnjährige Alexandra im Krankenhaus. Ihr Zustand ist katastrophal. Zwei Stunden bin ich bei ihr. Für mehr reicht ihre Kraft nicht. Ich bin schon nach fünf Minuten am Ende und verkrampft, unspontan, ängstlich und weiß überhaupt nicht, wie ich mit dem Mädchen reden soll. Als ich sie frage, was sie denn machen würde, wenn sie aus dem Krankenhaus käme, sagt sie: »Den Führerschein würde ich machen und mit zweihundertachtzig über die Autobahn rasen.« Davon träumt sie. Beim Autofahren denke ich oft an Alexandra und gebe richtig Gas und genieße es. Ich glaube, ihr hat es Kraft gegeben zu sehen, dass ich nur ein schwaches Menschenkind bin. Mir hat sie Kraft gegeben, weil ich in ihr einer richtigen Heldin begegnet bin.

Ein weiteres Mal eröffne ich das Sommerfest der Aids-Station im Frankfurter Uniklinikum. Vorher führe ich ein Gespräch mit dem Krankenhausseelsorger und bitte ihn, mir einen Rat zu geben, wie ich denn diese Eröffnung gestalten solle, und er sagt nur: »So, wie Sie das immer machen.«

Die Patienten, die noch in der Lage sind, ihre Zimmer zu verlassen, werden also in das liebevoll geschmückte Foyer der Station geschoben. Es ist ein wundervoller Sommertag und man kann vom Foyer in den saftig grünen Park sehen. Vor mir sitzen Frauen und Männer in den unterschiedlichsten Stadien dieser heimtückischen Krankheit. Einige sind bereits schwer demenzkrank und haben das Vollbild von Kaposi, einem wuchernden Hautkrebs, entwickelt. Ihre Gesichter und Körper sind von der Krankheit zerstört und gezeichnet.

Ich stehe auf der zur Bühne umgestalteten Treppe und blicke auf die Menschen in ihren Rollstühlen und Betten. Einige sind von Verwandten und Freunden begleitet, aber die meisten sind allein. Das Stationspersonal gibt sich alle Mühe, jedem hier einen guten Nachmittag zu bereiten. Einer der Patienten schluchzt die ganze Zeit schrecklich laut und es zerreißt mir innerlich das Herz. Ich stehe auf dieser Treppe wie ein Depp.

Soll ich denn sagen: »Gott, ich hasse dich für das, was diese Menschen durchmachen!« Stattdessen sage ich – keine Ahnung wie – irgendwas Launiges. Am Anfang kann ich nur die Schwestern und die Ärzte ansehen, aber irgendwann traue ich mich dann auch den Patienten in die Augen zu schauen und es entsteht so etwas Ähnliches wie eine gute Stimmung, nur viel feiner und behutsamer, als ich es gewohnt bin.

Ich fühle mich trotzdem weiter schrecklich. Hinterher spreche ich mit einigen Patienten, die sich wirklich sehr über meine Anwesenheit freuen. Ein sehr junger Mann im Rollstuhl tröstet mich, indem er mit mir seine Späßchen macht: »So'n krankes Publikum haste auch nicht oft, was?«

Was mich sehr freut, sind die Aussagen zweier Mütter, die mir erklären, dass mein öffentliches Bekenntnis zur Homosexualität auch dazu beigetragen hätte, dass sie sich mit ihren Söhnen, wie es sich gehört, versöhnt hätten. Auch diesen Tag habe ich vollkommen verdrängt, aber heute kommt alles wieder hoch.

An einem Tag, an dem einem solche Geschichten wieder durch den Kopf kreisen, will man einfach nur alleine sein und verstehen, warum man sie erlebt hat und wie man sie endgültig in sein Leben einzuordnen hat.

Erkenntnis des Tages:
Meine Schwäche ist auch meine Stärke.

1. Juli 2001 – León

Auf der Terrasse des Hotels gönne ich mir heute Morgen ein fürstliches Frühstück und vermisse dabei schmerzlich ein Gespräch. Wie halten die anderen Pilger das bloß aus? Wenn ich nicht bald einen Pilger kennen lerne und mit ihm gemeinsam laufe, breche ich frustriert ab. Über dreihundert weitere Kilometer bewältige ich so nicht mehr. Ich möchte richtige Freunde gewinnen und mich jetzt endlich einmal mit jemandem über mehrere Tage hinweg austauschen. Noch nie in meinem Leben war ich bisher so lange alleine und das, was mir noch vor ein paar Tagen am Alleinsein gefallen hat, geht mir langsam gehörig auf den Keks. Mir mangelt es an Kommunikation und dieses Tagebuch reicht mir nicht mehr und redet nicht mit mir. Die schönen intensiven Gespräche hier und da sind nicht mehr genug. Es ist frustrierend, León ist wunderschön und macht Lust auf Leben, aber ich kenn hier kein Schwein! Gestern hätte ich doch mit Tina und Evi essen gehen sollen, aber da hatte ich keine Lust dazu; dafür jetzt umso mehr.

Die Stadt ruft und so trabe ich von dem Wunsch nach intensiver menschlicher Begegnung beseelt in die quirlige Altstadt. Das Wetter ist herrlich und ohne Rucksack durch die Fußgängerzone zu laufen ist ein befreiendes Gefühl, obwohl ich mich inzwischen einigermaßen an das Gewicht gewöhnt habe. Keine 500 Meter schleiche ich durch die Geschäftsstraße, da laufe ich Evi direkt in die Arme und wir fallen uns wieder um den Hals. Mann, ich habe aber auch ein Glück! In aller Form entschuldige ich mich bei ihr dafür, die gestrige Einladung zum Abendessen ausgeschlagen zu haben, und lade sie nun auf einen Kaffee ein. Kaum sitzen wir in den Korbstühlen mitten in der Fußgängerzone, gesellt sich eine Pilgerbekanntschaft von Evi zu uns. Tobias aus Mainz. Ein Zweimeter-Mann, der sehr schlechtes Englisch mit einem goldigen Määnzer Akzent spricht.

Evi erzählt, dass sie in León festhängt, da ihr Fuß wieder Probleme macht. Tina ist bereits alleine weitergelaufen. Die Wut über den möglichen Abbruch der Reise steht ihr ins Gesicht geschrieben. Evi muss heute Luft ablassen und so holt sie weit aus und erinnert sich an die zehn Jahre, die sie als Chefpurserin auf einem skandinavischen Luxuskreuzfahrtschiff gearbeitet und die Welt bereist hat, bis sie alle diese reichen Leute satt hat, alles hinschmeißt und nach Brasilien geht, um dort mit Straßenkindern zu arbeiten. Auf dem Camino bricht sie sich vor einem Jahr das Bein und kann danach unmöglich zurück nach Brasilien, um dort ihre Arbeit wieder aufzunehmen. Und so studiert sie nun in Stockholm Sozialpädagogik. Das Studium finanziert sie sich, indem sie Englischunterricht gibt. Der Camino hat Evi gepackt und lässt sie nicht mehr los.

Evi kommt ursprünglich aus Gällivare in Lappland. Den Ort jenseits des Polarkreises kenne ich. Da war ich auf meiner Interrailreise mit siebzehn das erste Mal. Der nördlichste Punkt, an dem ich bisher war. Hab dort zum ersten Mal die Mittsommernacht erlebt.

Als Evi mich fragt, was ich eigentlich ganz genau beruflich mache, ich sei so ein »funny guy«, beantwortet Tobias die Frage, und zwar sehr genau: Der Typ hat alle meine Shows gesehen! Beim Abendessen in Frómista hatte ich Evi und Tina meinen Beruf nur sehr vage mit »Kabarettist« umrissen. Evi scheint nicht besonders verwundert: »So etwas habe ich mir schon gedacht.«

Zur allgemeinen Erheiterung kramt Tobias nun aus den Untiefen seines Rucksacks einige Knaller hervor. Was der alles mitschleppt! Elektroschocker, Pfefferspray und Ultraschallknüppel. Das Zeug hat ihm seine Mutter zum Schutz gegen die wilden Hunde mitgegeben. Bis er irgendwas davon im Notfall zur Hand hat, haben die Tiere sich längst festgebissen.

Dieser Hüne mit dem Körperbau eines Olympiaschwimmers hat genau so eine Angst vor den wilden Hunden wie ich. Zum Glück begegnen mir selten welche und dann sind es ganz friedliche. Aber auf der zweiten Hälfte des Caminos soll die Gefahr laut Pilgerfibel deutlich größer sein! Eine kanadische Pilgerin, so wird berichtet, habe eine Nacht draußen geschlafen und wurde von einem Wolf belauert. Das wird doch wohl nicht Lara gewesen sein! Und zwar genau in der Gegend, wo ich den enorm hässlichen Hund gesehen habe. Der wird's wohl auch gewesen sein! Der Dicke tut nix, der will nur spielen! Zu doof, dass ich den Hund nicht fotografiert habe, jeder Zoologe hätte seine Freude daran gehabt. Aber angeblich gibt es hier wirklich Wölfe und ich hab ja schließlich auch Adler gesehen. Ich wundere mich über nichts mehr.

Tobias hat sein Waffenarsenal inzwischen wieder gut verstaut und zieht humpelnd weiter, während ein Pilger aus Karlsruhe mit hochrotem Kopf kurz stehen bleibt und nicht fassen kann, dass es mich wirklich gibt.

In der Fußgängerzone höre ich jemanden laut meinen Namen rufen. Ich drehe mich um und im Gewusel strahlt mir ein rot-blaues FC-Barcelona-T-Shirt entgegen. Es ist Anne, der ich meine Isomatte in Santo Domingo de la Calzada vermacht habe. Wir küssen und herzen uns, als wären wir seit Jahrhunderten befreundet. Evi und Anne kennen sich auch bereits; ich sagte ja schon: mich wundert nichts mehr!

Natürlich setzt sich die Liverpoolerin zu uns und erzählt, dass sie dank meiner Isomatte besser schläft, allerdings eine Woche gebraucht habe, um zu kapieren, wie man das Ding eigentlich wieder richtig zusammenrollt und die Luft rauskriegt. Wie? Ich wusste gar nicht, dass man sie aufblasen muß.

Anne macht trotz ihres Humors einen geknickten Eindruck und so schildert sie auf Nachfrage, dass sie in der Nähe von Calzadilla de la Cueza, wo angeblich die Wölfe heulen, vom Herbergsvater derb sexuell belästigt wurde. Dieser fiese Typ hat sich doch tatsächlich, als Anne mutterseelenallein im Schlafsaal döst, auf sie gelegt. Das hat sie David, dem Masseur aus Sahagún, bei dem Evi natürlich auch war, erzählt. David hat dann dafür gesorgt, dass der Typ rausgeflogen ist. Schön, Freunde halten eben zusammen.

Evi hat leider eine ähnliche Geschichte parat. Sie läuft mit Tina durch die einsame Pampa, da hält ein Jeep neben ihnen und ein Typ fängt fröhlich an, sich – sagen wir mal – selbst zu bedienen. Die beiden hatten höllische Angst und sind weggerannt.

Was quengele ich eigentlich dauernd herum? Für eine Frau ist der Weg viel anstrengender und gefährlicher als für einen Mann. Anne zeigt uns zum Beweis dieser Tatsache auch noch ihre beeindruckend geschundenen Füße. Sie hat sich durch ihre Designer-Wandersandalen die Füße ruiniert, das hat sie um Tage zurückgeworfen und nun hängt auch sie erst mal hier fest und musste heute zum zweiten Mal seit gestern das *refugio* wechseln. Man darf ja immer nur eine Nacht bleiben.

Während wir über Gott und die Welt reden, die Sonne weiter auf uns herunterbrennt und Evi mich darüber aufklärt, dass das schwedische Wort für Seelsorger – das will sie nämlich werden – überraschenderweise *sielsorger* heißt, taucht nun wie vom Universum bestellt auch noch Jose aus Amsterdam auf, die sowohl Anne als auch Evi bereits kennt. Auch sie braucht heute einfach mal einen Tag Pause und gesellt sich zu uns.

Diese Zufälle sind jetzt wirklich schier unglaublich! Zum besseren Verständnis sei hier angemerkt, dass León wahrlich kein Nest ist, sondern ein ganzes Stück größer als Heidelberg. Die Altstadt erstreckt sich labyrinthartig über mehrere Kilometer und ich befinde mich eher am Rande in einer pilgerfreien Zone. Jose und Evi wohnen zufällig auch noch im selben Hotel. Und das, obwohl es innerhalb der Stadtmauern unzählige Pensionen, Bed and Breakfasts und Hotels gibt.

Wir lachen viel und es ist wie unter alten Freunden. Zum Abendessen verabreden wir uns für zwanzig Uhr dreißig auf der Plaza San Martin, dem Hotspot von León.

Während das schwedisch-holländische Damenduo am Nachmittag zurück in sein Hotel stiefelt, um sich abendfein zu machen, bleiben Anne und ich noch eine Weile sitzen. Anne meint, dass sie mich von irgendwoher kenne. Mein Gesicht würde sie kennen, sie wisse bloß nicht mehr woher.

Das habe sie bereits in Santo Domingo beschäftigt.

Wir rätseln hin und her, bis mir irgendwann die einzig mögliche Lösung einfällt. Einige meiner Fernsehsendungen sind vor Jahren von der BBC im Spätprogramm ausgestrahlt worden. »Exactly. Yes, you're the funny German guy! I loved that programme!«, entfährt es Anne.

Obwohl die Shows nur Englisch untertitelt waren, fand sie es toll. Mir hier zu begegnen findet Anne sehr *strange* und *spooky* und mir geht es ähnlich. Mein einziger englischer Fan sitzt mir in der Fußgängerzone von León beim Kaffeetrinken gegenüber und ich habe das vertraute Gefühl, die promovierte Biologin ewig zu kennen. Annes letztes halbjähriges Forschungsprojekt in Nicaragua über Feldmäuse liegt erst ein paar Monate zurück. Wusste ich's doch, die Frau ist eine potenzielle Nobelpreisträgerin!

Anne humpelt dann irgendwann auch zurück ins *refugio*, um später frisch geduscht beim Abendessen wieder aufzuerstehen.

Dieser Nachmittag ist fantastisch und heute Abend werde ich mit den von mir herbeigesehnten Freunden noch richtig was unternehmen. Das schien beim Frühstück noch im Bereich des Unmöglichen zu liegen. Während ich im Korbstuhl mit geschlossenen Augen heiter vor mich hinsinniere, grüßt mich im breitesten Schwäbisch der moppelige, hilflos wirkende junge Mann, dem ich seit einer Woche immer wieder mal begegne. Unsere Gespräche sind meist knapp und belanglos, deshalb habe ich ihn auch noch nicht erwähnt. Einen Namen hat er aber schon von mir bekommen: der Bodenseepilger. Denn da kommt er her und er drückt mir wieder mal ein selten doofes Gespräch aufs Ohr.

Der Bodenseepilger fragt mich ohne Umschweife, ob es sein könnte, dass ich auf dem Pilgerweg zugenommen hätte? Was ist denn das für ein abwegiges Thema? Der Typ ist zwar zehn Jahre jünger als ich, aber dafür auch zwanzig Kilo schwerer. Ich frage ihn, ob er mich denn am Anfang des Weges gesehen hätte? Das verneint er natürlich und so frage ich, wie er denn dann zu der durch nichts zu begründenden Vermutung käme, ich sei dicker geworden? Woraufhin er blöd mit den Schultern zuckt und erwartungsvoll stehen bleibt. Einem möglichen weiteren doofen Gespräch schiebe ich durch strammes Schweigen einen Riegel vor.

Der Typ hat trotzdem was in mir losgetreten und einen wunden Punkt getroffen, denn vielleicht hab ich ja wirklich zugenommen und das wäre entsetzlich! Es kann doch nicht sein, dass ich trotz sportlicher Höchstleistungen langsam verfette! Zwanzig Kilometer am Tag dürften doch ihre Wirkung nicht verfehlen. Nichtsdestotrotz muss ich mich dringend mal wiegen.

Der Bodenseepilger rührt sich nicht vom Fleck, was er dann aber mit dem Satz: »I wart uff wen!« begründet. Na da bin ich ja mal gespannt, wen er sich angelacht hat! Die im höchsten Maße gelungene Überraschung lässt nicht lange auf sich warten. Seine neuen Weggefährten sind Schnabbel und Gerd. Sie ist leicht angeschickert, hysterisch guter Dinge und hat eine rote Birne. Gerd sieht mittlerweile aus wie ein Marokkaner.

Schnabbel schaut mich verwundert an und will wissen, wie ich denn so schnell hierher gekommen sei? »Mit dem Zug!«, gebe ich offen zu, was sie dazu veranlasst, laut durch die Fußgängerzone zu brüllen: »Das gibt es nicht! Nein, das zählt nicht. Das darf man nicht! Das gilt auf gar keinen Fall!«

Der Bodenseepilger glotzt mich anklagend an, während Gerd seinen Kopf wieder auf dem Wanderstab ablegt.

Wahrscheinlich sollte ihr Ausfall lustig sein. Es lacht aber keiner!

Sie sollte Humorstunden bei Tina nehmen.

Ich sage ihr, dass mir das relativ schnuppe sei und außerdem ja nur die letzten einhundert Kilometer nachweislich zu Fuß gepilgert werden müssen. Das weiß sie zwar, aber es gefällt ihr nicht. Die Gesetze der Welt haben sich nach ihr zu richten. Und wie sie sich da so vor mir aufbaut, erinnert sie mich an Eva Peron.

Schnabbel will wissen, ob ich in Sahagún auch in dem Hotel war, »wo die Jugendlichen nachts so einen Terror gemacht haben«. Das bestätige ich gerne und setze sie darüber in Kenntnis, dass die Kids absurde Mordpläne hatten, die auch sie hätten treffen können.

Gerd und Schnabbel hängen an meinen Lippen und lachen hysterisch. Aber diese beiden Menschen sind echte Energiekiller. Während ich die Geschichte detailliert erzähle, überkommt mich eine bleierne Müdigkeit.

Sie hat echte Probleme, er auch. Und wie die jetzt zu dem pummeligen Bodenseepilger gekommen sind? Vielleicht sind sie kinderlos und suchen sich hier in jüngeren Pilgern Ersatzkinder. Die Österreicherin ist nicht mehr bei ihnen. Was sie mit der wohl angestellt haben? Ute heißt sie. Oder hieß sie? Das hat mir Evi erzählt. Ute pilgert seit einem Jahr! Erst war sie in Indien und jetzt will sie nach Santiago.

Ein längeres Gespräch mit ihr wäre vielleicht doch angebracht und sehr interessant gewesen. Die Chance habe ich vertan, dabei hat Ute mir oft genug die Gelegenheit dazu geboten. Stattdessen lasse ich mich heute wieder von Schnabbel mit eitlen Wanderanekdoten zumüllen.

Wieder steht sie, anstatt sich mal zu setzen. Das ist mir zu blöd und so verabschiede ich mich hoffentlich zum letzten Mal von meinem Schatten. Ich glaube, ich habe die Lektion verstanden, die sie mir erteilt hat, und muss sie jetzt nur noch verinnerlichen.

In der nächsten *farmacia* stelle ich auf der Personenwaage in jeder Hinsicht erleichtert fest, dass ich deutlich abgenommen habe. Das wär' ja auch noch schöner!

Zurück im Hotel sorgt endlich ein herrlicher Platzregen für Abkühlung. Es regnet heute zum ersten Mal seit dem 10. Juni. Die dicke Frau aus Seattle, die den Meseta-Pass raufgeklettert ist, ist inzwischen wegen Dehydration im Krankenhaus gelandet. Das hat mir Jose erzählt.

Diese Reise ist das Schrägste, was ich bisher in meinem Leben gemacht habe.

Pünktlich um zwanzig Uhr dreißig stehe ich frisch geduscht in meinem knitterfreien hellen Stadthemd auf der Plaza San Martín. Es ist ein fantastischer lauer Sommerabend. Hunderte von Pilgern und Einheimischen sitzen bei Fackellicht auf rustikalen Holzbänken vor den bunten Speiselokalen. Die Plaza schimmert rot-orange in der spanischen Dämmerung und ein Flamenco-Trio rundet das kitschige Bild vollends ab.

Während ich kräftig durchatme, tippt mir jemand auf die Schulter. Lara aus Kanada. Genau die hat mir noch – im besten Sinne – gefehlt!

»Ich hab dich auf dem Weg vermisst! Wo warst du denn?«, will sie wissen und ich erzähle von meinen sporadischen Pilgeraussetzern per Zug oder Bus und erfahre, dass sie nicht die Kanadierin ist, die beinahe vom Wolf gefressen wurde.

Jose, Evi und Anne betreten nun auch frisch geduscht die Plazabühne. Die Schwedin und die Holländerin sind in bunte Sommerkleider gehüllt und Anne trägt zur Feier des Abends ihr ebenso glattes FC-Barcelona-Viskose-T-Shirt. Die Damen strahlen von innen und Anne ist nach einem Schläfchen geradezu vibrierend gut gestimmt. Es ist fast unnötig zu erwähnen, dass Evi und Jose Lara bereits kennen.

Wir fünf finden zum Glück noch Plätze vor einem Fischrestaurant und ordern erst mal einen schweren Rotwein und danach ein ordentliches Dinner. Ein herrlich entspannter Abend bahnt sich seinen Weg in die spanische Nacht.

Evi teilt uns feierlich mit, dass sie sich entschlossen habe, heute ihre Pilgerreise zu beenden, und morgen mit dem Zug nach Santiago fahren werde! Ihr Fuß mache einfach nicht mehr mit.

»This is the end, my friends!«, stellt sie mit einer Träne im Knopfloch fest, während sie uns mit einem vollen Glas Rioja zuprostet. Das, was wir anderen noch suchen, hat sie schon längst gefunden, dessen bin ich mir sicher, deswegen kann sie morgen getrost den Schnellzug nach Santiago nehmen.

Evi will heute die Nacht zum Tag machen und ist auf der Suche nach Gleichgesinnten. Spontan habe ich keinerlei Einwände und erkläre mich umgehend dazu bereit, ihr platonischer Pilger-one-night-stand zu sein, worauf sie mir quietschend einen Kuss auf die Stirn drückt.

Das Essen lässt so lange auf sich warten, dass Anne und Lara, als der große Fischteller endlich aufgefahren wird, gezwungen sind, ihn wie zwei Robben in Windeseile herunterzuwürgen. Um Punkt zehn Uhr schließt ihr Sechzig-Betten-Schlafsaal nämlich!

Schade, denn Anne ist wirklich lustig und es wurde gerade nett. Ihre Kommentare zu den erzkatholischen Pilgern sind eine eigene Comedy-Show wert. Anne zweifelt allerdings an allem und vom Weg und den meisten Mitpilgern hält sie nicht viel; ähnlich wie ich, nur noch drastischer. Ihr Urteil ist dementsprechend hart: »It's all just rubbish!« Warum sie pilgert, verrät sie uns allerdings nicht.

Lara schlägt sich ab morgen auf die Seite der Nachtschichtpilger, damit sie auch weiterhin immer ein freies Bett findet. Die Chance, sie jetzt noch einmal wiederzutreffen, ist gering, also verabschieden wir uns alle von ihr mit einem großen Bahnhof. Im Galopp traben Anne und Lara zurück ins *refugio*.

Die stillere Jose hat nun die Möglichkeit, ein bisschen mehr über sich zu erzählen. Sie hat Politische Wissenschaften studiert und promoviert. Nachdem sie den Doktortitel erworben hat, scheint ihr jedoch das ganze Studium mit einem Mal überflüssig, und so ringt sie sich dazu durch, eine Ausbildung zur Krankenschwester zu machen. Nun arbeitet sie in einem Krankenhaus in Amsterdam auf einer Station für Krebspatienten im Endstadium und ist glücklich. Das strahlt sie auch aus allen Poren aus. Als ich ihr erzähle, dass ihr Trick mit der Bestellung beim Universum bei mir schon zweimal geklappt habe, lacht sie lauthals: »Hattest du etwa daran gezweifelt? Ich lüge doch nicht.«

Ich kann nicht anders und muss Evi und Jose an meinen bescheuerten Erlebnissen mit Schnabbel und Gerd teilhaben lassen und sie hören mehr als gespannt zu. »Schreibst du das auch auf?«, will Evi danach wissen.

Meine Antwort, dass ich täglich Tagebuch führe, scheint ihr zu gefallen, und sie hakt nach, für wen ich das festhielte. »Keine Ahnung! Einfach so!«, ist meine ehrliche Reaktion.

»Du wirst schon noch erfahren, für wen!«, grinst Evi breit zurück.

An das Kommen und Gehen in León habe ich mich mittlerweile gewöhnt und so winkt Evi eine Frau an unseren Tisch, die ein bisschen müde und verloren nach einem freien Platz auf der immer noch überfüllten Plaza Ausschau hält.

Die aparte Mittvierzigerin mit langen roten Haaren in einem schicken khakifarbenen, etwas militärisch anmutenden Wanderoutfit schreitet nun entschlossen in unsere Richtung. Evi kennt auch diese Dame und stellt uns Sheelagh als Pilgerfreundin von Anne vor. Die Neuseeländerin setzt sich zu uns und schaut suchend in unsere kleine Runde: »Where's Anne?«

Mein Gott, hat die Frau eine schöne Stimme; voluminös und gleichzeitig zart. Wahrscheinlich ist sie Nachrichtensprecherin beim neuseeländischen Fernsehen.

Als sie erfährt, dass Anne bereits in ihrem Gitterbett liegt, seufzt sie nur: »Poor Anne! She'll never learn!«

Auch Neuseeländerinnen haben unzweifelhaft eine Menge Humor – und großen Durst, denn irgendwann sitzen wir vier weinselig ganz allein auf der Plaza San Martín. Hier und da schließt schon ein Lokal und das Flamenco-Trio gibt schon länger keinen Mucks mehr von sich.

Evi räuspert sich und stellt beherzt eine Frage an die Runde: »Hat Gott eigentlich auf dem Weg mit euch gesprochen?«

Wir alle schauen uns prüfend an und es dauert, bis sich jemand zu einer Antwort durchringt. Sheelagh ist die Erste, die sich traut, und sagt knapp, aber überzeugend: »Sure he did!« Klar, hat er.

Jose sagt: »Ja . . . hat er.«

Ich zögere und sage: »Ich glaube . . . ja.«

Evi strahlt uns an: »Ja, wenn er zu einem spricht, dann ist man zunächst so voller Freude . . . aber dann kommen die Zweifel. Bin ich verrückt, bilde ich mir das ein, halte ich mich für was Besonderes? Aber dann, wenn man es weiter zulässt, geschehen unglaubliche Dinge! Wunder!«

Hier am Tisch fühle ich mich jetzt ein wenig unbehaglich und befinde mich definitiv in der »Werde ich gerade verrückt?«-Phase. Worüber reden wir hier eigentlich? Kann man ernsthaft behaupten, dass Gott mit einem spricht? Das wäre ein Mörder-Opening-Gag für meine nächste Show: »Guten Abend, meine Damen und Herren, ich spreche den Inhalt meiner Sendungen übrigens nicht mehr mit meinem Sender ab, sondern nehme die Abkürzung und spreche direkt mit Gott . . . und jetzt kommen Sie!«

Aber die Selbstverständlichkeit, mit der diese wundervollen, intelligenten Frauen hier über sich und Gott reden, ist nicht verrückt, sondern ansteckend und beeindruckend. Sheelagh scheint meine Skepsis und Unbehaglichkeit zu riechen: »Have trust. Vertraue dir und vertraue Gott, denn das ist das Einzige, was er von dir will. Dein Vertrauen!«

Um die Spannung aus dem Thema zu nehmen, zaubert Sheelagh ein superkitschiges Miniaturkartenspiel mit Engelmotiven aus ihrer Hosentasche, das sie am Nachmittag in einem kleinen G'schäfterl in León gefunden hat. Jeden Tag ab heute will sie jeden Menschen, dem sie auf dem Weg intensiv begegnet, eine Karte ziehen lassen. An dem Tag, an dem sie in Santiago ankommt, wird sie dann selbst eine letzte Karte, ihre Karte, aufdecken.

Sheelagh breitet die Kärtchen verdeckt auf dem Tisch in einem Fächer vor uns aus. Erst jetzt stellen wir den Rotwein auch mal beiseite. Evi darf die erste Karte ziehen. Sie beendet ja schließlich morgen ihre Pilgerreise. Ihre Engelkarte heißt: »Licht«. Nichts könnte besser zu dieser strohblonden Schwedin vom Polarkreis passen. Diese Frau ist Licht.

Jose zieht »Enthusiasmus«. Was das für sie bedeutet, weiß ich nicht. Fehlt's ihr daran? Aber ganz offensichtlich ist sie gerührt. Mit einem kribbelnden unangenehmen Gefühl ziehe ich meine Karte. So richtig traue ich mich nicht und kann mich schwer für eines der vielen Kärtchen entscheiden. Und dann liegt sie vor mir: »Courage« – Mut! Exakt, das ist es, was mir im Moment fehlt. Auch jetzt gerade beim Ziehen der Karte hat er mir gefehlt. Mut! Den werde ich für den restlichen Weg auch brauchen, wenn ich nur an die wilden Hunde von Foncebadón denke!

Der Abend war wundervoll. Sheelagh und Jose verabschieden sich spät in der Nacht angeheitert in ihre jeweiligen Hotels und Evi und ich – versprochen ist versprochen – ziehen durch die Kneipen von León und machen die Nacht zum Tag. Auf das Ende ihrer Reise versenken sie und ich noch eine ganze Flasche Rioja. Die Frau ist wirklich die wandelnde Weisheit und sie wirkt auf mich keineswegs durchgeknallt, auch wenn sie fest davon überzeugt ist, mit Gott zu sprechen. Vielleicht braucht man dazu Mut!?

Nun sollte ich vielleicht erklärend hinzufügen, dass Evi nicht etwa eine »Stimme« im eigentlichen Sinne hört, sondern eher so etwas wie einen inneren Lichtwind spürt, dem sie quasi von den Lippen abliest.

Evi vertraut mir in der Nacht noch einiges an, worüber ich hier standhaft schweige, denn ich muss ihr versprechen, es nicht in mein Tagebuch zu schreiben. Sie ist nämlich felsenfest davon überzeugt, dass aus meinem Camino ein Buch wird. Ich frage sie, wie sie darauf komme. Evi lächelt, eigentlich lächelt sie immer, und flüstert mir ins Ohr: »You can't see it but I can!«

Der Austausch mit Evi war mir besonders wichtig und dass sie das Ende ihrer Pilgerreise mit mir feierte, erlebte ich als Auszeichnung.

Als ich mehr als zufrieden in meinem Bett liege und zu schlafen versuche, schreit ein Baby das ganze Hotel zusammen und ich habe Gelegenheit, noch einmal nachzudenken. Über den Weg. Er ist wundervoll. Manchmal auch hässlich und laut. Die Städte sind schön, beeindruckend, die Panoramen sind entspannend und einzigartig. Aber nichts nimmt mich so gefangen, dass es mich vom Weitergehen abhalten könnte. Santo Domingo war einen Aufenthalt wert. Der Weg ist so schön, dass man ihn gerne weitergeht, aber kein Ort ist so außerordentlich schön, keine Landschaft ist so besonders, dass man für immer dort bleiben möchte. Es ist eben ein echter Weg.

Rom hat mich ein für allemal gefangen genommen und lässt mich nie wieder los. Mich von den kanadischen Rocky Mountains zu trennen hat mir fast körperliche Schmerzen verursacht. Den Gesang der Vögel Australiens werde ich bis an mein Lebensende vermissen. Ich war danach wie auf Entzug. Hier ist alles gerade so schön, dass es einem gut tut, doch trennt man sich auch gerne wieder davon. Die Rocky Mountains in Rom und dazu noch der Gesang der australischen Vögel würden mich wahrscheinlich umbringen.

Hoffentlich treffe ich Schnabbel und Gerd nicht mehr.

Das nächste Mal werde ich vermutlich einen handfesten Streit mit ihnen beginnen.

Heute fühle ich mich wirklich rundum geliebt.

Courage! Wofür brauche ich Mut? Wenn ich das W in Wut einfach umdrehe wird ein M daraus und Wut wird zu Mut. Kann ich Wut in Mut verwandeln?

Erkenntnis des Tages:
Ein echter Weg nimmt einen Menschen nicht gefangen.

2. Juli 2001 – Irgendwo im Nirgendwo hinter León

Nach der Farewell-Party für Evi komme ich ganz schlecht aus den Federn. Um elf Uhr dreißig verlasse ich erst das Hotel und mache mich auf den kilometerlangen, sehr gut ausgeschilderten Camino quer durch León. Kurz bevor ich die Innenstadt hinter mir lasse, gelüstet es mich noch einmal nach einem leckeren Kaffee und einer Zigarette und so lasse ich mich außerplanmäßig in einem schattigen Gässchen vor einem kleinen Hotel in einen knallroten Plastikstuhl plumpsen. Dort sitze ich keine fünf Minuten, da kommt Evi aus dem Hotel! Ich sitze direkt vor ihrem Hotel. Wäre ich auch nur eine Gasse weitergelaufen, hätten wir uns nicht wiedergetroffen. Weitere fünf Minuten später kommt – so muss es sein – Jose dazu. Wir lassen den vergangenen Abend noch einmal Revue passieren und können nun nachholen, was wir so vermisst hatten: Fotos zu machen. Keiner von uns hatte gestern seinen Fotoapparat dabei. Wir knipsen uns gegenseitig, miteinander und alleine. Als wollten wir uns beweisen, dass wir wirklich existieren. Irgendwie scheinen wir nicht zu glauben, dass es uns gibt.

Evi ist wahnsinnig neugierig und fragt mich höflich, ob ich nicht Lust hätte, ihnen etwas aus meinem Tagebuch vorzulesen. Der Vortrag als solcher schreckt mich nicht, denn das ist mein Metier, aber der Inhalt ist diesmal selbst für mich gewöhnungsbedürftig. Trotzdem zücke ich tapfer meine zerknitterte orangefarbene Kladde und übersetze die Passage mit »Schnabbel als meinem Schatten« ins Englische. Beide hören amüsiert zu und kommentieren das Vorgetragene hinterher mit keiner Silbe, aber Evi wird ganz ernst: »Dir werden noch die verrücktesten Dinge auf dem Weg passieren. Trau dich und vertrau dir! Aber hör auf deine innere Stimme. Nicht alles wird gut oder richtig sein. Du bist jetzt bereit für allerlei schräge Erlebnisse.«

Ich beichte ihnen, dass ich vermute, es kommt noch zu einer Konfrontation mit Schnabbel, denn die wolle ich um keinen Preis wiedersehen, aber ausgerechnet mit ihr scheine ich noch 'ne üble karmische Rechnung offen zu haben! Jose hat Schnabbel und Gerd auch kennen gelernt und ist seitdem vor ihnen auf der Flucht, denn sie hält sie für eingeschleuste Pilgerspione von der dunklen Seite des Weges. Diese Vorstellung finden Evi und ich einfach knallkomisch.

Bei einer weiteren Tasse Kaffee drängen Evi und Jose mich förmlich dazu, meine Erlebnisse weiterhin akribisch aufzuschreiben. Um weiter schreiben zu können, muss ich die beiden allerdings wohl oder übel endgültig verlassen. Schweren Herzens trenne ich mich nach zweieinhalb Stunden und mache mich auf den Weg, der aus León hinausführt.

Der Camino zeigt sich auf dieser Etappe von seiner gnadenlosen Seite: Er ist einfach nur schrecklich, denn er führt an Industriegebieten vorbei quer über endlose öde Flächen. Natürlich ist es wieder heiß und außerdem springt mir alle zehn Minuten ein bedrohlicher Tiger von zerfledderten Werbeplakaten entgegen. Die Gegend wird noch schräger, denn es geht entlang ausgetrockneter gelber Äcker, wo die Häuser höhlenartig in die Erde gebaut sind. Bald sieht man nur noch endlose verwahrloste Flächen, hier und da abbruchreife unbehauste Hütten, sonst gar nichts.

Auf einer sanften Erhebung mitten in dieser Science-Fiction-Pampa, die Nachmittagssonne knallt mir auf den Pelz, kommt mir ein älterer braun gebrannter Mann mit weißem Bart und Brille entgegen. Ein komischer abgerissener Vogel in weißem Hemd und schwarzer Hose. Er sieht nicht aus wie ein Obdachloser, sondern wie jemand, der sein Gedächtnis verloren hat und nun durch diese menschenleere Gegend irrt. Während er ein bisschen wackelig auf mich zukommt, spüre ich: Der quatscht mich jetzt blöde an. Genau das tut er dann auch und zwar auf Spanisch.

»Hola amigo, wo kann ich hier wohl schlafen?«

Das ist definitiv eine abgefahrene Frage, aber betrunken ist er nicht! Ich schaue auf seine sockenlosen Füße, sie sind blutig wund gelaufen und die Schnürsenkel seiner verdreckten Designer-Schuhe hängen lose herunter. Seine Lippen sind aufgesprungen und voller Blasen. Er hat kaum noch Zähne im Mund.

»Wo wollen Sie denn hin?«, frage ich vorsichtig.

»Santiago«, ist die kurze Antwort.

»Santiago liegt aber in der anderen Richtung«, entgegne ich verdutzt und deute nach Westen.

»Ich weiß«, sagt er und grinst, als wolle er mir gleich ein Messer in den Leib rammen.

»Und wo kommen Sie her?«, taste ich mich weiter. Er habe in einem schrecklichen Hotel zehn Kilometer von hier übernachtet und wolle jetzt irgendwo einfach nur schlafen. Ein einfaches Bett sei okay.

Ich erkläre ihm, dass es in León eine Menge *albergues* und Hotels auf dem Weg gebe, die könne er gar nicht verfehlen. Im Gegenzug will er von mir wissen, wohin ich denn wolle. Jeder Idiot kann an meinem Outfit erkennen, wohin ich will! Trotzdem nenne ich ihm das Ziel meiner Pilgerreise, das ja angeblich auch sein Ziel ist: »Santiago.« Er schaut mich durchdringend an und sein Kopf scheint auf eine verrückte Idee zu kommen. Seine darauf folgende waghalsige

Entscheidung haut mich fast um: »Weißt du was? Ich gehe mit. Wo willst du heute hin?«

Ich schweige erst mal und nachdem ich mich wieder gefasst habe, erkläre ich ihm, dass ich heute noch an die zwanzig Kilometer ohne Pause laufen werde – in der Hoffnung, ihn damit abzuschrecken. Mein Abschreckungsmanöver hat nicht gezündet. Er sagt nur »Okay.« Er will mitkommen!

Eigentlich will ich das nicht und schaue mir den Mann genauer an. Er sieht zwar abgerissen aus, aber die dreckigen Schuhe sind neu und teuer. Die schwarze Jeanshose ist ein Markenartikel und sitzt wie angegossen. Das fleckige Hemd hängt zwar zerknittert aus der Hose, ist aber auch nicht billig gewesen. Genauso wenig seine Brille. Wer ist dieser Typ?

Ich denke an Evi. Vertraue deiner inneren Stimme! Meine Intuition sagt: »Es könnte interessant werden.« Also höre ich mich gut vernehmbar sagen: »Okay, meinetwegen komm mit.« Schon meldet sich mein Kopf: »Bist du lebensmüde? Der Typ ist vollkommen verrückt, der wird dich ausrauben und umbringen.«

Zu spät! Wir marschieren schon nebeneinander her Richtung Westen. Er läuft mit mir dahin zurück, wo er offensichtlich hergekommen ist. So weit das Auge reicht, sind wir zwei die einzigen Lebewesen, die in dieser abweisenden Gegend vorantrotten. Kein Auto fährt vorbei. Nichts. Nur wir beide.

Der Mann schnauft schwer und schwitzt dicke Tropfen aus seiner großporigen Haut. Ich frage nach seinem Namen. Americo Montinez de la noch was, sechsundfünfzig Jahre alt, Peruaner. Wie ein Peruaner sieht der nicht aus. Aber dem Akzent nach zu urteilen ist er Südamerikaner.

»Und was machst du hier?«, frage ich.

»Urlaub«, lautet die verblüffende Replik.

»Urlaub? Ohne Koffer, ohne Rucksack?«, frage ich. »Brauche ich nicht«, sagt er, »ich hab viel, viel Geld dabei. Wenn ich was brauche, kaufe ich was.«

Nie im Leben ist der sechsundfünfzig. Der sieht viel älter

aus, aber er ist eigentlich gar nicht unsympathisch. Was er denn in Spanien noch unternehmen wolle? Americos Antwort darauf ist ein echter Knaller: »Ich will ein Blatt einer einzigartigen Pflanze pflücken, die es nur in Spanien gibt und die außerhalb von Madrid in der Sierra wächst. Aber leider ist die Pflanze auf Geheiß des ›Opus Dei‹, einer Geheimorganisation der katholischen Kirche, entfernt worden. Und auf die bin ich jetzt stinksauer!«

Okay, danke, das war's – mir reicht's! Ich pfeife ab jetzt auf meine Intuition. Der ist ja komplett verrückt! Sobald sich die Gelegenheit dazu bietet, schüttele ich ihn ab!

Das Gespräch will ich aber in Gang halten, damit er mir in seinem Kopf nicht zu weit abdriftet, also sage ich behutsam, es könne doch nicht sein, dass er nur wegen dieser Pflanze nach Europa gekommen sei?

Er schaut mich an, als wolle er mir gleich an die Gurgel gehen. Jetzt dreht er vollends durch!

Er sagt ganz aufgeregt, dass seine Frau und seine Töchter ihn deswegen auch für komplett verrückt erklärt hätten. Ich atme durch. Recht haben sie.

Aber das sei ihm egal.

Ich frage ihn, woher aus Peru er denn genau komme und was er beruflich mache. Von mir will er außer meinem Vornamen und meiner Herkunft gar nichts wissen, macht aber trotzdem den Eindruck, als sei er eigentümlich intensiv an mir interessiert.

Americo kommt aus Cusco in Peru und sagt, er sei der Schamane der dort ansässigen Indios. Sie nennen ihn Ruco Urco. Er arbeite ausschließlich mit Pflanzen und dieses Blatt der spanischen Pflanze sei für einen an Krebs erkrankten Freund bestimmt gewesen und jetzt würde er, da es die Pflanze nicht mehr gibt, stattdessen nach Santiago pilgern.

Das klingt immer noch bekloppt, aber nicht mehr ganz so bekloppt wie vorher, dennoch finde ich diesen Typen immer verrückter, zumal er vorhin in die falsche Richtung lief. Da war ja Schnabbel berechenbarer! Ich weise ihn darauf hin, dass er es in seinen schicken Stadtschuhen wohl kaum bis nach Santiago schaffen werde. Er lacht schallend, schaut mich auf rührende Weise an und sagt in fast kindlichem Ton: »Doch, doch, doch, ich hab ja sooo viel Zeit.« Der alte Mann hält erstaunlich gut Schritt mit mir. Für eine Weile laufen wir schweigend nebeneinander her. Er fragt gar nichts. Sage ich nichts, ist er einfach still und überhaupt nicht mehr einzuschätzen.

Auf dem Weg kommt uns plötzlich ein zutraulicher junger Schäferhund entgegen und streicht um meine Beine. Ich streichele das Tier und sage auf Deutsch: »Na du, wer bist du denn, du Süßer?« Dabei verfalle ich in einen dämlichen Kindersingsang. Americo oder besser Ruco Urco wendet sich ebenfalls dem jungen Hund zu und wiederholt wie ein Aufnahmegerät in exakt meinem Tonfall akzentfrei meinen vorher gesagten Satz auf Deutsch. Wie ein alter Papagei. Dann grinst er mich an, als würde er auf eine Reaktion warten. Ich kriege eine Gänsehaut, dass es mich schüttelt. Das ist unheimlich. »Sprichst du Deutsch?« Meine Stimme wird zu einem Krächzen bei der Frage. »Ja.« Mehr sagt er nicht auf Deutsch. Dann gehen wir eine halbe Stunde schweigend nebeneinander her. Ich bekomme Angst, Beklemmung, wie werde ich den wieder los? Ich will ihn loswerden, am besten sofort. Auch wenn er älter ist als ich, bei einem tätlichen Angriff seinerseits könnte ich mich kaum wehren. Mein Elf-Kilo-Rucksack würde mich sofort zu Boden bringen.

Plötzlich fängt er wieder an zu reden und erzählt mir, man habe ihm seinen Pass geklaut. Ich frage ihn, warum er dann nicht besser zur peruanischen Botschaft wolle. Er sagt: »Wozu?« Ich sage: »Ohne Pass kommst du nicht zurück nach Peru.«

Ruco Urco lacht wieder und sagt, kurz vor der Rückreise werde er sich dann seinen Pass schon holen.

Ob er an Gott glaube, will ich dann irgendwann von ihm wissen.

»Definitiv nein! Nur an die Erde, die Luft, das Wasser, die Pflanzen, die Tiere und die Sonne«, zählt er auf und grinst und zwar so, dass alle seine nicht vorhandenen Zähne strahlen würden.

Plötzlich bemerke ich, dass Americos Halsmuskeln stark zu zucken beginnen. Das ist ganz deutlich zu sehen. Genau dasselbe Symptom habe ich manchmal auch, wenn ich mich überanstrenge oder übermüdet bin. Durch einen Sturz wurde diese leichte Dystonie bei mir ausgelöst. Nur ist das Zucken bei mir dann nicht so deutlich sichtbar wie bei ihm.

Das ist ein seltenes Zipperlein, das zwar nicht dramatisch ist, aber durchaus auch mal unangenehm schmerzhaft werden kann. Der Muskeltonus gerät gewissermaßen aus dem Takt.

Ich hab das noch nie bei einem anderen Menschen gesehen. Und je länger wir laufen, desto stärker werden seine Muskelverkrampfungen sichtbar. Ich mache ihn darauf aufmerksam und sage ihm: »Ich hab das übrigens auch. Genau dasselbe wie du. Wenn ich mich überanstrenge, dann zucken meine Muskeln.« Die Chance, jemanden mit diesem seltenen Symptom zu treffen, ist gering. Er sagt, er könne ganz gut damit leben und außerdem sei es heute so besonders schlimm, da er müde sei. Aber er könne es auch manchmal monatelang abstellen.

Okay, wenn er Schamane ist, frage ich ihn doch mal, was ich dagegen tun kann. Mehr als noch mehr Blödsinn erzählen kann er ja nicht. Er wirkt sehr konzentriert und sagt zu mir: »Du atmest falsch. Du versuchst nur in die Lunge zu atmen, deshalb bekommst du manchmal schlecht Luft.

Du musst durch die Nase in die Stelle vier Fingerbreit unter deinem Nabel atmen. Dann entspannt sich alles. Nach und nach, ganz langsam.«

Erstaunlich. Genau das hat mir vor zwei Jahren mal ein

praktischer Arzt gesagt, der sich auf Naturmedizin speziali-
siert hatte. Viel gebracht hat es allerdings nicht. Ich sage Ruco
Urco, dass ich das wüsste, dass es aber bei mir nicht funktio-
niere. Er sagt: »Weil du nicht konsequent durch die Nase atmest. Du musst durch die Nase ein- und ausatmen. Und du
spannst die Lungen zu sehr an. Du musst nur durch die Nase
in den Punkt atmen.« Ich frage ihn, was der Punkt denn zu bedeuten habe. Es sei eben der richtige, belehrt er mich.

Dann holt er aus: »Du musst dich sehr genau beobachten.
Wann diese Muskelbewegung schlimmer wird, wann besser.
Du musst viel Geduld haben und die guten Zeiten, in denen
die Spannung weniger wird, langsam ausdehnen.«

Er schaut mich sehr eindringlich an: »Du musst ganz genau hinschauen und achte auf deine Zähne.« Er grinst breit
und präsentiert seine fünf gelben Hauer. Wir lachen laut.
»Eigentlich«, meint er dann »musst du nur zuschauen, wie
deine Katze atmet. Atme genau wie sie. Sie bringt es dir bei.«

Hoppla! Wann hab ich denn was von Katze gesagt? Überhaupt nicht. Seit drei Wochen rede ich nicht über meine
Katze, damit ich bloß nicht an sie denke und sie nicht zu
sehr vermisse. Das will ich jetzt aber genauer wissen und tue
so, als hätte ich doofer Ausländer nicht ganz richtig verstanden.

»Ich soll also den Katzen zusehen?« Er korrigiert mich
umgehend: »Nein, nein, sieh deiner Katze zu.«

Wie er zu der Weisheit kommt, erfrage ich nicht weiter,
vielleicht denkt er auch, alle Deutschen haben neben einem
Fernseher und einem Kühlschrank auch noch einen Hund
und eine Katze zu Hause?

Nach einigen Kilometern Marsch, wir haben lange ge-
schwiegen und von sich aus fängt er überhaupt kein Gespräch mehr an, kommen wir in das gottverlassene Nest Vir-
gen del Camino, das von einer vierspurigen Straße in der
Mitte brutal durchtrennt wird.

Es ist brutkastenheiß. Der Mann schnauft und schwitzt

und ich bin selig, endlich wieder so was wie Zivilisation unter den Füßen zu haben, auch wenn weit und breit kein Mensch zu sehen ist. Wahrscheinlich haben sich alle vor der drückenden Hitze wieder in ihren Häusern verschanzt. Ich lade Americo in die einzige Bar am Ort ein.

Hinter dem Tresen der mexikanisch anmutenden Bodega steht eine dralle Mittfünfzigerin in einem knallroten aufreizenden Kleid. Wir sind ihre einzigen Gäste. Ich frage ihn, was er trinken möchte. Er will Leitungswasser. »Einen Kaffee vielleicht?«, hake ich nach. Americo ist scheinbar immer für eine überraschende Antwort gut. »Kaffee trinke ich nur, wenn einer stirbt.« Aha!

Ich bestelle mir trotzdem einen Kaffee, denn ich wäre heute beinah gestorben vor Hitze. Die abgeklärte Barfrau, die im Leben augenscheinlich schon so manchen Streifen mitgemacht hat, kredenzt uns lustlos Kaffee und Leitungswasser. Americo strahlt über das ganze Gesicht und sieht glücklich aus wie ein Baby. »Dieses Wasser ist fantastisch. Unglaublich!«

Ich finde das nicht sonderlich spektakulär und trinke meinen Kaffee unaufgeregt weiter.

»Weißt du, was das Beste an Europa ist?«, will er wissen. Einen Moment lang schwanke ich innerlich zwischen den Antworten »die Alpen« oder »das Mittelmeer«, aber der Schamane kommt mir fix zuvor: »Dass man Wasser aus dem Hahn trinken kann. Das ist in Peru undenkbar.« Er bestellt sich gleich noch ein Glas Kraneberger und trinkt es, als wäre es Champagner.

Dann wird er auf einmal gesprächig, er hat ja auch gerade Quasselwasser getrunken: »Die besten Bücher der Welt kommen meiner Ansicht nach übrigens aus Deutschland. Die ›Blechtrommel‹ von Günter Grass, ›Momo‹ von Michael Ende.«

Dieser schräge Indio-Schamane wird mir immer sympathischer, bis er die Aufzählung seiner Favoriten der Weltliteratur überraschend geschmacklos beschließt: »Und ›Mein Kampf‹ von Adolf Hitler.«

Meinen bereits geschlürften Kaffee kann ich nur mit Mühe im Mund halten und zudem hoffen, dass ich auf Grund der unerträglichen Hitze im Lokal jetzt wirklich etwas falsch verstanden habe, falls nicht, riskiert der Peruaner jetzt nämlich eine Abreibung! Meinen Rucksack hab ich schon abgestellt und mein Pilgerstab lehnt griffbereit an meinem Stuhl.

Dem angewiderten Blick der Barfrau nach zu urteilen habe ich allerdings jedes Wort richtig verstanden. Erst mal Luft holen, danach kann ich ihn immer noch verhauen, und so wie die Barfrau guckt, wird sie ihn für mich festhalten.

Also sage ich zunächst ganz ruhig, ob die zwei erstgenannten die besten Bücher der Welt seien, sei Geschmackssache, aber ›Momo‹ und die ›Blechtrommel‹ fände ich natürlich auch jedes auf seine Art unverwechselbar gut. Aber ›Mein Kampf‹ ... Ich stehe auf und baue mich vor ihm auf, wie ich es von Schnabbel gelernt habe ... sei das Allerletzte!

Die Gäule gehen mit mir durch und ich werde wütend. Laut schnauze ich ihn an und halte ihm einen langen Vortrag. Sein Grinsen wird während meines erbosten Vortrages immer breiter. Ich werde noch saurer und sage, dass es mir zu blöd sei, ihm das alles überhaupt zu erklären, denn jeder halbwegs intelligente Mensch dürfe so einen Schrott gar nicht in die Finger nehmen und seine kostbare Zeit nicht mit solchem Ideenmüll verplempern.

Lächelnd und ruhig schaut der Alte mich an und behauptet frech, Hitler habe aber das Richtige gedacht oder nicht!? Jetzt bringt der Peruaner das Fass zum Überlaufen. Ich sage ihm, dass ich mich durch diesen Blödsinn, den er da rede, persönlich angegriffen und beleidigt fühle und jedes weitere Gespräch darüber in einem handfesten Streit enden werde. Ich sei wütend und er solle jetzt einfach sein Maul halten!

Schnaufend lasse ich mich auf meinen Stuhl zurückfallen

und blicke starr auf ein Zirkusplakat, das an der Wand klebt; darauf ist ein Tiger, der auf mich zuspringt. Meine Wut brodelt immer noch in mir, also stehe ich mit erhobenem Zeigefinger wieder auf und brülle Americo entgegen, dass er mit seiner Einstellung in Deutschland im Übrigen in den Knast käme – und, wie ich fände, zu Recht. Die Freiheit jedes einzelnen Menschen sei eines der höchsten Güter auf diesem Planeten und dafür würde ich jederzeit auch ungefragt eintreten! Ich erschrecke über meine eigene Lautstärke und verstumme.

Der Alte behält seinen Humor und grinst mich weiter an. Es gefällt dem Typen auch noch, dass ich mich so aufrege. Mein verschwitzter Kopf muss mittlerweile so knallrot sein wie das Kleid der Barbesitzerin.

Die Bardame bringt mir wortlos noch einen *cortado*. »Der geht aufs Haus.« Ruco Urco fühlt sich nach wie vor pudelwohl in seiner frechen Haut und fantasiert: »Wäre es nicht herrlich, wenn die Deutschen in Peru einmarschieren würden und es befreiten?« Ich bin entsetzt. Dieser Mann geht mir auf die Nerven! Er aber deliriert seelenruhig weiter. »Oder die ETA?, wäre das nicht fantastisch, wenn die ETA Peru in die Luft sprengen würde? So was brauchen wir in Peru.« Die Bardame fühlt sich jetzt als würdige Vertreterin ihres Landes auf den Plan gerufen und brüllt laut vom Tresen eine Verwünschung nach der anderen in Richtung des verrückten Heilers. »Die ETA, das sind doch alles Schweine!«, ruft sie. Der Schamane hat die gelassene Heiterkeit für sich gepachtet. »Was regen Sie sich denn so auf?« Daraufhin sprudelt es aus Encarnación – so heißt die Barfrau, wie sie uns verrät – nur so heraus und sie erzählt, dass ihr Leben eng mit dem Schrecken der ETA verknüpft sei. Einige Familienmitglieder habe sie durch Anschläge verloren. Ich lausche gebannt und was sie erzählt, würde alleine ein ganzes Buch füllen und ist an dieser Stelle unmöglich knapp wiederzugeben.

Als ich irgendwann auf die Uhr sehe, stelle ich fest, dass

ich seit über drei Stunden mit Americo zusammen bin. Ich stehe wortlos auf, wuchte meinen Rucksack auf die Schultern und gehe zum Ausgang. Ruco Urco sagt den befreienden Satz: »Ich bleibe hier, alles Gute!«, und lächelt zahnlos. Ich winke nur stumm.

Encarnación, die Barfrau, kommt schnell zur Tür, um mir ihrerseits mit einem kräftigen Händedruck alles Gute zu wünschen und mir leise ins Ohr zu flüstern: »Hitler war nicht mal ein Schwein! Der war einfach nur Scheiße!«

Als ich das Lokal bereits verlassen habe und mich noch einmal kurz umdrehe, erkenne ich, dass Encarnación sich zu Ruco Urco an den Tisch gesetzt hat und die zwei die Köpfe zusammengesteckt haben, um sich wie Bruder und Schwester zu beraten. Encarnación sitzt jetzt neben ihm auf meinem Platz und es sieht ganz danach aus, als würden sie ein längeres Gespräch beginnen.

Während ich unter der sengenden Sonne langsam weiterlaufe und das Kaff bald hinter mir lasse, bemerke ich: Dieser verrückte Peruaner hat bei mir einen Knoten platzen lassen. Vier Fingerbreit unterhalb des Bauchnabels. Der wollte sich mit mir streiten! Er hat mich absichtlich provoziert und sich das denkbar sensibelste Thema dafür ausgesucht. Denn in vielen Dingen lasse ich mit mir reden, bin durchaus kompromissbereit und gebe auch mal nach. Aber wenn es um den Faschismus geht, habe ich eine feste, unverrückbare, statische Meinung und wer die nicht teilt, kriegt Ärger mit mir.

Wie kann man nur Michael Ende und Günter Grass neben Hitler stellen? Dieser idiotische Vergleich hat das Ganze noch mal zugespitzt. »Momo« und »Die Blechtrommel« sind aus einer inneren Haltung heraus geschrieben worden, mit der ich mich ganz identifizieren kann – und die zudem zu dem drittgenannten unsagbaren Machwerk in krassem Widerspruch steht. Selbst wenn man noch so irre wäre, könnten einem diese drei Bücher nicht gleichzeitig gefallen.

Es stünde immer 2:1 für das Gute.

In der Bar hat sich meine Wut auf einmal in Mut verwandelt. Das geht also!

Jetzt, wo Americo sich entschlossen hat, nicht mitzukommen, finde ich es fast schade.

Je stärker ich meine Wut zulasse und sie rauslasse und in Mut verwandle, desto weniger Probleme werde ich wahrscheinlich mit den gelegentlichen Muskelverspannungen am Hals haben. Während des ganzen weiteren Weges bin ich wütend. Kein Wunder, dass ich Gallenkoliken hatte. Wer Wut zurückhält, dem muss die Galle ja überlaufen. Dieser komische Peruaner wollte bei mir das Fass ganz gezielt zum Überlaufen bringen.

Wie hat er das nur gemacht?

Ich muss an Evi denken. »Dir werden noch die verrücktesten Dinge auf dem Weg passieren. Trau dich und vertrau dir!«

Ich traue mich und vertraue mir und habe nicht die geringste Ahnung, wie viele Kilometer ich heute wohl zurückgelegt habe. Aber es waren viele!

Erkenntnis des Tages:
Manchmal ist es das Vernünftigste, einfach herrlich verrückt zu sein!

3. Juli 2001 – Astorga

Ich habe irgendwo im Nirgendwo in einem Motel an der Straße übernachtet. Spanien sieht hier langsam aus wie Mexiko! Es wird immer trockener und vor mancher kleinen Hacienda steht auch schon mal ein mannshoher giftgrüner Kaktus. Gestern nach dem Verlassen der Bar bin ich gut und gerne noch mal fünfzehn Kilometer gelaufen.

Heute Morgen gehe ich runter zum Frühstück – allerdings erst um zehn Uhr, denn ich brauchte wahnsinnig viel Schlaf, weil der Tag gestern mich viel Kraft gekostet hat – und wie so oft bin ich wieder mal der einzige Gast im Restaurant.

Da kommt der Kellner zu mir und fragt: »Sind Sie Hans Peter aus Deutschland?«

Ich sage perplex: »Ja.« Und er drückt mir wortlos einen sorgfältig gefalteten Zettel in die Hand. Auf dem steht in Spanisch: »Für Hans Peter aus Deutschland. Vielen Dank und lang lebe Momo!

Gezeichnet Dein Ruco Urco.«

Ich frage den Kellner: »Wer hat Ihnen das gegeben?«

»Keine Ahnung, der Mann hatte nicht mal 'n Rucksack und seine Schuhe waren ganz dreckig, nicht mal die Schnürsenkel waren zugebunden.«

Americo, mein durchgeknallter Peruaner! Er ist sehr spät gestern Nacht ebenfalls hier abgestiegen, erfahre ich, und er hatte das Zimmer direkt neben mir. Und heute Morgen gegen sechs ist er wieder los und hat mir vorher noch diese Nachricht hinterlassen. »Ruco Urco«, ich lese den Namen noch mal und muss lachen. Klingt wie ein Name aus einem Buch von Michael Ende.

Auch heute werde ich meine geschundenen Füße und Knie mal wieder zu Höchstleistungen antreiben. Die Temperatur ist dem Himmel sei Dank dramatisch gesunken. Fünfzehn Grad sind es draußen und ein leichter Wind weht. Ein bisschen wie Frühling an der Ostsee. Ein guter Tag zum Laufen. Mein Kopf ist klar und die Wanderlaune groß. Und so nehme ich mir wieder einmal vor, einen außergewöhnlichen Rekord aufzustellen. Alle Grand-Prix-Siegertitel von 1973 bis heute werde ich laut vor mich hinsingen. Dafür habe ich schlappe fünfzehn Kilometer Feldweg Zeit, bevor es wieder auf die Landstraße geht. Immer geradeaus; weitere zwanzig

Kilometer bis nach Astorga. Das Singen macht mir viel Spaß und ich höre auch nicht damit auf, wenn ich zwischendurch anderen Pilgern begegne, denn das ist schließlich auch mein »Urlaub« und da mache ich, was ich will.

Eine heitere Frauenpilgertruppe aus Ulm, die mich erkennt und mein schräges Gesinge lustig findet, denkt sofort ich sei mit der versteckten Kamera unterwegs. Das bejahe ich natürlich und lasse die Damen ziemlich verwirrt an einem vereinsamten Muschelwegweiser stehen und auf den mir nachfolgenden Fernseh-Ü-Wagen warten. Indes singe und laufe ich beschwingt weiter, kann allerdings eine Frage nicht unterdrücken: Ist das der Sinn einer Pilgerschaft, »Save your kisses for me!« auswendig vor sich hinzuträllern? Das macht zwar rasend gute Laune, aber bringt mir das außerdem was? Ist es nicht großartig, bei sich selbst eine derart gute Laune erzeugen zu können?

Und was ist mit meiner schlechten Laune? Stelle ich die vielleicht durch hässliche Lieder im Kopf her? Spielt dann Zwölftonmusik in meinem Hirn? Aber wenn, dann mache ich das wohl kaum mit Absicht.

Die noch verbleibenden Kilometer beschließe ich schweigend und ohne Gedanken zu verbringen. Eine Anregung von Sheelagh, die mir in León gesagt hatte: »Man ahnt gar nicht, was mit dem Körper passiert, wenn man ihn ohne Denken und Sprechen nur vorantreibt und läuft. Einfach nichts denken! Klingt einfach, ist aber sehr kompliziert. Und dann geschieht etwas Wunderbares! Probier es mal!« Also werde ich es probieren!

Als ich kurz danach einen winzig kleinen Ort durchwandere, steht auf der Mauer einer alten Grundschule am Ortsausgang in krakeliger Kinderschrift: »Yo y Tú«.

Ich und du. Ein Schulkind hat hier offensichtlich mit bunter Kreide das Schreiben geübt. Das klingt wie ein Thema! Ich werde also schweigend, ohne zu denken, laufen und das Thema lautet: »Ich und du.« Sofort vergesse ich das Thema

Überall diese einsamen Hunde

wieder und versuche endgültig gedankenlos auf dem Feldweg, der sanft bergauf nirgendwohin zu führen scheint, weiterzuziehen.

Schweigen ist einfach, denn daran habe ich mich ja halbwegs gewöhnt. Die Bauern auf dem Feld, an denen ich vorüberziehe, grüße ich wortlos und sie tun dasselbe. Sie scheinen mein Schweigen zu respektieren. Aber mein Denken zu stoppen ist fast unmöglich. In Gedanken stimme ich ständig irgendwelche Lieder an oder denke über zusammenhanglosen Schrott nach: »Wo sind meine Hausschlüssel? Zigaretten kaufen! Kaputte Füße! Hunger auf Kartoffelsalat!«

Irgendwann schalte ich im Kopf tatsächlich den Denkstrom ab und denke einfach nichts mehr. Einen Weg zu beschreiben, den man ohne Gedanken geht, ist nahezu unmöglich, da man die Dinge nur noch ungefiltert und ohne sie zu bewerten wahrnimmt. Und wertfreies Wahrnehmen lässt sich später kaum schriftlich formulieren.

Alles wird eins: mein Atem, meine Schritte, der Wind, der Vogelgesang, das Wogen der Kornfelder und das kühle Gefühl auf der Haut. Ich gehe in Stille. Drücke ich während des Wanderns mit meinen Füßen auf den Weg oder drückt der Weg auf meine Füße? Ohne meine Gedanken bin ich ohne Ausdruck und die Landschaft, die Geräusche und der Wind beeindrucken mich nicht. Auch Hässlichkeiten wie eine tote Katze auf dem Weg oder Schönheiten wie die schneebedeckten Gipfel des kantabrischen Gebirges hinterlassen keinerlei Eindruck. Diese totale Abwesenheit von Druck ist ein barmherziger Zustand. Er bringt keinen Spaß, aber auch kein Leid mit sich.

Und am Ende des Weges stelle ich fest: Wenn ich mich nicht in Wort und Gedanken ausdrücke, beeindruckt mich auch nichts! Weder Wind noch Regen. Wenn man seinen Ausdruck im Denken und Handeln, Sprechen, Singen, Tanzen nicht gelegentlich pausieren lässt, verselbstständigt er sich und das Ergebnis ist die Erzeugung ständigen Drucks.

Jeder eigene Ausdruck führt zu einem Eindruck bei anderen und der erzeugt in ihnen neuen Ausdruck, der wiederum für einen selbst beeindruckend ist. Wer sich ständig ausdrückt, ist auch immer beeindruckt. So entstehen Ehekräche und Weltkriege. Irgendwann legt dieser ständige Druck jeden lahm. In der Stille herrscht kein Druck. Wenn ich nichts denke, nichts ausdrücke, bin ich aber trotzdem immer noch da. Auf dem Weg treffe ich eigentlich immer wieder nur auf eins:

Auf mich. Und was ich in Zukunft ausdrücke, werde ich mir noch genauer überlegen als bisher.

Natürlich verlaufe ich mich ganz fürchterlich. Durch die Stille im Kopf und dieses Nichtsdenken bin ich nach vierzehn Kilometern komplett vom Weg abgekommen. Ich habe ja auch nicht mehr auf Pfeile oder Muschelwegweiser geachtet. Und als ich meinen Kopf wieder einschalte, bin ich irgendwann einfach irgendwo. Es ist zwar herrlich dort, aber eben falsch. Später stellt sich allerdings doch glatt heraus, dass ich durch meinen Irrweg nicht etwa mehr Kilometer, sondern mindestens zwei Kilometer weniger gelaufen bin. Ein Bauer schickt mich dann durch ein mannshohes Kornfeld wieder auf den richtigen Pfad. Witzig! Ich achte nicht mehr auf den Weg, verirre mich und nehme dennoch eine Abkürzung. Danach hänge ich noch einmal zwanzig, mehr oder weniger gedankenlose Kilometer dran und bin heute bei weitem nicht so erschöpft wie sonst, was allerdings auch an den deutschen Temperaturverhältnissen liegt.

Als ich mich Astorga nähere, begrüßt mich schon von weitem ein riesiger heiserer Hund. Ein verwahrloster wunderschöner Bernhardinermischling sitzt traurig hinter einem Gittertor und soll auf ein verlassenes Ferienhaus Acht geben. Das menschenleere ungepflegte Haus ist vergittert und verrammelt. Im Pool ist kein Wasser und weit und breit gibt es keinen Unterstand für den Hund. Fressen scheint er auch keines zu bekommen. Der Hund hat nicht mal mehr die Kraft zu bellen, um mich zu verjagen, als ich mich dem Tor nähere. Er versucht verzweifelt, wieder und wieder mit der blutigen Pfote das Tor zu öffnen. Ein trauriger Anblick, der mir wirklich ans Herz geht. Durch das Gitter streichele ich den Hund dann und rede zwanzig Minuten mit ihm. Danach legt er sich wieder auf den Rasen, schnauft einmal kräftig durch und gestattet mir weiterzulaufen; meinem Ziel entgegen.

Insgesamt muss ich heute an die vierunddreißig Kilometer gelaufen sein. Am Abend bei meiner Ankunft in Astorga ist es fast kalt.

Meine Erkenntnis des Tages kann ich erst morgen formulieren. Denn eigentlich ist sie unsagbar. Ich habe Gott getroffen!

Eindrucksvolle Stilmischung im Nieselregen:
der Bischofspalast in Astorga

4. Juli 2001 – Astorga

Das waren gestern wahrscheinlich genau vierzehn Kilometer zu viel und meinem Körper ist jetzt nach einer Pause zu Mute. Wenn ich mehr als zwanzig Kilometer am Tag laufe, ist der nächste Tag gegessen. Aber manchmal muss man sich verausgaben, um Wesentliches zu erleben!

Heute bin ich in Astorga und wohne im »Hotel Gaudí« gegenüber dem Bischofspalast, der von Antonio Gaudí erdacht und zwischen 1889 und 1913 in neugotischem Stil erbaut wurde. Dieser Palacio Episcopal ist von fantasievoller Schönheit. Das burgartige Meisterwerk sieht von jeder seiner fünf Seiten anders aus und wirkt wie eine Kreuzung aus Neuschwanstein und einem Dracula-Schloss. Der Nieselregen unterstreicht den leicht gruseligen Eindruck. Im

Innern wartet auf die Besucher eine verschwenderische Lichtorgie à la Gaudí, hervorgerufen durch die bunten, domartigen Fenster.

Beim Frühstück mit Blick auf diese dunkelblaue Trutzburg habe ich kurz mit dem Gedanken gespielt, vielleicht doch heute noch weiterzulaufen. Im Radio singt allerdings Stevie Wonder im selben Moment irgendwas von ›Don't go too soon!‹, geh nicht zu früh! Meinetwegen! Es ist zwar ein bisschen verrückt, seine Entscheidung von einem zufällig gedudelten Lied abhängig zu machen, aber bitte, ich richte mich danach und bleibe also. Es geht ja um nichts und ich habe auch noch genug Zeit. Ich vertraue darauf, die richtige Entscheidung getroffen zu haben, und bleibe einen ganzen Tag in Astorga. Mein Zimmer kann ich für eine weitere Nacht behalten.

Das, was ich gestern erleben durfte, kann ich weder erzählen noch aufschreiben. Es bleibt unsagbar. Schweigend und ohne jeden Gedanken zwölf Kilometer zu laufen kann ich nur jedem empfehlen. Larissa hatte mir in Grañon etwas gesagt, was ich für ziemlich albern hielt: »Irgendwann fängt jeder auf dem Weg an zu flennen. Der Weg hat einen irgendwann so weit. Man steht einfach da und heult.«

Bei mir war es gestern so weit. Ich stehe mitten in den Weinbergen und fange aus heiterem Himmel an zu weinen. Warum, kann ich gar nicht sagen.

Erschöpfung? Freude? Alles auf einmal? Weinen in den Weinbergen!? Ich muss gleichzeitig darüber lachen.

Ja, und dann ist es passiert! Ich habe meine ganz persönliche Begegnung mit Gott erlebt.

»Yo y Tú« war die Überschrift meiner Wanderung und das klingt für mich auch wie ein Siegel der Verschwiegenheit. In der Tat, was dort passiert ist, betrifft nur mich und ihn. Aber an der Wand der Grundschule standen drei Worte: »Ich und du«. Die Verbindung zwischen ihm und mir ist nämlich etwas Eigenständiges.

Um Gott zu begegnen, muss man vorher eine Einladung an ihn aussprechen, denn ungebeten kommt er nicht. Auch eine Form von gutem Benehmen. Wir haben die freie Wahl. Zu jedem baut er eine individuelle Beziehung auf. Dazu ist nur jemand fähig, der wirklich liebt.

Ich werde hier von Tag zu Tag freier und das Hin und Her in meiner Gefühlswelt auf dem Camino ergibt plötzlich einen klaren Sinn. Durch alle Emotionsfrequenzen habe ich mich langsam auf die eine Frequenz eingetunt und hatte einen großartigen Empfang. Totale gelassene Leere ist der Zustand, der ein Vakuum entstehen lässt, das Gott dann entspannt komplett ausfüllen kann. Also Achtung! Wer sich leer fühlt, hat eine einmalige Chance im Leben! Gestern hat etwas in mir einen riesigen Gong geschlagen. Und der Klang wird nachhallen. Früher oder später erschüttert dieser Weg jeden in seinen Grundfesten. Ich weiß, der Klang wird langsam leiser werden, aber wenn ich die Ohren spitze, werde ich diesen Nachhall noch sehr lange wahrnehmen können.

Eigentlich ist mein Camino hier beendet, denn meine Frage ist eindeutig beantwortet. Ab jetzt kann der Weg mir eigentlich nur noch Freude bereiten.

Als ich mir heute das verregnete Astorga ansehe, riecht es die ganze Zeit nach Zimt. Durch die nasse Luft fließt dieser süßlich-pfefferige Geruch durch die ganze Stadt. Nichts rieche ich lieber als Zimt, also versuche ich die Quelle des Duftes zu orten. Zunächst nehme ich an, der Geruch ströme aus einer Bäckerei, doch als ich die betrete, riecht es darin ganz anders. Könnte mir vorstellen, dass Gaudí beim Bau dieses Bischofspalastes in den Fugen Zimtstangen einzementiert hat, denn ich habe den Eindruck, der Geruch kommt aus dieser Richtung. Der Bischofspalast riecht ganz leise nach Zimt.

Auf der Plaza vor dem Rathaus treffe ich Seppi aus Finnland. Wir kennen uns bereits. Gestern haben wir zwei nach meinem Schweigemarsch in Hospital de Orbigo zusammen einen Kaffee getrunken. Jedenfalls ich; Seppi hat einen halben Liter Bier in sich reingeschüttet. Seppi ist eine extrem gut gelaunte, aufgekratzte, glatzköpfige Sportskanone von Anfang vierzig aus Helsinki. Er erzählte mir gestern, dass er seine finnischen Freunde bereits vor sechs Tagen zurückgelassen hätte, denn er laufe am Tag so seine vierzig Kilometer und keiner konnte noch mit ihm Schritt halten. Als ich ihn frage, wie er das denn durchhalte, erzählt er mir, er singe viel, trinke Bier und abends in den Herbergen werde dann ab und zu ordentlich gefeiert und noch mehr gesungen. Und so habe er jetzt einfach mal die spaßigste Zeit seines Lebens. Seppi wankt dann mit viel Bier intus zurück in seine Herberge und grölt noch mal »Hasta luego«, während sein Hut vom Kopf fliegt. Als er weg ist, denke ich: Na, ob das richtig ist, den Weg so zu laufen, wie er das tut? Das Ganze nur als einen Heidenspaß zu sehen?

Heute also treffe ich Seppi auf der Plaza wieder. Durchnässt und ziemlich deprimiert raucht er auf den Stufen des Palastes aus dem 17. Jahrhundert, in dem das Rathaus untergebracht ist, eine filterlose Zigarette.

»Hi, Seppi, was ist los? Warum bist du so bedrückt?«, will ich von ihm wissen.

Er deutet stumm auf seinen rechten Fuß, der dick verbunden ist, und fügt hinzu: »Ich bin heute gestürzt, über einen winzigen Stein, hab ihn nicht gesehen. Hab nicht aufgepasst. Wie kann ich nur so blöd sein? Aber ich hatte Glück! Fünf Minuten hinter mir lief eine deutsche Krankenschwester. Die hatte von der Salbe bis zum Verbandszeug alles dabei. Ist das nicht unglaublich?«

Ich schaue ihn unbeeindruckt an. So ist das eben hier auf dem Camino! Gewundert hätte es mich, wenn ihm nicht geholfen worden wäre. Der liebe Gott scheint Unmengen von Krankenschwestern mit Verbandszeug und Salbe loszuschicken. Jose ist ja auch eine von ihnen!

Da ich nicht angemessen reagiere, wiederholt er den Satz noch mal: »Ist das nicht unglaublich? So ein Glück. Tagelang sehe ich niemanden und dann falle ich hin und da ist eine deutsche Krankenschwester mit Erste-Hilfe-Ausrüstung.«

»Was willst du jetzt machen?«, frage ich ihn und er macht das, was er am besten kann, nämlich sich selber wieder gute Laune: »Morgen geht's auf jeden Fall weiter.«

Als ich mir seinen geschwollenen Fuß genauer betrachte denke ich nur: »Das wird schlecht möglich sein.« Ich klopfe ihm auf die nasse Schulter und trotte von dannen.

Für Seppi hat der Spaß aufgehört. Vielleicht muss er wie beim »Mensch-ärger-dich-nicht« Spiel kurz vorm Ziel aussteigen. Man ist siegessicher, freut sich über den eigenen Triumph in der Gewissheit, die anderen geschlagen zu haben, tja, und dann wird man rausgekickt. Spielt man dann weiter oder hört man auf? Wie auch immer man sich entscheidet, man muss bei der nächsten Partie seine Haltung dem Spiel gegenüber ändern, um nicht als Geschlagener das Feld zu verlassen. Die Spielregeln ändern sich nämlich nicht. Es sind nie die anderen, die einen aus dem Feld schlagen, sondern die verdammte eigene Einstellung. Es muss gleichgültig sein, ob man verliert oder gewinnt. Und wenn man siegt, darf man den Sieg einfach nur zur Kenntnis nehmen. Ich hoffe, der Jakobsweg kickt mich nicht aus dem Spiel, denn meine Waden haben sich inzwischen zu zwei steinharten Klumpen verkrampft. Evi ist draußen, aber sie war eine gute Verliererin. Ob Anne es mit ihrem dicken Fuß wirklich bis nach Santiago schafft? Tina alleine? Ein Spanier, den ich gestern in einer Kneipe traf, war total frustriert und den Tränen nahe: »Ich steige aus. Das bringt ja alles keinen Spaß. Ich kann nicht mehr, ich bin müde, ich höre auf.« Ich frage ihn: »Gefällt dir der Weg nicht?« Er schweigt erst und stöhnt dann: »Doch ... aber ich will einfach nicht mehr weiter.«

Später, als ich weiterlaufe, sehe ich ihn in einem Bus sitzen. Matt winkt er mir noch zu.

Spaß brauchte Seppi nicht, den kann er sich selber machen. Jetzt hängt diese lustige Sportskanone humpelnd in Astorga fest. Ach, der berappelt sich schon wieder!

Auf dem Camino komme ich mir vor wie in der Schule. Manche Dinge lerne ich spielend und gerne. Wenn ich Glück habe, mag ich den Lehrer auch noch. Dinge, die schwieriger sind oder mir nicht in den Kram passen, weil ich sie nicht verstehe oder der Lehrer blöd ist, werden ausgeblendet.

Evi war meine Lieblingslehrerin und ich hab eine Menge im Fach Vertrauen gelernt. Tinas Fach war Humor; wenn ich an sie denke, muss ich lachen. Annes hochinteressantes Fach hieß Zweifel. Americo hat mir klar gemacht, dass die Versetzung gefährdet ist, wenn ich nicht endlich in Wut besser aufpasse. Antonio, der Andalusier mit dem Kreuz, sollte mir Gegenwärtigkeit zeigen. Der Mann aus dem Hutgeschäft war zuständig für Herzlichkeit. Gerds trauriges und langweiliges Spezialgebiet war die Resignation. Die Österreicherin Ute, Schnabbels und Bocks zeitweilige Begleiterin, war Expertin in Sachen Konstanz. Die drei Franzosen im Peugeot haben mich zu Aufmerksamkeit veranlasst. Die Deutsche in blauen Unterhosen hat mir eine Lektion in Gelassenheit verpasst. Larissa hat mir eine Stunde in Hingabe erteilt. Victor hat mich in Konsequenz unterrichtet. Stefano in Eitelkeit und Lara in Loslassen. Sheelaghs Fach hieß eindeutig Mut. Jose war eine Meisterin in Veränderung, Vitorio, der Wirt, in Gleichgültigkeit. Claudia, die Brasilianerin, hatte das Fachgebiet Stolz und Seppi, der Finne, lehrte mich Übermut. Ja, und Schnabbel, mein Schatten, war einfach fürchterlich! Ich habe so schlecht aufgepasst, dass ich nicht mal mehr genau weiß, welches Fach sie außer Erdkunde noch unterrichtet hat. Alle meine schwachen Fächer hat jedenfalls sie erteilt und ich muss akzeptieren, dass sie die gestrenge Schuldirektorin war!

Die vielen Tiere haben mir Fürsorge beigebracht und der Vierzehn-Kilometer-Marsch war ein Crashkurs in Sachen Liebe.

Während meines Weges hab ich mich immer wieder gefragt, was eigentlich Leiden ist. Am Ende ist Leiden doch ein »Nicht-Verstehen«. Und wenn man etwas nicht versteht, muss man Vertrauen haben. So ist es also manchmal auch unsere Haltung, die uns leiden lässt.

Morgen beginnt wieder eine härtere Etappe. Es geht langsam durch die Hügel der kargen Maragatería hinauf bis auf eintausendfünfhundert Höhenmeter Richtung Rabanal. Dahinter, in den Montes León, führt leider kein Weg an Foncebadón vorbei! Wohl oder übel muss ich da durch. Vor dem weitgehend verlassenen Bergdorf wird immer gewarnt. Angeblich sollen sich dort viele wilde Hunde herumtreiben, die auch gerne mal im Rudel angreifen. Man soll die Gegend nicht unbedingt alleine durchqueren und auch keine Lebensmittel mit sich führen. Seppi fällt als Partner nun ja leider aus. Den robusten Finnen hatte ich mir gestern schon als potenziellen Wanderkumpanen ausgeguckt. Mal sehen, was sich ergibt.

Erkenntnis des Tages:
Das Herz hat immer Recht!

5. Juli 2001 – Rabanal

Als ich heute Morgen zum Frühstück ins Hotelrestaurant komme, wartet da zunächst eine wirklich angenehme Überraschung auf mich, denn die einzigen Gäste, die da sitzen, sind Anne und Sheelagh! Die beiden haben sich hier in meinem Hotel in Astorga zum Kaffee verabredet. Jetzt ahne ich auch, warum Stevie Wonder gestern »Don't go too soon!« gesungen hat.

Sheelagh ist allerdings sehr verstört und hat offensichtlich geweint. Sie erzählt mir, dass zwei Freunde, Mitarbeiter des Neuseeländischen Roten Kreuzes, auf den Fidji-Inseln von Rebellen enthauptet wurden.

Sofort schalten wir den Fernseher ein, um die neuesten Nachrichten eines amerikanischen Kabelsenders zu verfolgen. Da läuft allerdings eine ganz andere Horrormeldung über den Bildschirm. Hannelore Kohl hat sich das Leben genommen.

Obwohl ich die Frau unseres ehemaligen Bundeskanzlers nur sehr flüchtig kannte, trifft mich diese Meldung wie ein Donnerschlag. Mit offenem Mund starre ich weiter auf den Fernseher.

Sheelagh sieht sich außerstande, heute weiterzulaufen, und will einen weiteren Tag in Astorga bleiben, um via Internet mit Freunden in Wellington in Neuseeland den Kontakt zu halten. Dennoch versuche ich Sheelagh dazu zu überreden, mit Anne und mir gemeinsam weiterzuwandern, da die morgige Etappe auf dem Camino laut Wanderfibel die mit Abstand gefährlichste sei. Sheelagh lächelt milde und winkt ab: »Don't worry! I have trust!«

Also beschließen Anne und ich, ab jetzt als Team weiterzuwandern, um dann in einem der vor uns liegenden Bergdörfer Rabanal oder El Acebo auf Sheelaghs Ankunft zu warten. Kurz danach brechen wir endgültig auf in Richtung Berge.

Die Engländerin und ich verstehen uns sofort prächtig und laufen in einem sehr verwandten Tempo. Es ist für uns beide erstaunlich unanstrengend, einen gemeinsamen Rhythmus zu finden. Er stellt sich wie von selbst einfach ein. Am Anfang der Etappe wirkt sie mir gegenüber zwar immer noch ein bisschen skeptisch und scheint meine Freundlichkeit wieder mal als vorsichtige Anmachversuche umzudeuten, aber als ich sie nach einigen Kilometern bitte, kurz stehen zu bleiben, und eine knappe offizielle Erklärung abgebe: »Listen, Anne. I don't want to have sex with you. I am gay!«, bricht das Eis endgültig. Anne stutzt einen Moment und bekommt große Augen, um dann hemmungslos zu lachen – ohne Aussicht darauf, sich je wieder beruhigen zu können. Sie hangelt sich auf einen Stein am Wegesrand, da sie sich vor Brüllen gar nicht mehr auf den Beinen halten kann, und schreit dabei immer wieder: »Oh, ooh, oh!«, während sie sich geschüttelt vom Lachen den Bauch hält. Als sie sich wieder halbwegs gefangen hat, haucht sie atemlos: »Sorry Hans! Ich dachte du bist so freundlich, weil du was von mir willst!«

Das, empöre ich mich ironisch, solle sie sich mal schleunigst aus dem Kopf schlagen, denn sie sei überhaupt nicht mein Typ! Was bei ihr zu einer neuen beherzten Lachattacke führt und ihre leicht gekünstelte Reserviertheit mit einem Mal komplett wegfegt.

So, jetzt lässt es sich für uns beide ein für allemal freier atmen und Anne blättert sich ihrerseits vor mir auf wie ein offenes Buch. Sie habe seit dem Start der Pilgerreise nur die schrecklichsten Männer getroffen und ihre Offenheit sei ihr dabei dreimal fast zum Verhängnis geworden. Nur deswegen habe sie mich, obwohl ich ihr von Anfang an äußerst sympathisch gewesen sei, so schlecht behandelt, denn sie habe nicht schon wieder eine Enttäuschung erleben wollen.

Der erste Typ, mit dem sie von Pamplona aus fast eine Woche gemeinsam läuft, ist der selbst ernannte »erste offizielle Pilger des Jakobswegs«. *El peregrino del Camino!* Der Spanier verteilt sogar ungefragt Visitenkarten, auf denen das als Berufsbezeichnung steht, und die liegen in fast jedem *refugio* herum. Mein Gott, ist das krank. Er ist für den Camino das, was Mickey Mouse für Disneyland ist, und läuft im mittelalterlichen braunen Mönchsgewand, behängt mit den alten

Insignien der Wallfahrer, Schlapphut, Muschel, Kreuz, Bocks-beutel und selbst geschnitztem Pilgerstab, den Jakobsweg rauf und runter. Sein einziges Ziel ist dabei jedoch nicht Santiago, sondern allein pilgernde Frauen in billige Hotels am Wegesrand zu locken. Anne schüttelt ihn erst ab, als er stets zudringlicher wird. Am Schluss hält das braune Mas-kottchen es für selbstverständlich, dass sie mit ihm – sozusa-gen als kleines Dankeschön für die gemeinsamen Tage – ins Bett hüpfen muss.

»Wie konntest du mit so jemandem auch nur einen Tag zusammen laufen?«, rutscht es mir heraus.

Anne ist wütend auf sich selbst: »Gosh! I guess I am stu-pid!«

Danach war Anne mit zwei Gays aus London gemeinsam unterwegs. Das sei zwar sehr witzig gewesen, aber die bei-den seien ständig auf der Suche nach Sex gewesen und das sei ihr gehörig auf den Keks gegangen und sie sei mehr als froh gewesen, als die beiden sich endlich dazu entschlossen hätten, den Camino aus Sexmangel abzubrechen und nach Madrid »for some sex« zu fliegen.

»Don't tell me you are looking for some sex?«, will sie ein letztes Mal kritisch prüfend in Erfahrung bringen und ich kann sie mit meiner Antwort »Not today!« einigermaßen be-ruhigen.

Und nun: Seit einer Woche sind ihr zwei ältere Franzosen namens René und Jacques aus Reims auf den Fersen und tät-scheln ihr bei jeder Gelegenheit übers kurze Haar und das Fußball-T-Shirt und wollen sie auf *coffee or tea* einladen, denn das sind die einzigen englischen Worte, die sie beherr-schen. Immer wieder wollen sie die kleine Engländerin mit Händen und Füßen auf eine gemeinsame Übernachtung einladen. Typen gibt's! Aber logischerweise ist der Camino keine sexfreie Zone und in so manchem *refugio* geht es natürlich hoch her.

Auf dem weiteren Weg lachen wir zwei unglaublich viel

über Nachtschichtpilger, zählende Nonnen, meinen verrückten peruanischen Schamanen und andere Wallfahrerkuriositäten. Es macht uns beiden höllischen Spaß, unsere Sätze mit unerwarteten Schlusspointen zu würzen, und so unterhalten wir uns gegenseitig königlich. Natürlich erzählen wir uns frei von allen Schranken viele Dinge aus unserem Privatleben, aber da das nun mal wirklich privat ist, soll es das auch hier bleiben. Die Liverpoolerin ist witzig, herzlich, bissig, scharfsinnig, ein bisschen gutgläubig und sehr gebildet.

Sie war acht Monate lang im nordindischen Daramsala, wo der Dalai Lama sich im Exil aufhält, für den Englischunterricht der Mönche zuständig, während sie im Gegenzug von einem Rinpoche in den buddhistischen Lehren geschult wurde. Das, was ich über den Buddhismus bisher gelesen habe, ist Kinderkram im Vergleich zu ihrem Erfahrungsschatz, den sie nun freigiebig mit mir teilt. Auch deshalb ist es hochinteressant, sich mit Anne auszutauschen. Ihre wichtigste Lehre aus den acht Monaten ist allerdings ein ganz einfacher Satz des Dalai Lama: »Drop the thought!« Lass den Gedanken fallen! »Sobald dich etwas im Job oder sonst wo plagt, lass den Gedanken einfach fallen. Kaue nicht auf ihm herum, denn nur so erlöst du ihn!«

Die Liverpoolerin war dann auch noch beruflich in Nepal, Afghanistan, Mittelamerika, Florida und Kanada unterwegs. 1989 hat sie in Ostberlin ein mehrmonatiges Universitätspraktikum absolviert und in Kleinmachnow gelebt. Wenn sie das mit ihrer rauchigen Stimme und englischem Akzent ausspricht, mache ich mir fast in die Hose vor Lachen. Kläinmäckchgnou!

Ihr gebrochenes Deutsch ist gar nicht schlecht, mit dem Verstehen hapert es nach zwölf Jahren ohne Praxis aber dennoch gewaltig. Wenn ich aber in Zeitlupe zu ihr spreche, versteht sie zumindest den Inhalt.

Ich erzähle Anne, dass ich Tagebuch schreibe und heute

bei Seite dreihundertsiebenundfünfzig angelangt sei und auch sie dort vorkomme. Anne ist begeistert und will sofort wissen, was ich bisher über sie geschrieben habe. Als ich ihr wahrheitsgetreu davon berichte, schüttelt sie nur den Kopf und beschwert sich: »Es ist immer dasselbe! Wenn Menschen mich kennen lernen, finden sie mich erst mal unfreundlich! Am I that rude?«

Zögernd nicke ich und sie schnauft kurz. Auch sie will ein Buch schreiben, aber sie meint, es fehle ihr an Durchhaltevermögen. Das überrascht mich kolossal: »Du bist schon so weit gelaufen, wenn das kein Durchhaltevermögen ist! Schreib es einfach für dich auf.« Annes Humor und wie sie die Dinge sieht, sind wundervoll. Am liebsten möchte ich sie klauen und mitnehmen. Die Liverpoolerin pilgert übrigens für einen guten Zweck. Ihre Schwester leidet an Morbus Crohn, einer schweren chronischen Erkrankung des Magen-Darm-Traktes, die nicht optimal behandelbar ist, da sie nicht ausreichend erforscht ist.

Um Geld zur Erforschung dieser Krankheit zu sammeln, berichtet eine Zeitung aus Birmingham wöchentlich über Annes Wallfahrt und ruft zu Spenden für die Stiftung auf. Anne macht natürlich sofort einen Schnappschuss von uns, den die Birminghamer Zeitung in der kommenden Woche veröffentlichen wird.

Das Wandern macht unglaublichen Spaß, je höher wir kommen, desto spektakulärer sind die Ausblicke, und Anne, die auch einige Zeit an der Universität von British Columbia in Vancouver gearbeitet hat, fühlt sich genau wie ich in die kanadische Bergwelt versetzt. Sicher, die Gipfel sind hier nicht halb so hoch, aber auf dem Camino bewegen wir uns langsam auf die beeindruckendsten Landschaften zu.

Müde und abgekämpft erreichen Anne und ich am frühen Abend zunächst Rabanal. Tibet kenne ich nur von Bildern, aber ich finde, dass es hier so ähnlich aussieht, wie ich mir Tibet vorstelle. Anne überrascht mich kurz darauf mit der

Bemerkung, dass es hier fast so aussähe wie in Nepal, und im Gegensatz zu mir hat sie jenes Land wirklich bereist. Also kann man mutig behaupten: In Rabanal schaut es fast so aus wie in Nepal, nur liegt der spanische Ort tiefer, viel tiefer!

Während ich in einem rustikalen Gasthof einkehre, der übrigens fast ausgebucht ist, entscheidet sich Anne für die ebenso volle Pilgerherberge neben der kleinen grauen Steinkirche.

Erkenntnis des Tages:
Es war gut, alleine zu wandern, aber jetzt reicht's!

6. Juli 2001 – Rabanal

Gestern Abend haben Anne und ich in meinem rustikalen Gasthof ein deftiges Pilgermenü vertilgt. Die dunkle tirolerartige Stube ist brechend voll und bei viel Rotwein geht es in dem gedrungenen Gewölbe zünftig zu. Allerdings habe ich beschlossen, bis zum Schluss der Pilgerreise komplett auf Alkohol zu verzichten. Was Anne allerdings sehr bedauert. Aber mir kann das nicht schaden.

Am Nachbartisch sitzen zwei jüngere schwäbische Ehepaare, die die ganze Zeit zwar freundlich, aber doch unübersehbar zu mir herüberstarren und immer wieder leicht verlegen kichern. Anne ist dadurch ein wenig irritiert und fragt zweifelnd: »Bilde ich mir das ein oder starren die uns die ganze Zeit an. Was soll das? Was haben wir denn an uns, dass die immer so glotzen und so doof grinsen?« Ahnungslos zucke ich mit den Schultern, denn ich habe keine Lust, ihr zu erklären, dass meine Show, die sie in England zufällig mal im Nachtprogramm gesehen hat, in Deutschland zur besten Sendezeit von Millionen Menschen gesehen wurde. Sie hält mich wahrscheinlich für einen aufstrebenden Geheimtipp aus der deutschen Provinz und so soll es meinetwegen auch ruhig bleiben. Irgendwann wird sie schon von ganz alleine merken, was ich genau treibe, aber das hat noch Zeit und in der können wir zwei uns vielleicht erst noch ein bisschen besser kennen lernen.

Als Anne auf die Toilette geht und ich alleine am Tisch sitze, nutzen die Süddeutschen ihre Chance, stürzen zu mir herüber und bitten mich höflich um Autogramme, welche ich natürlich in meinem Rucksack nicht mitführe. Also male ich rasch ein paar signierte Karikaturen auf Bierdeckel in der Hoffnung, die Sache vor Annes Rückkehr zügig beendet zu haben. Das gelingt mir nur fast, denn als ich gerade die letzte Unterschrift hektisch zu Ende krakele, steht Anne schon wieder neben mir und macht große Augen. Die Herrschaften bedanken sich bei Anne und mir mit Handschlag und treten geordnet den Rückzug auf ihre Plätze an. Anne schaut ihnen fasziniert hinterher: »Was wollten die denn jetzt hier?« Ich bleibe beim Notlügen: »Nichts! Eine Wegbeschreibung!« Annes Gesichtszüge entgleiten ihr wieder so wie dereinst in Santo Domingo: »Was für eine Wegbeschreibung? Du kennst dich hier doch gar nicht aus oder warst du doch schon mal hier?« Richtig, das war eine unglaublich blöde Antwort, und ich lüge tüchtig weiter, wo ich schon mal gerade in Fahrt bin: »Nein! Eine Wegbeschreibung in Deutschland meine ich! Das sind ja Deutsche. Aber das ist doch jetzt auch egal. Das waren doch ganz höfliche Leute.« Das findet Anne nun gar nicht: »Höflich!? Übertrieben höflich ist das, wenn man sich mit Handschlag verabschiedet, um sich dann drei Meter weiter wieder hinzusetzen. Oder seid ihr in Deutschland alle so drauf?« Das Thema ist allerdings bald vom Tisch und ich komme noch mal ungeschoren davon.

Heute Morgen, als wir uns zum Frühstück in meinem Gasthof wiedertreffen, haben weder Anne noch ich wirklich Lust weiterzumarschieren, denn das wie eine Miniaturausgabe der chinesischen Mauer auf dem 1100 Meter hohen

Berg haftende Rabanal ist sagenhaft schön und eine Pause im Wanderprogramm heißen wir beide jederzeit herzlich willkommen; das haben wir uns bis jetzt allerdings noch nicht gegenseitig eröffnet und so zieht jeder das Frühstück künstlich in die Länge und versucht dem anderen den Wandertag so madig wie möglich zu reden, ohne aber das Wort »bleiben« auch nur anzudeuten.

Anne wirkt auf mich wie eine bienenfleißige Pilgerin, die tapfer täglich ihr Pensum absolviert, und durch meinen gestrigen Alkoholverzicht hält Anne mich für einen Asketen, der ein strammes Wanderprogramm durchaus zu schätzen weiß.

Ein absurdes Aneinandervorbeireden entspinnt sich, das ich gänzlich blöde beginne, indem ich den wolkenlosen Himmel betrachte und lüge: »Oh, oh, das sieht für mich heute aber nach Regen aus.« Keiner kann in England sein Gesicht so angewidert verziehen wie Anne: »What? Regen? Wir werden heute während der Wanderung wahrscheinlich umkommen vor Hitze. Es soll ja jetzt auch immer heißer und heißer werden!«

Eine ganze Weile geht es hin und her, bis wir beide unseren vierten Milchkaffee bestellen und fast gleichzeitig sagen: »Bitte! Lass uns hier bleiben!« Da Anne ihr *refugio* nach einer Nacht verlassen muss, wechselt sie schnell in ein anderes am Ortsausgang und ich miete mein Zimmer einen weiteren Tag. Heute vertrödeln wir bei schönem Wetter den Tag mit Spaziergängen und Besichtigungen. Vielleicht kommt Sheelagh ja auch heute schon hier an und dann freut sie sich sicher, uns zu sehen.

Gestern auf dem Weg nach Rabanal überkam es mich: Ich erzähle Anne die Story von meinem abstrusen Schamanen Ruco Urco aus Peru. Anne schaut mich die ganze Zeit über zweifelnd an und sagt am Ende skeptisch: »Sorry Hans! Ich mag dich und die Geschichte ist wirklich sehr interessant, aber überhaupt nicht glaubwürdig.«

Da ich nun einmal weiß, dass die Story der Wahrheit entspricht, beharre ich darauf: »Doch! Glaub mir, der Typ existiert und alles ist haargenau so passiert, wie ich es dir schildere!«

Anne gegenüber komme ich mir danach total naiv vor, denn wenn ich mich die Geschichte erzählen höre, finde ich ja selbst, dass sie erfunden klingt, und ich würde sie auch nicht glauben, wenn sie mir nicht genauso passiert wäre! Ein bisschen ärgere ich mich auch über mich, weil ich Anne die Geschichte überhaupt brühwarm erzählen musste und sie mich jetzt für bescheuert hält, wahrscheinlich. Es bleibt ihr ja gar nichts anderes übrig und dabei wusste ich doch, dass sie dazu neigt, an allem zu zweifeln. Meinen Mund hätte ich halten sollen!

Heute bei einem Nachmittagskaffee bringt Anne das Thema dann wieder aufs Tablett mit dem Satz: »Do you really believe in this Ruco Urco story?«

Soll ich leugnen? Nein, also erzähle ich ihr die Geschichte noch mal, aber je öfter ich sie erzähle, desto bescheuerter klingt sie, also habe ich Anne gesagt, dass es besser sei, das Thema einfach auszuklammern. Drop the thought!

Mein Gott, ich wünschte, dieser zahnlose Typ würde hier aufkreuzen, dann hätte ich einen lebenden Beweis, den ich Anne demonstrieren könnte. Den Tag über schwebt diese komische Geschichte dann leicht unbehaglich zwischen uns.

Gegen Abend ruft die kleine Glocke der winzigen Dorfkirche zur Pilgermesse. Anne und ich wollen die Fortsetzung unserer Pilgerreise zur Sicherheit noch einmal segnen lassen und begeben uns müde in das dunkle mittelalterliche Gotteshaus. Die Pilger drängen sich und nur ganz vorne und in der hintersten Reihe sind noch einige Plätze frei. Die kleine Engländerin will vorne sitzen und ich, da mir vorne zu viele Deutsche sitzen, lieber hinten bei ein paar alten Einheimischen; so teilen wir uns einfach auf. Nach und nach füllt sich die Kirche bis auf den letzten Platz.

Während die Gemeinde wenig später einen feierlichen Choral anstimmt, wird die alte Holztür hinter uns rücksichtslos laut aufgerissen und ebenso donnernd wieder ins Schloss geworfen. Ich drehe mich unwillkürlich verärgert um. Und habe definitiv eine Erscheinung.

Ruco Urco tapert wackelig auf seinen wunden Füßen in seinen offenen Designerschuhen durch das Kirchenschiff direkt auf den Altar zu. Das gibt es nicht! Wie hat er das nur geschafft!? Mein Körper wird von einer sich blitzartig ausbreitenden Gänsehaut geweckt. Wie von der Tarantel gestochen versuche ich, Anne wilde Zeichen zu geben, und deute mit dem Finger auf den sonderbaren Mann, während ich laut flüstere: »That's him! Das ist er!«

Anne scheint nicht zu begreifen und hält nur ihren Zeigefinger mahnend vor den Mund: »Pscht!«

Americo hält indes nach einem nicht mehr vorhandenen freien Platz Ausschau und damit er nur auf gar keinen Fall darüber nachdenkt, die Kirche wieder zu verlassen, winke ich ihn mit peinlich lauten »Huhu«-Rufen zu mir und zwinge die spanische Oma neben mir, sich noch kleiner zu machen, als sie ohnehin schon ist. Ruco Urco erkennt mich und strahlt so glücklich wie ein kleines Kind, das seinen verlorenen Papa wiedergefunden hat. Umgehend quetscht er sich tollpatschig in meine Reihe und als die Oma neben mir erfasst, was für einen schrägen Vogel ich da mit großer Geste zu uns eingeladen habe, hat auch sie, ihrem weit geöffneten Mund nach zu urteilen, ihre erste Vision.

Ruco Urco hockt sich neben mich und, ich kann nicht anders, ich umarme ihn, obwohl er nicht nur nach Schweiß, sondern auch nach ziemlich viel Alkohol müffelt. Die Oma neben uns versucht demonstrativ sich durch flinke Fächerbewegungen der Hand Erleichterung zu verschaffen und Americo fällt mit einer schönen Bassstimme schlagartig in den spanischen Choral ein. Nach dem Gesang beginnt der Priester mit seiner Predigt und ich muss über den angeheiterten, leicht hicksenden Peruaner lachen und schlage ihm gegenüber einen ironisch strengen Ton in Spanisch an: »Du kannst doch nicht betrunken zur Messe gehen!«

Darauf antwortet er mir wieder in bestem Deutsch: »Ich bin beschwipst.«

»Du sprichst also doch Deutsch!«, will ich ihn nun endgültig in meiner Muttersprache festnageln. Aber schon ist er mit den Gedanken wieder ganz woanders und tut so, als hätte er nie etwas auf Deutsch zu mir gesagt und lallt fast geistesabwesend in Spanisch: »No.«

Nach der Messe eile ich mit ihm gemeinsam vor die Kirche auf den grob gepflasterten Platz und halte ihn sanft, aber dezidiert am speckigen Hemdsärmel fest. Auf keinen Fall darf er mir entwischen, bevor Anne ihn kennen gelernt und er ihr die ganze Geschichte haarklein erklärt hat. Wir bauen uns direkt vor dem kleinen Portal auf. Ruco Urco fängt plötzlich an zu weinen wie ein kleines Kind und beschwört mich immer wieder: »Mi ángel! Tu eres mi ángel! – »Mein Engel! Du bist mein Engel! Auch den Leuten, die aus der Kirche kommend an uns vorbeiziehen, muss er diese angeheiterte Information mit auf den Heimweg geben.

Als Anne endlich aus dem Portal tritt, rufe ich ihr auf Englisch entgegen: »That's him! Das ist er! Ruco Urco!« Und fühle mich ganz so, als hätte ich einen richtig dicken Fisch an der Angel. Anne bleibt wie angewurzelt vor ihm stehen und ich deute ihr spontanes Entsetzen komplett falsch, denn sie stellt nur kühl fest: »Das ist nicht Ruco Urco! Das ist Jorge aus Ecuador!«

Interessant.

Unmittelbar danach vervollständige ich seine Angaben zur Person: »Das ist Americo aus Peru genannt Ruco Urco. Er ist verheiratet und hat zwei Töchter!«

»Auch falsch!«, feixt Anne. »Er hat einen Sohn! Das hat er mir jedenfalls erzählt!«

Americo, Ruco Urco oder Jorge, wie auch immer die südamerikanische Dreifaltigkeit heißt, versucht sich aus der leicht beklemmenden Situation herauszuwinden, indem er behauptet, alles wäre an sich und eigentlich richtig. Er habe zwei Töchter in Peru von seiner aktuellen Frau und einen Sohn in Ecuador von seiner geschiedenen Frau. Gebürtig sei er zwar aus Ecuador, später sei er aber zu den Indios nach Cusco in Peru gegangen. Daraus soll einer noch schlau werden.

»Wer bist du wirklich?«, ist hier die einzig passende Frage. Anne erzählt mir hinter vorgehaltener Hand auf Englisch, dass sie mit Jorge wegen ihres FC-Barcelona-T-Shirts auf dem Weg aneinandergeraten sei. Was genau passiert ist, will sie mir aber nicht erzählen, da es eine ähnlich schräge Story wie meine sei. Ach, guck an.

Mittlerweile steht der Südamerikaner, wie ich ihn jetzt unverfänglich betitele, denn das ist er dem Akzent nach zweifelsfrei, wieder heulend vor uns und jammert, man habe ihn im *refugio* abgelehnt, da er keinen Rucksack dabei habe und somit ein Obdachloser und kein Pilger sei. Er zeigt mir stolz wie ein Erstklässler am ersten Schultag seinen goldfarbenen Pilgerpass, den er sich auf mein Anraten besorgt hat und in dem eindeutig der Name Jorge steht und als sein Herkunftsland in der Tat Ecuador angegeben wird.

»Wer im Besitz eines Pilgerpasses ist, den dürfen die *refugios* gar nicht ablehnen, es sei denn, alle Betten sind belegt!«, kläre ich ihn auf.

»Das ist absolut richtig«, unterstützt mich Anne in ihrem brillanten Spanisch und bedeutet uns, ihr in die Pilgerherberge zu folgen. Mit »Let's go!« treibt sie uns in das graue Steinhaus. Dort angekommen, macht Anne vor dem Herbergsleiter einen ordentlichen spanischen Rabatz und ordnet wie der Corporal von Fort Knox an, den Südamerikaner ordnungsgemäß unterzubringen. Wütend aufzubrausen gelingt auch mir mittlerweile ganz gut, also nutze auch ich die

Gelegenheit und lasse mal wieder auf Spanisch Dampf ab. Es schimpft sich herrlich in dieser Sprache, die mit Fauchlauten und kräftigen Rs nur so gespickt ist.

Der Herbergsvater gibt sehr schnell nach und überlässt Jorge ein freies Bett. Tränenüberströmt steht der Südamerikaner wenig später wieder vor uns auf dem Kirchplatz und will Anne umarmen, was die aber durch ein geschicktes Tauchmanöver zu verhindern weiß. »Wie soll ich euch nur danken?«, heult er. »Indem du mit uns zum Essen gehst!«, entfährt es mir und Anne schaut mich an als hätte sie Lust, mir eine saftige kleine Ohrfeige zu verpassen, worauf ich beruhigend auf sie einwirke: »Ihr seid natürlich meine Gäste!«

Murrend folgt sie mir und Jorge in die kleine Taverne unterhalb der Dorfkirche. Kaum sitzen wir am Tisch und haben die Bestellung aufgegeben, bitte ich meinen Gast, seine Version meiner Ruco-Urco-Geschichte zu erzählen, denn seine falschen Namen ändern ja nichts am Wahrheitsgehalt des Erlebnisses. Jorge denkt allerdings gar nicht daran. Er weigert sich ganz entspannt und will bei einem Glas Rotwein über etwas anderes reden. Damit bin ich ganz und gar nicht einverstanden und forsche nach: Warum er den blöden Hitler-Vergleich gebracht habe, insistiere ich. Er lacht laut auf und behauptet, das sei ein schlechter Scherz gewesen, den ich wohl nicht verstanden hätte, aber es habe mir doch sichtlich gut getan, mal Dampf abzulassen, und darüber solle ich mich einfach nur freuen und mehr nicht. »Und woher wusstest du, dass ich eine Katze habe? Du denkst bestimmt, jeder in Deutschland hat ein Haustier!« – »So?«, strahlt er mich kindlich an und fährt fort, »ist das denn so bei euch in Deutschland?« Nach kurzem Überlegen entscheide ich: »Nein! Das ist natürlich nicht so!« Und er lächelt wieder nur knapp: »Na, siehst du!«

Eine letzte Frage muss ich aber wirklich klären und zwar in meiner Muttersprache: »Sag mal was auf Deutsch!«, fordere ich ihn aufgekratzt heraus. Jorge schaut mich nur leer an und behauptet frech, er beherrsche keine andere Sprache außer Spanisch. Anne tuschelt mir in Englisch zu, dass er doch nur ein armer Spinner sei und wir zügiger essen sollten, um ihn dann abzuwimmeln.

Nun gut, meinetwegen! Mehr ist aus dem angebrochenen Abend eh nicht mehr herauszuholen, also schlinge ich ein bisschen schneller.

Jorge will wegen ihres T-Shirts von Anne wissen, ob sie FC-Barcelona-Fan sei? Anne hat augenscheinlich keine Lust, auf das Thema einzugehen, und erklärt ihm: »Nein! Das hast du mich ja schon einmal gefragt. Das ist das einzige Kleidungsstück mit halblangen, sehr weiten Ärmeln, das ich auf dem Camino gefunden habe. Damit verbrenne ich mir meine Haut nicht und das ist der einzige Grund, warum ich es trage!« Ob ihr bewusst sei, dass sie mit dem Hemd ständig eine Meinung kundtue, die nicht die ihre sei, will Jorge sehr gelassen in Erfahrung bringen. Anne schmecken das Essen und das Thema nicht sonderlich und sie wird sichtlich nervös. Jorge bleibt aber am Ball und ist mit einem Mal wieder nüchtern. Er drängt Anne ganz unverkrampft, aber entschlossen ein Fußballexpertengespräch auf. Der Mann kennt sich, so wie Anne, mit der englischen Liga bestens aus. Anne ist, wie sie unumwunden einräumt, fanatische Anhängerin eines Teams aus Leeds. Da die zwei während der immer angespannter werdenden Fachsimpelei viele spanische Fußballbegriffe benutzen, klinke ich mich desinteressiert innerlich aus und Anne wird zusehends nervöser. Das wird mir zu dämlich, was die beiden da miteinander zu bereden haben, und ich gönne mir einen entspannten Moment auf dem kleinen Rückzugsörtchen.

Als ich zurückkomme, haben sich die zwei inzwischen in einem handfesten Streit verkeilt, bei dem es sich um irgendwelche doofen Spielergebnisse aus England dreht. Anne schnauzt ihn laut auf Spanisch an und erklärt mir während einer kurzen Unterbrechung der angeheizten Diskussion mit einem Seitenblick: »Er spricht übrigens auch Englisch!«

Nun wird es also wieder interessant! Dem Inhalt des Dialogs kann ich zwar nur mühsam folgen, da ich all die genannten Vereine und Spielentscheidungen nicht mal in meinem Heimatdialekt verstehen würde, aber dadurch kann ich der Entwicklung der Auseinandersetzung fast noch besser folgen. Mir bleiben nur die Mimik und die Stimme als Gradmesser für den jeweiligen Zustand der beiden Sparringspartner. Annes Problem sind eindeutig Nervosität und Unbeherrschtheit. Ruco Urco spielt die Aufregung lediglich und ist mimisch vollkommen entspannt. Die Liverpoolerin ist kurz davor, dem Südamerikaner ihr Glas Wein ins Gesicht zu schütten.

Jorge hat Annes Schwachpunkt voll erkannt und stößt sie nun mit allen ihm zur Verfügung stehenden Mitteln darauf. Ihre Reaktion auf das Fußballgespräch ist unverhältnismäßig gereizt. Sie hat schwache Nerven und kann sich nicht beherrschen. Noch ein Satz und er bekommt von ihr die Ohrfeige, die eigentlich mir zugedacht war. Sie findet ihn anmaßend und das ist der vorwitzige Scharlatan auch, aber vielleicht ist das seine Art, sich bei uns zu bedanken!? Er seziert uns genau und schenkt uns sein Untersuchungsergebnis. Klar, er wirkt wie ein Spinner oder Hochstapler. Vermutlich weiß er selber gar nicht so genau, was er da gerade anrichtet. Aber egal warum er es tut, er hilft Anne und früher oder später wird sie es merken.

Der Abend eskaliert zusehends und ich schlage vor, den Nachtisch ausfallen zu lassen, obwohl ich ziemlich scharf gewesen wäre auf die hausgemachte *crema catalan*.

Vor der Kirche verabschieden Anne und ich uns von Ruco Urco und er sagt überzeugt: »Ihr seid sicher froh, jetzt vor mir Ruhe zu haben, was?« Lachend wackelt er zu seinem Bett und Anne und ich machen unsere fünfte Dorfbegehung am heutigen Tag. Wir reden nicht mehr viel. Anne kommentiert

nur noch beiläufig: »Der Typ ist ein übler Quacksalber ...
trotzdem war ich definitiv zu nervös!«

Erkenntnis des Tages:
Manchmal meinen es auch die nervigsten Menschen gut mit
uns!

7. Juli 2001 – Foncebadón und El Acebo

Heute Morgen sind meine englische Wanderbekannte und
ich recht früh auf den Beinen und machen uns guter Stimmung auf den Weg. Ulkig, dass sie und ich exakt ab der
Etappe gemeinsam laufen, vor der ich seit Beginn der Pilgerreise Angst hatte. Hohe Anstiege in absoluter Einsamkeit
und dazu die streunenden Hunde der Geisterstadt Foncebadón. Von Anfang an wollte ich diese Strecke unter keinen
Umständen alleine laufen. Mit jedem wäre ich sie gelaufen,
aber dass ich sie jetzt mit Anne laufe, ist großartig!
  Als wir uns allmählich dem Geisterdorf Foncebadón nähern, halten wir unsere Stöcke schlagbereit. Vor unseren
geistigen Augen lauern uns Hunderte von wolfartigen Hunden auf, gegen die wir nicht den Hauch einer Chance haben.
Früher gab's hier rudelweise Wölfe und Wegelagerer. In meiner Vorstellung ist der fiese Wolfhyänenbär aus Calzadilla de
la Cueza der unerschrockene Anführer! Es ist schon ein
mulmiges Gefühl, erschöpft durch einen einsamen, dichten
Wald immer bergauf zu klettern mit einem Ziel, vor dem so
ausdrücklich gewarnt wird. Aber zu zweit ist es erträglich.
Tatsächlich erhaschen wir dann nach etwa anderthalb Stunden auf einer Anhöhe einen ersten Blick auf die steinigen
dunklen Ruinen von Foncebadón.
  Als wir kurz darauf mitten in der Phantomsiedlung stehen, nähert sich uns zögerlich ein ausgemergelter aschgrauer

261

Hund von der Größe eines Terriers. Das Tier ist schwach und krank und hungert vor allem nach einer Streicheleinheit.

Die wenigen anderen streunenden Hunde, die ängstlich aus den Ecken gekrochen kommen, entpuppen sich ebenso als harmlose, nach Zuwendung gierende Wesen, die einem eher das Gefühl von Schutz vermitteln. Hübsche Mischlinge mit guten Absichten kreisen uns freudig bellend und schwanzwedelnd ein. Die Geschichte von den bösen Hunden von Foncebadón ist eine Mär! Zumindest was Anne und mich betrifft. Keine Ahnung, was die mit einem verängstigten Nachtschichtpilger anstellen.

In einer der höhlenartigen Ruinen gibt es wider Erwarten ein nettes verwunschenes Restaurant, das erst seit einer Woche geöffnet ist. »La Taberna de Gaia« heißt die Einrichtung, gekocht werden Gerichte aus dem Mittelalter, alle Zutaten sind frisch, sogar das Wasser holen sie sich hier aus einem eigenen Brunnen. Mutter und Tochter stehen in mittelalterlichen Gewändern vor einem alten Kamin und brutzeln deftige Mahlzeiten. Während wir mit den beiden gesprächigen Damen ins Plauschen geraten, stelle ich nüchtern fest, dass im Vergleich zum kultivierten Hochschulspanisch meiner englischen Frau Doktor mein Alltagsspanisch nicht der Rede wert ist. Ihre Zeit in Nicaragua bei den Feldmäusen hat sie voll genutzt!

Nach der Pause stapfen wir in Richtung El Acebo, einem der nächsten Höhepunkte der kantabrischen Bergwelt. Es ist ein großartiger Marsch bei gesunden Temperaturen und zwischendurch halten wir beide immer wieder inne und genießen das majestätische Bergpanorama. Annes Ausführungen über den tibetischen Buddhismus lausche ich gebannt und gleichzeitig völlig unangestrengt, denn sie passen so einmalig in diese Landschaft.

Der Weg ist still und einsam und außer uns sind anscheinend keine anderen Pilger unterwegs. Nach etwa einem Drittel unseres heutigen Caminos erreicht man auf einer Anhöhe eine selbst gezimmerte *albergue*. Kaum nähern wir uns, läutet schon die Glocke Sturm. Wenn sich ein Pilger nähert, erfahren wir später, wird das durch das Läuten angekündigt. Der bunt bemalte Bretterverhau lädt zur kurzen Rast ein und selbst gebastelte und von Hand bemalte bunte Wegweiser machen auf die Entfernungen nach Berlin, Jerusalem, Rom, New York, Buenos Aires und Sydney aufmerksam.

Falls sich ein Pilger zwischendrin mal wieder etwas weiträumiger orientieren möchte: Wegweiser in alle Welt

Man wird freundlich von einem jungen Hippie-Ehepaar begrüßt mit dem frommen Wunsch, der innere Jesus möge auf dem Weg in einem erwachen. Darf es vielleicht ein bisschen weniger sein, denke ich. Denn hinter der Hütte gibt es einen armen Schäferhundwelpen, den sie an einer ein Meter kurzen Kette in der prallen Sonne festgeknebelt haben. Der Hund ist kurz vor dem Verdursten und Verhungern. Vor ihm liegt eine rostige Blechdose, in der vermutlich mal etwas zu fressen gewesen sein muss, so verzweifelt, wie er daran leckt.

Da der innere Jesus in mir gerade tatsächlich voller Wut nach oben geklettert kommt, bitte ich die Frau streng, aber höflich um eine Plastikschüssel. Mit einem Fragezeichen auf der Stirn händigt sie mir diese auch aus und ich fülle sie bis zum Rand mit Wasser, das in einer Viehtränke quasi nur darauf wartet, getrunken zu werden, und gebe dem Hund endlich, was er schon lange schmerzlich vermisst. Das Tier säuft daraufhin literweise Wasser. Auf meine Nachfrage, ob der kleine Kerl heute schon etwas gefressen habe, bekomme ich die lapidare Antwort: »Nein! Zu fressen haben wir im Moment nix da!« Warum das Tier an der Kette hänge, forsche ich nach: »Der läuft sonst weg!«, ist die verblüffende Begründung. Klar, wenn er schlau ist!

Diese Leute sind schlicht Heuchler. Wie kann man ständig das verzweifelte Jaulen eines geschundenen Lebewesens im Ohr haben und derweil Pilgern ernsthaft wünschen, sie mögen den inneren Christus in sich entdecken. Die hier haben ihn garantiert nicht für sich entdeckt. Überall hängen Kreuze und Bilder von Maria an ihrer scheinheiligen Holzhütte. Diese Leute kotzen mich an! Die Amerikaner und Australier, die später vor dieser Bruchbude zu uns stoßen, finden nur Worte der Bewunderung für die einfältigen Blumenkinder. Ich frage unsere Mitpilger daraufhin, ob sie den kleinen Hund an der Kette gesehen hätten, der da ohne Wasser vor sich hinwinselt? »Oh yes, it's so cute.« Süß sei der, finden diese oberflächlichen Hobbywallfahrer. Der Ort sei himmlisch und die Leute seien ganz wundervoll. Idioten! Hoffentlich erbarmt sich irgendwann jemand des Tieres und schleppt ihn hier weg. Am liebsten würde ich ihn selbst mitnehmen, aber ich kann doch hier kein Hundebaby klauen.

Als Anne und ich nach einer guten Stunde weiterpilgern, ist der Hund todtraurig darüber und schaut uns noch länger winselnd hinterher. Es braucht einige Zeit des stillen Wanderns, bis ich mich vom Anblick der leidenden Kreatur wieder erholt habe und leider erkennen muss: Es war falsch, das Tier dort zu lassen.

Ich hätte meinem starken Impuls einfach nachgeben sollen. Die überforderten Hippies wären garantiert froh gewesen das jaulende Baby loszuwerden, und ich hätte mich über einen weiteren kleinen frechen Wanderfreund gefreut. Das ist und bleibt jetzt erst mal ärgerlich.

Anne versucht mir klar zu machen, dass ein Weiterpilgern mit dem Hund unmöglich geworden wäre und ich demnach absolut richtig gehandelt hätte. Ich erkläre ihr im Gegenzug, dass ich mich täglich den neuen Anforderungen des Weges stellen wolle und es heute im Prinzip eine kinderleichte Aufgabe gewesen sei, die lautete: Nimm den Hund mit!

Und wenn das in letzter Konsequenz bedeuten würde, die Reise abbrechen zu müssen, dann sei das eben so.

Mein falsches Handeln entspringt purem Egoismus, den ich mir auch nicht schönreden werde, denn das tun schon genügend andere Pilger. Also sage ich fest entschlossen zu Anne: »Den nächsten Hund nehme ich auf jeden Fall mit!«

»Wetten, nicht!«, fordert sie mich spitzbübisch heraus.

Am Cruz de Ferro, dem berühmten Eisenkreuz auf einem langen Eichenpfahl, der auf 1500 Höhenmetern steht, werfen Anne und ich ordnungsgemäß, wie es ein Pilger tun muss, einen von zu Hause mitgebrachten Stein ab. Tausende von Jahren ist diese Tradition angeblich schon alt. Man soll dadurch symbolisch seine Sorgen abwerfen. Einen Lapislazuli habe ich dem meterhohen Haufen geschenkt.

Es ist ein erhebendes Gefühl, vor dem Gipfelkreuz auf dem Monte Irago zu stehen und zu wissen, aus eigener Kraft dort hingelaufen zu sein. Während Anne und ich in der einsamen Bergwelt schweigend auf das in der Sonne blitzende Kruzifix schauen, kommt neben uns auf der schmalen Bergstraße ein Passat mit Mettmanner Autokennzeichen zum Stehen. Ein Ehepaar steigt aus und stellt sich neben uns.

Nachdem sie mich erkannt haben, fragt mich die Frau, ob ich tatsächlich hier heraufgelaufen sei? Wahrheitsgemäß bejahe ich, frage mich aber für einen Moment wirklich, ob ich es nicht gewesen bin, der mit dem Passat hier hergekommen ist? Die Dame bittet Anne, einen Schnappschuss von mir und sich zu machen, was Anne sehr irritiert tut. Die Herrschaften verschwinden schnell wieder und Anne fragt: »Warum wollte die denn ein Foto mit dir?« Ich erkläre ihr, dass die Dame eben ein Foto mit einem echten Pilger haben wollte. Die schlaue Anne glaubt das nicht so recht und sagt, dass die Dame sich ja ebenso gut mit ihr hätte fotografieren lassen können und dass sie fände, dass sich meine Landsleute in meiner Gegenwart ganz albern aufführen würden und dass es doch wohl noch einen anderen Grund dafür geben müsse?

Ich habe aber einfach keine Lust, ihr heute zu erklären, was ich genau mache, und schweige wie das eiserne Kreuz. Über meinen Beruf möchte ich – auch wenn ich ihn wirklich heiß und innig liebe – erst mal kein Wort verlieren.

Mir sind mit Menschen, die nicht aus dem deutschen Sprachraum kommen, schon ein paar echte Klöpse passiert. In Berlin war ich mal zu einer Theaterpremiere eingeladen und im Anschluss daran gab es ein kleines Bankett. Man hatte mich als einzigen Deutschen, warum auch immer, neben einigen Vertretern aus dem französischen Kultusministerium platziert. Mein Französisch ist ganz nett, aber für eine abendfüllende Konversation ist es dann doch etwas zu hölzern und simpel. Aber die französischen Funktionsträger sprechen nun mal nur ihre Muttersprache und so quäle ich mich tapfer über die frankophonen Runden. Die Staatssekretärin neben mir, das ist der Beruf, den ich zumindest aus ihrer langatmigen Erklärung mühsam herausinterpretiere, möchte meine Funktion gerne näher von mir beschrieben wissen. Und so sage ich: »Komiker!« Für die Dame scheine ich spontan nicht mehr der passende Umgang zu

Schweigt und sammelt Steine aus aller Welt:
das Cruz de Ferro auf dem Monte Irago

sein, denn sie meint arrogant: »So, so Komiker! Aber sehr berühmt können Sie ja nicht sein, sonst würde ich Sie ja kennen!« Das scheint der restliche Tisch auch »tres amusant« zu finden. Mittlerweile habe ich einen fetten Fleischklops im Mund und spreche ungehemmt an ihm vorbei, denn die Dame neben mir hat ja schließlich auch kein Benehmen. »Welche deutschen Komiker kennen Sie denn?«, schmatze ich ihr ins Ohr. Die Dame holt Luft und atmet lang wieder aus. Sie kenne eigentlich nur einen deutschen Komiker, den

Namen wisse sie leider nicht, aber der sei hervorragend und einfallsreich und bla bla bla. »Was hat der denn gemacht?«, will ich fast unverständlich kauend von ihr wissen. Sie plustert sich auf: »Das müssten Sie eigentlich wissen! Der ist in Frankreich sogar damit in den Nachrichten gewesen! Der hat die Königin von Holland gespielt!« Voilà, die redet von mir! Nicht ungeschmeichelt versichere ich ihr, dass heute ihr Glückstag sei, da sie den Gesuchten leibhaftig vor sich habe. Worauf sie sich prompt von mir abwendet und mich wie einen schlechten Hochstapler aus der westfälischen Provinz behandelt, der sich mit falschen, viel zu bunten Federn schmückt. Der Abend war überflüssig, auch wenn er mir eine nette Anekdote geliefert hat.

Anne und ich starren andächtig auf das Kreuz und schweigen. Mein Gott, ich laufe immer noch und habe auch nicht mehr die Absicht abzubrechen. Wir bringen das jetzt ganz entspannt hinter uns. Anne und ich fragen uns laut, was wir bisher eigentlich gelernt haben.

Ich versuche Anne meine Gedanken zu beschreiben: »Weißt du, wenn ich mir das Licht in mir vorstelle und sich mein Herz der Sache annimmt, dann fühle ich mich wirklich gut und ein angenehmes Gefühl des heiteren Mitleids stellt sich ein. Wenn sich dann aber mein Kopf wieder einschaltet, denke ich: Um Gottes willen, das ist verrückt, beende das! Das Leben muss man nüchtern betrachten, also schlag dich einfach durch! Dabei fühle ich mich nicht besonders gut, denn die Zweifel nagen wieder an mir.«

Anne kommentiert nur knapp: »Drop the thought!«

Unsere wichtigste Einsicht lautet: Weiterlaufen! Ansonsten habe ich gelernt, meinem eigenen Urteil am meisten zu misstrauen, um ihm dann nach sorgfältigem Abwägen am meisten zu vertrauen. Das Gleichgewicht zwischen Misstrauen und Vertrauen ist wahrscheinlich meine entscheidende Lektion. Grundsätzlich: Vertrauen, aber kleine Überprüfungen hier und da können nicht schaden. Ab jetzt werde ich mich wie ein neues Auto behandeln. Dem kann man grundsätzlich auch vertrauen, denn das hat ja schließlich eine Garantie ab Werk. Aber ab und zu ein kleiner Check in der Werkstatt beugt einem eventuellen Versagen vor.

Tue, wonach du dich fühlst, solange du nicht die Lust verspürst, die Kreissparkasse in Neuss zu überfallen und die pummelige Filialleiterin als Geisel zu nehmen! Sonst wird's spätestens dann Zeit für ein kleines Misstrauensvotum. Vertraue dir, solange du dich gut fühlst und niemand anders dadurch schlecht. Annes ureigene einfache Einsicht lautet: Loslassen, und zwar alles!

Gut, der Stein ist abgeworfen. Symbolisch! Erst bei meiner Rückkehr werde ich wissen, ob er wirklich auf dem Steinhaufen unter dem Kreuz liegt. Auf dem weiteren Weg werfe ich dann auch das erste Paar Socken weg. Die kann ich einfach nicht mehr anziehen. Ich weiß nicht, wie oft ich die getragen und gewaschen habe. Unterwegs in einem kleinen Souvenir-G'schäfterl kaufe ich mir schöne himmelblaue Wollsocken.

El Acebo ist unbestritten einer der Höhepunkte auf dieser Reise. Ein Bergdorf wie aus dem Märchen. Wie ein kleines Schwalbennest klebt es auf einem über tausend Meter hohen Gipfel und überblickt die unermessliche keltische Sagenlandschaft.

Ich überrede Anne dazu, ein gemeinsames Zimmer zu nehmen, und so teilen wir uns nun ein zünftiges Drei-Bett-Zimmer im ältesten Gasthof am Platz mit Blick auf eine Bergkette. Sie genießt es sichtlich, nach fast dreißig Nächten in überfüllten Mannschaftsschlafsälen oder im kalten Zelt mal wieder so etwas wie Privatsphäre zu haben. Und ich genieße es, dieses riesige Zimmer zu teilen. Ich hätte sowieso den vollen Preis für den einzigen noch freien Raum bezahlen müssen. Also lade ich sie ein, wir sind ja schließlich schon so was wie Freunde. Hab das Gefühl, ich kenne die

Frau seit hundert Jahren. Ob wir den Weg tatsächlich bis zum Schluss gemeinsam laufen, werden wir sehen.

Anne hat nach unserer Ankunft das Bedürfnis, einfach nur zu schlafen, und mich gelüstet es nach einem Kaffee. So setze ich mich in dem verwilderten Garten des kleinen mittelalterlichen Hotels an einen wackeligen Holztisch, um meine handschriftlichen Notizen zu vervollständigen. Die Nachbarn jenseits des Gitterzaunes täuschen zwar immerhin keine Christlichkeit vor, halten aber auch einen unglücklichen Hund, einen ausgewachsenen Husky, der angekettet in einem verdreckten, dachlosen Verhau in der prallen Sonne hilflos japst. Was soll das? Der ungepflegte Garten ist riesig und rundum eingezäunt, sodass der Hund gar nicht weglaufen könnte. Zum Schreiben komme ich so nicht, denn das Tier heult und winselt geschlagene zwei Stunden ohne Unterbrechung. Die Besitzerin brüllt ihm aus dem Haus immer wieder zu: »Inca, halt's Maul!« Die anderen Nachbarn scheinen sich an dieses erbarmungslose Schauspiel schon gewöhnt zu haben, denn in den angrenzenden Häusern rührt sich niemand.

Für Menschen, die mit einem anderen Lebewesen so umgehen, kann ich kein Verständnis mehr aufbringen. Diese Menschen legen sich doch auch nicht an die Kette. Wie soll man denn dieses verzweifelte Gejaule den ganzen Tag ertragen? Die übertönen wahrscheinlich das verzweifelte Flennen ihrer eigenen Seele.

Über den Zaun hinweg versuche ich mehrmals, beruhigend auf Inca einzureden. Diese magere Zuwendung macht Inca allerdings komplett verrückt, also sammele ich die Wut in meinem Bauch und brülle aus Leibeskräften in Richtung des Nachbarhauses auf Spanisch: »Was ist denn hier los? Wohnen hier Christenmenschen oder nicht?«

Es dauert keine zehn Sekunden und ein verschüchterter Mann tritt aus dem Haus, öffnet wortlos den Verhau, löst die Kette und lässt Inca in den großen Garten laufen.

Inca ist sofort quietschfidel und wechselt, wild herumtollend, in die schattige Seite des Gartens. Dann rollt sie sich ein paar Mal über den Rasen und ist ganz still. So einfach geht das!

Mir fällt ein Stein vom Herzen. Die Hündin sieht derweil total verdattert aus und scheint überhaupt nicht zu begreifen, warum sie auf einmal nicht mehr leidet.

Jetzt geht's mir besser und vor allem Inca!

Anne ist den ganzen restlichen Nachmittag über müde, weshalb wir nicht mehr viel unternehmen. Gegen Abend gönnen wir uns einen Spaziergang durch den verwunschenen Ort. Dort, wo der Camino wieder in die Wildnis mündet, steht ein kleines, beeindruckendes Denkmal. Das verbeulte Fahrrad eines deutschen Pilgers ist kunstvoll in ein Monument integriert worden. Der Radfahrer ist kurz hinter El Acebo tödlich gestürzt. Die Dorfbewohner haben hier zu seinem Andenken mit vereinten Kräften eine bleibende Erinnerung geschaffen. Leider ist er nicht der Einzige, der sein Leben auf dem Weg beendet hat. Immer wieder sieht man kleine, blumengeschmückte Kreuze mit eingravierten Namen, die mahnend an den Stellen stehen, an denen Pilger zu Tode gekommen sind. Sei es, dass sie vor Erschöpfung durch Herzversagen gestorben sind, von einem Auto erfasst wurden oder gestürzt sind. An diesen Plätzen der Totenverehrung wird einem zwischendurch wieder bewusst, welcher Herausforderung man sich hier eigentlich stellt.

Bis Santiago sind es noch zweihundertzwanzig Kilometer.

Erkenntnis des Tages:
Ich sage das, was nötig ist, und nicht mehr!

271

8. Juli 2001 – El Acebo

Gestern Nacht hat Anne fürchterlich laut geschnarcht. Wenn jemand schnarcht, kann ich absolut nicht schlafen. Also habe ich »das Universum« genervt gebeten: »Hör mal zu! Du wirst ja wohl in der Lage sein, dieses Schnarchen innerhalb der nächsten fünf Minuten abzustellen, ohne dass die Arme einen bleibenden Hirnschaden davonträgt!«

Nach einigen Minuten ist sie ganz still und schläft bis heute Morgen ruhig durch. Großartig. Und Kompliment ans Universum!

Es ist viel einfacher, den Weg nicht alleine zu laufen. Anne ist witzig, sodass ich viel lache und die Zeit schneller vergeht. Wir haben uns in Astorga genau zum richtigen Zeitpunkt wiedergetroffen. Das Alleinwandern war eine sehr wichtige Erfahrung, aber das Wandern mit einem Freund hilft mir, das in der Theorie Gelernte nun in die Praxis umzusetzen. Je länger wir zusammen laufen, desto mehr genießen wir es!

Anne sieht nach dem Aufstehen zerknautscht aus und ist wie gerädert. Mir ist auch nicht nach hektischem Aufbruch zu Mute, ergo beschließen wir, eine weitere Nacht in El Acebo zu bleiben. Auch um heute hier auf Sheelaghs Ankunft zu warten, denn sonst verlieren wir sie womöglich aus den Augen. Falls sie kommt, haben wir sogar noch ein freies Bett für sie. Anne legt sich also gleich wieder hin und fällt augenblicklich in einen komatösen Schlaf.

Mein Frühhunger treibt mich in die Gastwirtschaft im Erdgeschoss, wo ich umgehend eine weitere Übernachtung klar mache. Das gelingt glücklicherweise noch, obwohl im Butzenscheibenfenster bereits das Schild »completo« hängt. Mittlerweile ist es gar nicht mehr selbstverständlich, auf Anhieb ein Zimmer zu finden. Außer Keksen, trockenem Marmorkuchen und Kaffee wird zum Frühstück nichts geboten, aber daran habe ich mich ja inzwischen wirklich gewöhnt.

Während ich das karge Mahl genüsslich zu mir nehme, herrscht ein wildes Kommen und Gehen von Pilgern aus aller Welt und eine argentinische Gruppe lässt ein Geburtstagskind in ihrer Mitte lautstark hochleben. Da betritt ein verschwitzter Pilger mit einem mir vertrauten pummeligen Gesicht die Kneipe. Der Bodenseepilger steht abgekämpft im Türrahmen und schnauft. Ich fasse es nicht; wahrscheinlich tauchen gleich auch noch Schnabbel und Gerd auf.

Da kein Platz im Raum mehr frei ist, lotse ich ihn auf Deutsch an meinen Tisch. Natürlich frage ich ihn sofort, was Gerd und Schn... seine Frau machen? »Ingeborg, sie heißt Ingeborg«, informiert mich meine flüchtige Pilgerbekanntschaft, die übrigens Thomas heißt.

Schnabbel heißt also Ingeborg! Wo er sie denn gelassen habe, will ich wissen. Er zuckt nur mit den Schultern: »Keine Ahnung!? Irgendwann haben mich die Streitereien der beiden so genervt, dass ich sie einfach habe stehen lassen!«

Der Bodenseepilger bleibt sich selber treu, indem er mir wieder einmal ein selten dämliches Gespräch aufzwingt. Bei einem Kaffee will er besorgt herausfinden, was ich denn mit dem kleinen Jungen wolle, mit dem ich jetzt neuerdings unterwegs sei?

»Was für ein kleiner Junge?«, quetsche ich überfordert heraus.

»Na, der kleine Junge mit den roten Stoppelhaaren und dem Fußball-T-Shirt!« Wo ich denn den aufgegabelt hätte, der sei doch höchstens zwölf, gell?

O Gott, er meint Anne! Von weitem sieht Anne wahrscheinlich aus wie ein kleiner Junge. Na großartig! Jetzt denken also alle, ich bin mit einem Kind unterwegs. Der Bodenseepilger schaut mich skeptisch nachforschend an und ich erkläre: »Das ist eine gute Freundin.« Ein Määädchen? Wie ein Mädchen sehe das Kind aber nicht aus, insistiert er.

»Ja, ein Mädchen«, wiederhole ich leicht genervt, »und das Mädchen ist dreiundvierzig.« Das aber will er mir partout

Pilgerweggefährten

nicht glauben, denn er sei ja schließlich nicht blöd. Zum Glück besitzt Anne ein Gespür für perfektes Timing und steht wenig später hungrig in ihrem Lieblingshemd vor uns, sodass ich mit dem Finger auf sie zeigen kann: »Da bitte! Das ist der kleine Junge!« Thomas läuft knallrot an und sucht alsbald das Weite. Als ich Anne die drollige Geschichte erzähle, bekommt sie wieder einen ihrer nicht enden wollenden Lachanfälle und verschluckt sich mehrmals, während sie dabei mit ihrem nach vorne schaukelnden Kopf immer wieder fast auf die derbe Tischplatte zu knallen droht. Der Morgen endet gut und genauso gut fängt der gerade anbrechende Vormittag an. Denn eine Pointe jagt die nächste. Ich weiß, es gibt nichts Langweiligeres, als einen Witz zu erklären, aber ich versuche es jetzt mal. Um die Pointe zu knacken, muss man im Idealfall Spanisch und Englisch beherrschen.

Also: Eine knallrote junge Amerikanerin betritt fix und fertig die Pilgerstube. In der argentinischen Gruppe freut man sich über die Ankunft des Mädchens und eine der Frauen springt beherzt auf und läuft ihr entgegen. Die Amerikanerin spricht offensichtlich ein bisschen Spanisch und die Argentinierin kann sich ihrerseits mit Englisch über Wasser halten. So ist die nun folgende Konversation ein Mix aus den beiden Weltsprachen. So und jetzt ganz langsam!

Die Argentinierin streichelt der Amerikanerin sofort zärtlich über den Bauch und fragt auf Englisch: »How is the baby?« – Wie geht's dem Baby?

Die Amerikanerin ist total verwirrt und fragt zurück: »Baby?« – Welches Baby?

Die Argentinierin sagt: »But you said to me in Spanish: Estoy embarazada!« – Aber du sagtest doch zu mir auf Spanisch, du seiest schwanger.

Die Amerikanerin bestätigt auf Spanisch: »Sí! He dicho: Estoy embarazada.« – Ja, ich habe gesagt: Ich bin schwanger.

Dann fragt die Argentinierin etwas verwirrt zur Sicherheit in Englisch nach: »So you are embarassed?« Eigentlich wollte sie aber auf Englisch sagen: Du bist also schwanger? Auf Englisch bedeutet »embarassed« aber bekanntlich peinlich berührt.

Die Amerikanerin verzieht das Gesicht und kapiert endlich: »Ah! I thought embarazada means embarassed!« – Ach! Ich dachte embarazada heißt peinlich berührt!

Und die Argentinierin versteht aber: Ach! Ich dachte schwanger heißt schwanger! Und hält die Amerikanerin, ohne ihre eigene Unfähigkeit auch nur zu wittern, jetzt für eine komplette Idiotin.

Danach gehen die beiden vollkommen irritiert auseinander und reden kein Wort mehr miteinander. Anne und ich schütten uns bis zum Mittag über diesen Vorfall vor Lachen aus und unser Runninggag ist geboren. Herrlich! In den beiden Originalsprachen ist es ein garantierter Knaller. Während Anne und ich uns gegenseitig unsere komischsten selbst erlebten Geschichten beichten und dabei kichern, husten und heulen, steht irgendwann Sheelagh mit hochrotem Kopf in der Tür und wir brüllen nur: »Hi, Sheelagh, how ist the baby?« Als sie dann wie erwartet ganz konfus ». . . Baby?«, antwortet, ist unser Runninggag-Glück perfekt.

Sheelagh hat einen harten Wandertag, der früh um sechs begonnen hat, hinter sich. Sie freut sich dennoch über die Maßen, uns wiedergefunden zu haben. Leicht bedröppelt erzählt sie uns, dass im ganzen Dorf kein freies Bett mehr zu kriegen sei, und will wissen, wo wir denn schlafen. Anne und ich beschließen im stillen Einvernehmen die arme ausgepowerte Sheelagh ein bisschen hochzunehmen. Anne behauptet, dass wir unverschämtes Glück gehabt hätten und man uns das allerletzte Doppelzimmer gegeben habe. Sheelaghs Hoffnung auf eine geruhsame Nacht scheint sich nun gänzlich zu verflüchtigen und so reagiere ich schnell: »Komm, ich zeig dir mal unser Zweibettzimmer!« Als sie das Dreibettzimmer betritt, stutzt sie: »Oh . . . drei Betten? Aber ihr seid doch nur zu zweit!« Worauf ich nur erwidere: »Jetzt nicht mehr!«

Den restlichen Tag verbummeln wir drei im Garten des Hotels mit Wäsche waschen, Kaffee trinken, Wäsche aufhängen, Kekse essen, Karten spielen und Erzählen. Im Nachbargarten sitzt – derweil nicht mehr angekettet – Inca, der Schlittenhund, mit gespitzten Ohren, lauscht gebannt unseren Geschichten und erfährt so unter anderem, dass Sheelagh in der Verwaltung der neuseeländischen Hauptstadt Wellington für die städtebauliche Planung zuständig ist und zwei gewitzte Teenagertöchter hat, auf die sie mächtig stolz ist.

Erkenntnis des Tages:
Es lebe der feine Unterschied zwischen den Weltsprachen.

9. Juli 2001 – Molinaseca, Ponferrada

Nach dem Aufstehen wollte Sheelagh unbedingt das Zimmer bezahlen. Das war mir allerdings gar nicht recht, denn schließlich hatte ich sie ja eingeladen und so hat sie sich wiederum nicht lumpen lassen und uns stattdessen zu einem großartigen Frühstück in eine bessere Bodega gebeten. Nach unserem Gelage war die Rechnung fast so hoch wie die fürs Zimmer, was Sheelagh sichtlich gefreut hat. Unter vier bis fünf großen Milchkaffee pro Kopf und ebenso vielen Mineralwassern verlassen Anne und ich nun mal keinen noch so piefigen Ort.

Wenn wir nicht wandern, ist Anne, glaube ich, definitiv unterfordert, denn gestern Nacht konnte sie überhaupt nicht einschlafen und wollte sich unbedingt über alles Mögliche unterhalten, wonach mir nun gar nicht der Sinn stand, da ich alleine durchs Wäsche waschen rechtschaffen müde war. Also hat Sheelagh einen Mittelweg gefunden und uns kurzerhand wie unsere Mutti eine spannende Gespenstergeschichte erzählt, und zwar eine, die sich angeblich wirklich in ihrem Geburtshaus in Wellington zugetragen hat. Dieser Zusatz machte die Geschichte natürlich doppelt spannend.

Im Jahre 1860 lebte in dem viktorianischen Landhaus im rauen Südwesten der neuseeländischen Nordinsel ein walisischer Vorfahre von Sheelagh und betrieb dort eine Pferdezucht. Der Farmer hatte einen Stallknecht bestimmt, der nur für das Wohl seines Lieblingstieres, eines weißen ungestümen Hengstes, zuständig war.

Hinter dem Rücken des Besitzers misshandelt der Bursche das wilde Tier jedoch des Nachts mit Tritten und Schlägen, um es gefügig zu machen. Bald ist das Tier so verängstigt, dass es schon laut vor Angst wiehert und auf der Stelle trampelt, wenn die schweren Schritte des Knechtes vor dem Stall zu hören sind.

Der Besitzer wundert sich zwar über das ungewöhnliche Verhalten des Tieres, bringt es dennoch nicht in einen direkten Zusammenhang mit dem jungen Pfleger, der sich in Gegenwart seines Arbeitgebers natürlich nichts zu Schulden kommen lässt. Als der Pfleger wieder einmal des Nachts zu dem verängstigten Tier in den Stall schleicht, um es zu malträtieren, vergisst er das Gatter zu schließen und das stolze Ross kann in seiner Panik durch einen schnellen Galopp über den Kopfsteinpflasterweg in die Nacht entkommen, um kurz darauf durch einen mysteriösen Sturz zu Tode zu kommen.

Noch in der Nacht stellt der Gutsherr den Knecht, der geständig ist, zur Rede und entlässt ihn. Nach diesem Vorfall kann der Pferdezüchter bis zu seinem Tode keine einzige Nacht mehr durchschlafen und wandert stattdessen in seinem Zimmer unruhig auf und ab, sodass das Quietschen der Holzdielen im ganzen Haus zu vernehmen ist. Der arme alte Mann verstirbt bald vor Gram über den Verlust seines geliebten Hengstes.

Und noch heute sind dort an jenem Platz in Wellington jede Nacht die schweren Schritte des Stallburschen auf dem Hof zu vernehmen, danach das panische Galoppieren des Hengstes über das nicht mehr vorhandene Kopfsteinpflaster und schlussendlich die Schritte des Gutsbesitzers in seinem Zimmer und das Quietschen des Dielenbodens. Und niemandem in diesem Landhaus ist ein erholsamer Schlaf vergönnt! Das neuseeländische Fernsehen hat sogar einen Dokumentarfilm darüber gedreht.

Uha! So wie Sheelagh diese Geschichte mit ihrer eindrucksvollen Erzählerstimme vorträgt und perfekt die unheimlichen Geräusche auf dem Kopfsteinpflaster und auf dem Holzboden imitiert, kann einem nur Angst und Bange werden.

Anne ist während der Geschichte seelenruhig eingeschlafen, dafür konnte ich danach nicht mehr schlafen. Sheelagh musste mir versprechen, in den kommenden Nächten noch andere Gespenstergeschichten aus Neuseeland zu erzählen.

Heute sind wir drei nach dem ausgiebigen Frühstück zu spät losgelaufen. Es ist eigentlich schon viel zu heiß bei unserem Aufbruch. Sheelagh meint, dass Anne und ich eigentlich nicht der richtige Umgang für sie seien, da wir zwei uns gegenseitig in unserer behäbigen Gemütlichkeit nur unterstützen würden und dass das zwar extrem spaßig, aber auch gefährlich ansteckend für sie sei und dass sie vorhabe, ab sofort dagegenzuhalten. So ist sie eben, unsere Mutti!

Der heutige Camino ist wieder großartig und die pure Freude. Wir drei marschieren in einem wunderbaren Einklang. Diese beiden Frauen sind genau die Freunde, nach denen ich mich auf dem Weg gesehnt habe: humorvoll, weltoffen und vor allem herzlich. Spielerisch und vollkommen unverkrampft lassen wir einander in das Leben des anderen eintauchen. Weder Sheelagh noch Anne insistieren besonders, wenn es um meinen Beruf geht, und ich gebe heute auch nicht mehr als ein paar lustlose, wenig sagende Erklärungen ab. Sheelagh sieht das alles herrlich unverbissen und ihr einziger Kommentar dazu ist: »Jeder in seinem Tempo! Wenn du Lust hast, wirst du mir sicher mehr darüber erzählen, aber das, was du jetzt nur andeutest, klingt schon interessant!«

Die Landschaften sind atemberaubend. Über Stunden durchwandern wir eine wilde, dunkelgrüne Bergregion mit viel wildem Getier. Meine Kilometer zähle ich nicht mehr so genau. Wahrscheinlich war das vorher auch eher so eine Art Beschäftigungstherapie. Es ist ja auch mittlerweile vollkommen egal, wie viel wir am Tag laufen, denn wenn jetzt nichts Weltbewegendes mehr dazwischenkommt, bleiben wir alle drei präzise in unserem Zeitkorsett.

Sheelagh will unbedingt von mir wissen, wie es in Deutschland eigentlich genau aussehe, denn sie sei noch nie dort gewesen und sie habe – bis auf die Alpenregion – auch keine klare Vorstellung davon. Und ich stelle fest, dass es eine echte Herausforderung ist, etwas mir so Vertrautes zum ersten Mal in der Fantasie eines anderen Menschen mit Worten zum Leben zu erwecken. Da ich nie in Neuseeland war, kann ich auf keine eventuell möglichen Vergleiche zurückgreifen, und Sheelagh hat bisher vor allem Südostasien bereist. Bei der Charakterisierung Berlins kann mir Anne noch tatkräftig unter die Arme greifen und ihre Darstellung ist stimmig. In Sheelaghs Vorstellung versuche ich eine möglichst lebendige, vielfältige Dia-Show meiner Heimat zu projizieren, indem ich ihr meine inneren Bilder von Nordrhein-Westfalen, Sylt, Rügen, Hamburg, Dresden, München, dem Schwarzwald und dem Rheintal bei St. Goar kopiere, immer mit der Empfehlung, sich das alles auf einem Klangteppich aus Glockengeläut vorzustellen, denn irgendwo in Deutschland bimmelt immer ein Glöckchen.

Natürlich gerate ich auch über unsere Brotvielfalt ins Schwärmen! Offensichtlich habe ich danach nicht nur Sheelagh und Anne Appetit auf eine längere Reise in das kleine, exotische, abwechslungsreiche Land gemacht, sondern auch ich finde, dass ich da einen wirklich schönen Flecken auf unserem Planeten beschrieben habe, und mir war bisher gar nicht bewusst, wie sehr ich daran hänge.

Schön! So kurbelt man als Pilger ganz nebenbei auch noch die lahmende Tourismuswirtschaft in der kaltfeuchten Heimat an. Im Gegenzug versucht die Neuseeländerin mir die Perle Ozeaniens auf einem halluzinatorischen Klangteppich aus tropischem Vogelgezwitscher zu vergegenwärtigen, der mich am liebsten gleich den nächsten Flug buchen lassen würde.

Bei unserem späteren langen Abstieg schauen wir auf das Dorf Molinaseca, durch das sich in einer großen Schleife das saubere Flüsschen Rio Meruelo zieht, an dessen sanften Hängen hier und da Wein angebaut wird.

Der Zufall will es, dass es hier von der Landschaft rings-
herum bis zur Architektur der fachwerkartigen schiefer-
gedeckten Häuser beinahe so aussieht wie im nördlichen
Rheinland-Pfalz, und es fehlt mir eigentlich bloß ein kleines
Kastell auf einem der Hügel. Die Ähnlichkeit mit den kleinen romantischen Weinorten im Ahrtal ist, je näher wir
kommen, umso verblüffender, und als die schweren Kir-
chenglocken dann noch läuten, ist die Illusion perfekt. Also
sage ich:»Look, Sheelagh, du wolltest es ja unbedingt sehen.
Welcome to Germany!«

Und in der Tat finden auch Sheelagh und Anne, dass das
Örtchen von der nordspanischen Norm deutlich abweicht.
Einige Kinder baden laut singend in dem Flüsschen und so
fühlt sich Anne dazu ermutigt, ebenfalls in ihren Badeanzug
zu schlüpfen und schwimmen zu gehen. Da meine Bade-
utensilien irgendwo auf dem Grund meines unordentlichen
Rucksacks liegen, steht mir bei der brütenden Hitze nicht
der Sinn danach, nach ihnen zu tauchen, und ich lasse das
Bad aus Bequemlichkeit ausfallen. Nach Annes Erfrischungs-
plantschen gelüstet es die beiden Damen nach einer kleinen
Sightseeing-Tour durch das ungewöhnliche historische
Städtchen.

Da wir uns eben doch nicht an der Ahr befinden, ist es für
mich in der kesselartigen Talwanne eindeutig zu warm und
so entscheide ich mich dafür, alleine weiterzuwandern, und
zwar so langsam, dass mich die zwei spielend wieder einholen können. Zwischen uns dreien ist alles unkompliziert und
funktioniert auf Zuruf und so stellt auch diese Etappe keinerlei Problem dar. Keiner spielt die beleidigte Leberwurst
oder ist sauer. Unser Tagesziel Ponferrada dürfte nur noch
knappe zwei, höchstens drei Stunden entfernt liegen. Nach
einer kurzen Verabschiedung trotte ich unter der Nachmittagssonne gemächlich voran. Der Weg führt dann stetig immer weiter bergab Richtung Ponferrada.

Unschätzbare Bereicherung: Freunde auf dem Weg zu haben

Während des Wanderns kommt mir ein alter Donna-Summer-Titel in den Sinn, den ich im Stillen vor mich hinsinge; »All through the night. You can lay your head on my shoulder. You can make love to my mind and if you feel the magic don't be afraid.« Eine herrlich schwülstige Schnulze, die meine gute Stimmung nur noch weiter verbessert.

Der Weg durchquert nach einigen Kilometern einen kleinen Ort namens Campo und ab dort führt der Camino nicht mehr durch die Natur, sondern direkt durch den langweiligen grauen Flecken immer an der viel befahrenen monotonen Landstraße entlang. Nach ein paar hundert Metern hat man ein letztes Mal die Möglichkeit, links in einen ruhigen Feldweg einzubiegen, der weiter vorne sogar einen Bogen Richtung Ponferrada zu machen scheint. Kein Pfeil oder Muschelwegweiser führt auf diesen Pfad, was bedeutet, dass er garantiert nicht der offizielle Jakobsweg ist, aber meine kleine Landkarte aus dem Rucksack zu fischen ist mir gerade zu anstrengend. Normalerweise gehe ich zwar nie, zumindest nicht willentlich, vom Weg ab, aber da die beiden Frauen hinter mir in der Ferne noch nicht auszumachen sind, habe ich ja Zeit und falls ich merken sollte, dass der Pfad ein Holzweg ist, kann ich ja immer noch zurücklaufen. Auch das hätte ich noch vor zwei Wochen sicher nicht freiwillig getan, aber jetzt lässt meine Kondition durchaus ein paar Experimente zu. Der einsame Naturpfad ist jedenfalls einladender als der sanierungsbedürftige Bürgersteig neben der lauten asphaltierten Straße.

Also schlage ich diesen Weg ein und marschiere beschwingt irgendwohin, nur halt nicht mehr auf dem Jakobsweg. Ich weiß nicht warum, der Teufel reitet mich eben gerade.

Der Donna-Summer-Song spukt noch immer in meinem Kopf herum und ich lasse mich mal wieder treiben. Nachdem ich nach circa einem Kilometer hinter der zweiten Kurve gelandet bin, führt der Weg eindeutig wieder dahin zurück, wo ich ursprünglich hergekommen war, in die Berge. Und während ich so ins Nichts schaue und gerade wieder wenden will, entdecke ich im letzten Moment in der Ferne an einer Weggabelung ein verbeultes Verkehrsschild und darunter ein kleines winselndes rotes Knäuel. Da hat doch wohl nicht jemand in dieser gnadenlosen Pampa einen Hund ausgesetzt und an dem Pfahl angebunden? Zu spät, ich kann jetzt nicht mehr so tun, als hätte ich nichts gesehen. Da sitzt ein kleiner Hund und schreit förmlich nach mir, denn auch er hat mich wahrgenommen. Die Chance, dass außer mir noch jemand heute hier vorbeiläuft, ist gleich null. Im Eiltempo trabe ich weiter in die falsche Richtung. Als ich an dem verrosteten Stoppschid ankomme, das kaum noch als solches zu erkennen ist, wartet da ganz aufgelöst, mit einem alten Strick angebunden, ein kleiner roter Hund. Ein ganz süßer Mischling, irgendwas zwischen Spitz und Dackel, dessen Hals von dem dünnen engen Seil schon ganz wund gerieben ist. Noch nie hat sich irgendwer so über mein Kommen gefreut, vielleicht meine Mutter unmittelbar nach meiner Geburt, wie dieser kleine Kerl.

Der hat seit Tagen keine Menschenseele mehr gesehen. Kein Pilger geht vom Weg ab, aber ich Volltrottel hab natürlich nichts Besseres zu tun, als querfeldein zu latschen, um diesen quietschenden Hund zu finden! Der Strick lässt sich leicht lösen, also nichts wie raus aus der Sonne und zurück auf den offiziellen Weg. Na wunderbar, jetzt pilgere ich also tatsächlich mit einem Hund! Anne wird begeistert sein; ich sehe ihren Gesichtsausdruck schon vor mir. Von wegen »Wetten, du nimmst keinen Hund mit!«

Das musste ja so kommen! Ich habe es förmlich heraufbeschworen. Das pfiffige Tier ist einfach nur lieb und glotzt mich während des Weges zurück in das Kaff vollkommen fasziniert an. Der Hund und ich finden uns gegenseitig großartig und sind voneinander, glaube ich, ziemlich begeistert, auch wenn er bei genauerem Hinsehen fast so nervös und unbeherrscht wirkt wie Anne. Da sein Fell die Farbe von roten Pfefferkörnern hat und er wahrscheinlich Spanier ist, taufe ich ihn Pepe. O je, sobald man Tieren einen Namen gibt, baut man eine Bindung zu ihnen auf und kann sich nur schwer wieder von ihnen trennen … Nach mehrmaliger Nennung seines Namens reagiert er sogar halbwegs darauf. Der schlaue Spitz schimmert klar durch. Spanische Kommandos wie »Sitz!« oder »Platz!« begreift er hingegen überhaupt nicht, da macht sich also eher der trottelige Dackel bemerkbar.

Zurück im Kaff hole ich bei den Einheimischen, die mir begegnen, mit investigativen Fragen meine ersten privatermittlerischen Erkundigungen ein: »Haben Sie diesen Hund schon einmal gesehen?« und »haben Sie einen Hinweis auf den möglichen Besitzer!« Es herrscht allgemeine Ratlosigkeit und niemand will Pepe kennen oder gar haben. Ein älterer Herr gibt mir doch tatsächlich den Tipp, den Hund einfach wieder da anzubinden, wo ich ihn gefunden hätte. Auch in den Brot-, Friseur- und Blumen-G'schäfterln hat noch nie jemand das Tier gesehen und hat auch kein Interesse an ihm. Pepe ist hier genauso fremd wie ich. Der Hund scheint auch nichts und niemanden wiederzuerkennen und wenn ich stehen bleibe, tut er es auch und will auch, selbst wenn ich den Strick fallen lasse, überhaupt nicht weglaufen. In einer Bar bekommt er erst mal was zu trinken und säuft unglaublich viel. Der Hund ist ausgetrocknet. In einer Metzgerei kaufe ich drei dicke Fleischwürste, die er begeistert wegputzt. Danach hat er allerdings immer noch einen Mordshunger.

Am Ende des Ortes gibt es eine kleine Zoohandlung, in der ich dann mit ihm vorstellig werde. Die wollen ihn allerdings auch nicht haben. Da ich aber schon mal in dem Laden bin, kaufe ich eine Hundeleine und ein zum Fell passendes feuerrotes Halsband. So macht man das in Düsseldorf!

Gut, also in dem Kaff ist es aussichtslos, weiter nachzuforschen, und hier werde ich den Kleinen bestimmt nicht los. Also marschieren wir zwei im strammen Laufschritt nach Ponferrada. Die Stadt ist größer und dort erfahren wir sicher mehr Hilfsbereitschaft. Anne und Sheelagh müssten mich mittlerweile längst eingeholt haben und laufen sicher schon vor uns. Der Hund hat offensichtliches Vergnügen an meinem strengen Wandertempo. Den Camino würde er besser meistern als ich, nur wären wir zwei gezwungen draußen zu schlafen, denn vermutlich nimmt keine *albergue, refugio* oder Hotel Tiere auf.

Die Plaza von Ponferrada erreichen wir am späten glühenden Nachmittag; die ist zwar ausgesprochen anmutig, aber das ist an dieser Stelle gänzlich ohne Belang. Das Rathaus ist zum Glück noch geöffnet und so stiefeln wir zwei dort hinein. Eine sehr bemühte Stadtverwaltungsangestellte in langen Lederstiefeln erklärt mir, dass ich den

Hund auf gar keinen Fall im Rathaus abgeben könne, und für den Fall, dass ich mit dem Gedanken spielen sollte, ihn einfach unterhalb des Rathauses anzubinden, er Gefahr laufen, von den städtischen Hundefängern abgeholt und somit getötet zu werden. Seine einzige Chance sei ein privates Tierheim, in welchem er bis zu seiner definitiven Vermittlung bleiben könne. Oder ich solle ihn doch einfach selber behalten, denn er würde doch gut zu mir passen und offensichtlich habe er sich ja schon prächtig an mich gewöhnt.

Eine Adresse eines Tierheims kann sie allerdings nicht beibringen, da diese eben nicht unter kommunaler Aufsicht stehen.

Nach Sheelagh und Anne suche ich später, denn erst mal brauchen wir zwei ein Dach über dem Kopf.

Ein Hotel nach dem anderen klappern wir in absteigender Kategorienfolge ohne nennbares Ergebnis ab. Keiner will uns. Mich hätten sie trotz meines fleckigen Jeanshemdes gerade noch aufgenommen, aber nur ohne den Hund. In einer Seitenstraße bietet eine schäbige Pension in einem heruntergekommenen Neubau fragwürdige Ein-Zimmer-Apartments für einen Spottpreis an. Da dieses Etablissement unsere wahrscheinlich letzte Chance ist, entscheide ich mich schweren Herzens, Pepe hundert Meter davon entfernt an einer Laterne anzubinden. Trotz seiner gruseligen Erfahrung macht er keinen großen Aufstand und bleibt, den Kopf leicht geneigt und kritisch dreinschauend, ganz ruhig sitzen. Keine Ahnung, ob ein Hund so schnell Vertrauen aufbaut, aber ganz offensichtlich hat Pepe das getan.

Man bietet mir ein Apartment in einem Nebengebäude mit unabhängigem Eingang an. Hier scheinen also öfter Herrschaften ungesehen auf den Zimmern verschwinden zu wollen. Natürlich schlage ich sofort zu und zahle wie verlangt bar im Voraus. Falls man mich mit Pepe später erwischen sollte, kann ich ja immer noch behaupten, er gehöre einem Freund oder er sei mir erst nach der Anmietung des Zimmers zugelaufen.

Fahrstuhl gefahren ist Pepe scheinbar noch nicht, denn der macht ihm mächtig Angst, sodass ich befürchte, er könne das ganze Haus zusammenbellen, aber tapfer unterdrückt er jedes laute Geräusch.

Es ist herrlich unkompliziert, den Hund in das kleine Apartment unter dem Dach zu schmuggeln. Als wir den Raum betreten, habe ich das Gefühl, seine Gedanken lesen zu können. Oh Gott, er glaubt die karge Kammer sei mein Zuhause und von nun an auch das seine. Kritisch inspiziert er die Minibude und ruck, zuck sitzt er mit einem dicken Fragezeichen auf seiner von feuerrotem Fell bewachsenen Stirn auf dem sauberen weißen Bett und ähnlich wie mir scheint es ihm hier nicht besonders gut zu gefallen.

Trotzdem erklärt er die weiße Tagesdecke auf dem Bett zu seinem Eigentum und saut sie mit den roterdigen Pfoten vorsichtshalber schon mal tüchtig ein. Das Zimmermädchen wird vermutlich nie vollends begreifen können, welche spielerische Tobsucht über das Zierlaken in diesem Zimmer hergefallen ist.

Nachdem ich meinen Rucksack abgestellt und Pepe ein weiteres Mal kulinarisch versorgt habe, schmuggele ich ihn wieder aus dem Haus. Anne und Sheelagh machen sich wahrscheinlich mittlerweile Sorgen um mich, da ich jetzt schon seit Stunden überfällig bin. In der Stadt erkundige ich mich nach dem örtlichen *refugio*, in dem sie wahrscheinlich abgestiegen sind, und nach einer guten halben Stunde Fußmarsch erreichen mein neuer Freund und ich das *albergue* in einem modernen plattenbauartigen Vorort des ansonsten mittelalterlichen Ponferrada.

Mit dem Hund darf ich das fürchterliche Siebziger-Jahre-*refugio* nicht betreten, also bitte ich eine dralle, patente spanische Pilgerin, sich in dem riesigen Gebäude liebenswürdigerweise nach Sheelagh und Anne umzusehen und sie zu mir nach draußen auf den betonierten Vorplatz zu bitten. Inzwischen hat sich um Pepe eine internationale Pilgertraube geschart und bemuttert ihn. Als Anne und Sheelagh aus dem *refugio* gestürzt kommen, können sie den Hund also zunächst gar nicht sehen, sondern nur meinen Kopf über den nach unten gebeugten Menschen.

Anne brüllt sofort: »Oh god! Hans, wo warst du? Was ist passiert?«, und Sheelagh denkt aufgrund der kleinen Ansammlung um meine Beine, ich sei verletzt. Als sie dann meinen kleinen spanischen Freund entdecken, entgleiten beiden die Gesichtszüge komplett.

Anne ist fassungslos: »Oh no! Wo hast du den geklaut?«

Wahrheitsgemäß berichte ich nun von meinen Abwegen und vom Fund des kleinen Sonnenscheins. Eigentlich ist es mir auch egal, ob die beiden das verstehen. Ich verstehe es und das reicht. Beide erklären mich danach natürlich für komplett verrückt, allerdings nicht ohne sich selbst auch sofort in den quiekenden Pepe zu verlieben und ihn pausenlos zu bemuttern. Anne fällt als Erster die Nervosität des Hundes auf, denn dafür hat sie nun mal einen besonderen Blick; dann stellt sie die entscheidende Frage: »Sag bitte, dass du ihn nicht behalten willst?«

Ich erkläre den beiden, dass ich den Hund nur unter der Bedingung abgebe, dass ihm garantiert nichts zustößt.

Unser nächster Halt ist die Polizeidienststelle in Ponferrada. Zum Glück spricht Anne nicht nur gut, sondern eben perfekt Spanisch und ihr ausgebufftes Krisenmanagement in der Behörde ist schlicht hervorragend. Die zwei Beamten sind ausgesprochen hilfsbereit und begrüßen meinen spontanen Einsatz für das Tier ausdrücklich. Nachdem ich die Möglichkeit, Pepe zu adoptieren, ernsthaft erwäge, erklärt mir einer der Polizisten, dass das mit unglaublichem Papierkram, langen Wartezeiten für mich und einer quälend langen Quarantäne für das arme Tier verbunden sei. So rät er mir dringend, Pepe in die Obhut eines privaten Tierasyls mit einer guten Vermittlungsquote zu geben. Mehrmals frage ich den Beamten, ob er mir persönlich garantieren könne, dass der Hund nicht getötet werde. Über die Tierhaltung in Spanien habe ich schon die fürchterlichsten Geschichten gehört und ich rette doch kein Tier, um es dann geradewegs seinem sicheren Ende zuzuführen! Glaubhaft versichert der Beamte mir, dass ich mich auf sein Wort absolut verlassen könne, und so gestatte ich ihm nach einer guten Stunde, den alles entscheidenden Anruf zu tätigen.

Wenig später trifft der kleine Lieferwagen des spanischen Tierschutzes vor der Wache ein. Der ehrenamtliche Vertreter der Organisation ist ein sehr angenehmer rustikaler Herr, der mit Hunden gut umzugehen weiß, denn Pepe ist vom ersten Moment an total begeistert von ihm und weicht nicht mehr von seiner Seite. Auch dieser Herr muss mir dann ein paar Mal versichern, den Hund mit Seidenhandschuhen anzufassen, und erst, nachdem er mir seine Visitenkarte überreicht hat, gestatte ich ihm, den kleinen Pepe in den Wagen zu verbringen. Als der Hund erwartungsvoll auf der geöffneten Ladefläche sitzt, atmen Sheelagh und Anne vernehmbar durch und lächeln zufrieden. Der Hund macht keine Anstalten, zu mir zurückzuwollen, und so kann ich mich ganz ruhig von ihm verabschieden. Die Ladefläche wird geschlossen und der Wagen braust mit unbekanntem Ziel davon. Wie ein kleiner Junge stehe ich dann da und muss heulen! Einerseits aus Erleichterung, andererseits aus Erschöpfung und aus Trauer über den schnellen Verlust von Pepe. Aber es ist besser so, das spüre ich.

Die angelsächsischen Kulturbeflissenen besichtigen später noch die weltberühmte Templerburg aus dem Spätmittelalter, während ich restlos erschöpft von einer Bank aus mal wieder eine Sitzbesichtigung mache und mit hochgelegten dicken Füßen auf die baldige Rückkehr meiner Burgfräuleins warte, die mir ab und zu von der einen oder anderen Zinne mit hochroten Köpfen huldvoll zuwinken. Den

Rest des Abends entspannen wir drei im herrlichen Ponferrada in einem von Sheelagh ausgewähltem exquisiten Restaurant.

Erkenntnis des Tages:
Tu das, was das Leben von dir verlangt!

10. Juli 2001 – Villafranca del Bierzo

Die Zeit zum Schreiben finde ich jetzt kaum noch, dabei gäbe es mehr festzuhalten denn je. Anne, Sheelagh und ich sind inzwischen eine verschworene Gemeinschaft und haben in der kurzen Zeit so etwas wie eine Familie gebildet. Sheelagh ist die Mama, die sich um alles kümmert, und Anne und ich sind ihre renitenten Kinder, die sich längst an eine ausgezeichnete Versorgung gewöhnt haben und sich entspannt hängen lassen. Sheelagh kümmert sich einfach um alles. Sie hält nach Restaurants, Geschäften, Sehenswürdigkeiten und weiteren Übernachtungsmöglichkeiten auf dem noch vor uns liegenden Weg Ausschau. Mein Reiseführer bleibt deshalb neuerdings auch im Rucksack, denn gegen Sheelaghs Orientierungssinn und ihren richtigen Riecher hat er einfach keine Chance. Noch wäscht und bügelt die Neuseeländerin mit dem großen Herzen nicht für uns, aber wenn es so weitergeht, ist auch das allenfalls noch eine Frage von Stunden. Denn mit Sicherheit hat sie auch ein Bügeleisen in ihrem Rucksack, so adrett, wie sie immer ausschaut.

Gestern Abend auf der Plaza haben wir einen dicken bärtigen Belgier von Mitte 40 kennen gelernt. Er pilgert von Gent aus nach Santiago und ist bereits seit drei Monaten unterwegs. Im Schlepptau hat er einen Versorgungswagen, der ihm vorausfährt, und einen Ü-Wagen des flämischen Radios, das täglich live vom Camino und Erics Erfahrungen berichtet. Na also, es gibt tatsächlich Pilger, die mit einem Ü-Wagen unterwegs sind! Erics Füße sind in einem Zustand der Verformung, den ich gar nicht beschreiben kann, aber sicher würden sie besser zu einem rosafarbenen Nilpferd passen als zu ihm.

Da wir heute deutlich später aufgestanden sind als Sheelagh – etwa vier Stunden – und dann noch zwei Stunden in Ponferrada geblieben sind, um unsere fünf, sechs Cappuccinos zu trinken, sind wir vor Mittag wieder mal nicht losgekommen. Da war Sheelagh schon längst an ihrem Etappenziel angekommen. »Mama« ist unser Vorbild, denn sie zieht ihr Pensum tapfer durch, während wir unterbelichteten Halbwüchsigen aufmüpfig hinterhertrödeln.

Anne fühlt sich heute nicht besonders gut. Gestern Nacht bei unserem lauschigen Mahl auf der Plaza hat sie sich etwas zu viel Wein genehmigt. Sheelagh und Anne wissen, so wie ich auch, einen edlen spanischen Tropfen durchaus zu schätzen. Aber ich bleibe tapfer und trinke nur Wasser und das ziehe ich bis zur Ankunft in Santiago durch. Anne hat sich auf unserer gestrigen Etappe so gut wie gar kein Wasser gegönnt und deshalb ist sie in der Nacht im *albergue* vor Sheelaghs Füßen einfach zusammengeklappt. Sheelagh kommentierte das nur knapp mit: »Anne, you will never learn!« Heute Mittag fühlt sich die so Gemaßregelte dann aber wieder fit genug, um es erneut mit dem Camino aufzunehmen. Unser Ziel heißt Villafranca del Bierzo.

Unter der strengen spanischen Mittagssonne zu laufen ist mittlerweile kaum noch ein Problem, denn auch daran kann man sich gewöhnen und es gibt ja Hüte, Sonnenschutzmittel und Mineralwasser. Zwischendurch tauche ich meinen Hut und mein Hemd einfach komplett in eine Viehtränke und streife mir die klitschnassen Klamotten über. Auf diese Weise wird der Körper für längere Zeit gut gekühlt und nebenbei bleibt die Kleidung auch noch halbwegs sauber.

Zwischendurch halte ich Anne dazu an, ordentlich Wasser zu trinken, was sie auch brav tut, denn sie merkt langsam, dass sie sich dann bedeutend besser fühlt. Wurde aber auch Zeit!

Der lange, abwechslungsreiche und immer wieder auch schattige Feldweg ist eine der einfachsten Etappen überhaupt. Er bietet viele schöne Einkehrmöglichkeiten, die wir nahezu vollständig nutzen. Sechseinhalb Stunden lang bewegen wir uns mutterseelenallein und langsam durch pfälzisch anmutende Weinberge auf das fruchtbare Bierzo zu.

Als wir am frühen Abend durch das romantische Nest Cacabelos streifen, sitzt Sheelagh dort frisch geduscht mit nassen, in der Sonne orange schimmernden Haaren auf dem Bordstein und erwartet uns bereits sehnsüchtig: »Mein Gott! Wo bleibt ihr denn? Ich dachte schon, ihr wärt heute gar nicht erst losgelaufen!«

Ihr ist die Puste frühzeitig ausgegangen, also übernachtet sie heute nicht am eigentlichen Etappenziel, sondern in einem superschicken motelartigen *refugio* mit Einzelzimmern. Der pure Luxus!

Sofort verpasst Sheelagh uns beiden auf ihrem Bett erst mal eine entspannende und gekonnte Fußreflexzonenmassage. Was die alles drauf hat! Dabei erzählt sie uns erneut Gespenstergeschichten aus den neuseeländischen Highlands, denen wir mit großen Kinderaugen lauschen. Wenn ich sie nicht rüde angestupst hätte, wäre Anne wieder eingeschlafen! Jeder von uns hat sich dann noch eine halbe Stunde auf Sheelaghs Liege ausgeruht. Bleiben können wir aber leider nicht in diesem Traum von *albergue*, denn das kleine Haus ist komplett ausgebucht und reservieren darf man hier nicht, denn auch hier gilt die Regel: Wer zuerst kommt, pennt zuerst!

Ohne Sheelagh wandern wir also weiter in das anderthalb Stunden Fußmarsch entfernte Villafranca. Für morgen Abend haben wir mit ihr einen Treffpunkt ausgemacht.

Villafranca del Bierzo ist ein romantisches kleines Städtchen, das so aussieht, als wäre es an der Mosel geklaut und hierher verfrachtet worden. Durch die Gnadenpforte erpilgern wir uns abgekämpft das Städtchen. Geschwächte oder erkrankte Pilger, die eine weitere beschwerliche Wanderung nach Santiago unmöglich überstehen würden, erhalten seit dem Mittelalter und bis auf den heutigen Tag in der örtlichen Kirche vom heiligen Jakob in diesem auch »Klein-Compostela« genannten Städtchen ihre Gnadencompostela. Einen Moment lang spielen wir zwei mit dem Gedanken, es hier schlicht und einfach gut sein zu lassen, uns die goldene Urkunde abzuholen und die kommende Woche bei 50 Tassen Cappuccino am Tag und fettigen Keksen in einer gemütlichen Bar abzuhängen und dummes Zeug zu texten, aber da hätte unsere Mutti sicher was dagegen und wäre maßlos enttäuscht von uns.

Ab morgen beginnt die härteste Etappe, der »Camino duro«, der harte Weg! Bevor man in die Zielgerade läuft, macht es einem der Apostel Jakob scheinbar besonders schwer und siebt noch mal tüchtig, denn auf der folgenden Route ist schon so mancher noch knapp vor der Medaille aus dem Rennen geflogen.

Wie viele Christen aus ganz Europa hier in den vergangenen Jahrhunderten ihr Leben gelassen haben, bezeugt der Pilgerfriedhof eindrucksvoll.

Für diese Nacht kommen wir in einer kleinen Pension in der Stadtmitte preisgünstig und sauber unter.

Erkenntnis des Tages:
Mir selbst habe ich mich lang genug zugewendet.
Jetzt sind die anderen an der Reihe!

11. Juli 2001 – Trabadelo und Vega de Valcarce

Die Fortsetzung des Weges bietet zunächst zwei unterschiedliche Routen. Die eine, auch noch die längere, führt als gnadenlos steiler Naturpfad über die Berge, das ist der »Camino duro«, der harte Weg; die andere führt entlang der N6, einer viel befahrenen Nationalstraße, Richtung Vega de Valcarce. Beide Wege sind laut Pilgerfibel auf die eine oder andere Weise unbarmherzig.

Gegen jede Gewohnheit und als ahnten wir, was auf uns zukommt, stehen Anne und ich sehr früh auf, trinken nur einen Kaffee und entscheiden uns intuitiv für den steilen Bergpass, der kurz hinter der Kirche für mein Wanderempfinden beinah senkrecht nach oben führt. Bereits nach fünf Minuten melden sich meine Knieschmerzen und kurz darauf beginnt mein ganzes Bein höllisch weh zu tun. Es bleibt mir nichts anderes übrig, als die Strapaze abzubrechen, denn der ähnlich steile Abstieg würde mich als Pilger endgültig schachmatt setzen.

Um meine Knie zu schonen, muss ich mich für die Alternativroute entscheiden. Anne hat jedoch höllische Angst vor der viel befahrenen Landstraße und bleibt auf dem Naturpfad.

Etwa zwei Kilometer vor Vega treffen die beiden Strecken in Trabadelo wieder aufeinander und so verabschieden wir uns und verabreden uns dort auf einen – oder besser: fünf Milchkaffee! Jeder von uns hat nun vier Stunden unfreiwilligen einsamen Pilgerns vor sich.

An der N6 angekommen, staune ich nicht schlecht. Es gibt keinen Gehsteig oder abgetrennten Pilgerweg auf der engen zweispurigen Landstraße, die das Gebirge durchschneidet. Stattdessen läuft man auf dem knapp einmetterundfünfzig breiten Seitenstreifen, während einem Hunderte von Autos und LKWs mit überhöhter Geschwindigkeit entgegenkommen, um dann mit ohrenbetäubendem Lärm an dem armen Wandervolk vorbeizurasen. Meiner unmaßgeblichen Ansicht nach dürften hier Fußgänger unter gar keinen Umständen erlaubt sein, aber das sieht der leichtfüßige Spanier anders!

Rechts von mir liegt zum Greifen nah die Fahrbahn, links von mir, gleich unterhalb der verbeulten Leitplanke, in fünfzehn Metern Tiefe eine reißende, rauschende Klamm. Auf der anderen Seite der Fahrbahn entlang der Kalksteinfelswand wäre ein Fortkommen mit dem Verkehr im Rücken noch aussichtsloser.

Um den vielen Schwertransporten auszuweichen, bleiben mir manchmal nur knapp zwanzig Zentimeter Platz und ich quetsche mich mit den Oberschenkeln gegen die hüfthohe Blechabsperrung und blicke starr vor Schreck in das wilde, laut brodelnde Wasser. Ohne auch nur die geringste Rücksicht zu nehmen schneiden mich insbesondere die Laster. Dabei weisen überdimensionale Verkehrswarnschilder eindeutig auf die Pilger hin. Die Fahrer haben zweifelsohne höllischen Spaß daran, die Wallfahrer richtiggehend zu piesacken.

In den zahllosen unübersichtlichen Kurven wird es mörderisch gefährlich und ich kann nur noch rennen, um einer Kollision auszuweichen. So schnell das mit zehn Kilo Gepäck bei fünfunddreißig Grad im Schatten eben geht! Ein Knieschonprogramm ist das nicht, das ist der Schleudergang und setzt meinem Körper maßlos zu. Mental habe ich die Sache zweifelsohne zunächst besser im Griff. Ein ähnliches Programm erlebe ich nämlich ab und an in meinem Beruf; wenn auch nicht ganz so konkret.

Jeder der Brummi-Fahrer nutzt inzwischen auch meinen schmalen Standstreifen als Fahrbahn. Es bleibt ihnen auf der immer enger werdenden zweispurigen Straße auch gar nichts anderes übrig. Zu allem Überfluss finden kontinuierlich waghalsige Überholmanöver auf beiden Fahrbahnen statt. Nach zwei Kilometern auf dieser Geisterbahn bin ich restlos bedient vom Krach, den Abgasen und der Gefahr und brülle jeden Autofahrer wütend an. Es reicht! Basta! Verpisst euch!

Um der Fahrbahn mehr Raum abzutrotzen, halte ich meinen knapp einszwanzig langen Pilgerstab am gerade ausgestreckten Arm auf die Fahrbahn und erkämpfe mir so ganze zwei Meter Platz. Durch den waagerecht ausgefahrenen Stab sind die viel zu schnellen Autofahrer gezwungen, durch abruptes Gegenlenken einem Aufprall zu entgehen, und das macht sie keineswegs friedfertiger und mich nicht wirklich sicherer. Als ich ein I-Männchen war, hat man mir erfolgreich beigebracht, niemals auf so einer Straße herumzulaufen. Ich habe mich eigentlich auch immer daran gehalten. Warum heute nicht? Über das Pilgern darf ich doch die gute Vernunft nicht vergessen. Diese Unternehmung ist, auch wenn sie erlaubt ist, eindeutig gegen jede Räson. Also versuche ich, nachdem ich die andere Fahrbahnseite durch einen gewagten Pilgerstabhochsprung erreicht habe, zu trampen. Ein chancenloses Unterfangen. Die Spanier nehmen Pilger nun mal nicht mit. Sie tun es einfach nicht! Selbst wenn mich jemand mitnehmen wollte, es gäbe überhaupt keine Haltebuchten dafür. Und auf der unübersichtlichen Straße zu stoppen wäre wiederum für jeden Autofahrer eine lebensgefährliche Entscheidung.

Über mein Handy versuche ich, massiv gegen das rauschende Wasser und den Verkehr anbrüllend, mich mit der Taxizentrale in Villafranca verbinden zu lassen – und lerne wieder einmal dazu, denn diese, so erfahre ich, existiert gar nicht. Sieben weitere Kilometer muss ich stinksauer und fluchend durch diese harte, glühende Pilgerhölle hetzen und schnaufen.

Und in den sich häufenden Kurven lege ich nunmehr konstant lebensrettende Zweihundert-Meter-Sprints mit ausgestrecktem Pilgerstab hin. Ein heroisches Bild! Das könnte olympische Disziplin werden, denn alle Muskeln werden bei diesem für Zuschauer äußerst attraktiven Sport beansprucht! Kurz vor dem vereinbarten Treffpunkt mit Anne überholt mich dann auch noch Erics belgischer Ü-Wagen. Mist, die hätten mich als Einzige sicher mitgenommen!

Erschöpft, müde, stinkwütend und hinkend erreiche ich ohne Chance auf einen der Medaillenränge die erste Zwischenstation Trabadelo. Wo bin ich denn hier gelandet? Diese Ansiedlung besteht aus einer gigantischen Tankstelle mit weit über zwanzig Zapfsäulen und einem holzverarbeitenden mittelständischen Betrieb, in dem mindestens fünf Kreissägen gleichzeitig singen. In diesem Pilgerinferno ist offenes Feuer sinnigerweise überall verboten!

Hinter dem Brummifahrer-Tankparadies schlage ich den ruhigen Naturpfad ein, auf dem Anne den Berg herunter- und mir entgegengepilgert kommen müsste. Diese Ruhe ist fantastisch. Keine Motoren, kein Gehupe und kein rauschendes Wasser! Poor Anne, sie weiß noch nicht, dass wir auf der Landstraße ohne Ausweichmöglichkeit weiterwandern müssen. Ganz schonend und sehr einfühlsam werde ich es ihr beibringen. So bin ich eben.

Vor einer kleinen Bodega im Wäldchen platziere ich mich als einziger Gast direkt an der sandigen Weggabelung. Der leicht konfuse grauhaarige Besitzer in seiner dünnen von Strohfäden übersäten Strickjacke fragt gleich dreimal hintereinander nach meiner immer identisch lautenden Bestellung. Der Mann scheint vergessen zu wollen, aber nett hat er es sich gemacht, denn er hat das mausgraue Häuschen mit Dutzenden von Plastikzwergen, Märchenfiguren, Fabelwesen und kitschigen Kunsthirschen überbordend geschmückt. Die Sonne hat den Pretiosen über die Jahre gehörig zugesetzt. Alles ist ausgeblichen und mittlerweile ist eigentlich jede der geschmacklosen, aber witzigen Skulpturen blasszitronig oder pastellorange geworden. Ähnlich blass wie die Erinnerung meines Barkeepers. Was für ein absurder unwirklicher Platz.

Oder halluziniere ich doch bereits?

Keine fünf Minuten später sehe ich Anne in einiger Entfernung entschlossen auf mich zupilgern. An ihrem viel zu festen Schritt erkenne ich, dass sie ebenfalls stinksauer ist. Als sie ihren blauen Baumwollrucksack abgeworfen hat, macht sie sich durch einen Befreiungsschrei erst mal Luft, um dann vollends zu explodieren.

Das sei mit Abstand die »most fucking« Wanderung auf dem ganzen Camino gewesen, denn, so erzählt sie rot vor Wut weiter, sie sei ohne Vorwarnung in eine Bergsprengung hineingeraten und habe sich zu Tode erschrocken und musste danach an einer aufgescheuchten Herde junger Bullen vorbeimarschieren, die sich einen Spaß daraus gemacht hätten, sie aufs Blut zu ärgern, und eine dieser männlichen Kühe sei ihr im Schweinsgalopp hinterhergejagt und sie sei nur mit Mühe entkommen!

Meinen dringlichen Lachimpuls kann ich nicht unterdrücken und auch Anne hat schon wieder Lust auf eine befreiende Kicherattacke. »Du siehst schrecklich aus! Wie war dein Weg?«, will sie dann natürlich wissen und während meiner Schilderung wird sie langsam so blass wie die Märchenfiguren um uns herum. Und bekommt ebenso wie ich ihren Kaffee nicht unmittelbar nach der zweiten Bestellung serviert.

Während wir unseren Kaffee trinken, den wir im Übrigen beinahe nicht hätten zu zahlen brauchen, beruhigen wir uns dann gegenseitig und ich bringe Anne im Schonwaschgang bei, dass noch sieben gruselige Kilometer Landstraße vor uns liegen und dass wir sie besser schnell hinter uns bringen.

Ohne große Diskussion brechen wir vom Märchenwald wieder auf zur doppelspurigen Geisterbahn Richtung Vega.

Die Straße hat dann noch eine echte Überraschung in petto, denn sie wird noch enger und die LKWs dafür immer schneller. So kommt es uns jedenfalls vor. Wie ein hysterisches Selbstmordkommando laufe ich brüllend voran und wedele heftig mit meinem langen Pilgerstab, um uns die Brummifahrerbrut so weit wie möglich vom Leib zu halten, während Anne hinter mir nach und nach ausrastet, flucht und verzweifelt anfängt, laut zu heulen.

Plötzlich bemerke ich im Augenwinkel, wie sie hinter mir ausbricht, mitten auf die Fahrbahn läuft und versucht, einen licht- und klanghupenden LKW mit Tarzanschreien zu stoppen, wobei dicke Tränen ihre Wangen herunterkullern. Das ist jetzt aber wirklich lebensgefährlich! Mit einem entschlossenen Klammergriff in den Nacken zerre ich die kleine Frau zurück auf den Standstreifen und kann sie nur knapp vor der Leitplanke wieder abbremsen. Ich bin kurz davor, ihr eine schallende Backpfeife zu geben, denn sie muss sich sofort wieder beruhigen. Unbeherrschtheit kann uns hier das Leben kosten. Mit Urlauten, die ich von mir definitiv noch nicht kannte, brülle ich sie nieder, was sie dermaßen erschreckt, dass sie danach schluchzend ganz lieb hinter mir hertrabt. In einem Sicherheitsabstand von zwanzig Metern trotte ich vor ihr her und versuche an uneinsehbaren Stellen trotz des grauenvollen Geräuschpegels des reißenden Gewässers akustisch zu orten, wie weit die nahezu ohne Unterbrechung vor uns fahrenden Wagen entfernt sein könnten.

Auf mein Kommando »Now! Jetzt!« legen wir dann alle fünfhundert Meter in den schlaufenförmigen Serpentinen mörderische Sprints hin und schreien uns dabei die Seele aus dem Leib, denn eine Hupe haben wir nun wirklich nicht dabei.

Ein LKW erwischt uns dann fast in einer Kurve! Er fährt haarscharf an mir vorbei. Der hat mich gar nicht bemerkt und erst im allerletzten Moment so was wie eine Reaktion gezeigt. Wahrscheinlich war das kein FC-Barcelona-Fan wie Anne! Herrje, ich weiß ja auch, dass einige nicht mehr ganz nüchtern sind. Wie viel die den ganzen Tag über trinken?

Als ein kleiner Wegweiser hinter einer Felswand links auf einen schmalen Pfad Richtung Vega deutet, hat der blanke Horror endlich ein Ende. Mein Gott, diese Rennerei auf der Straße! Das hat Nerven gekostet. Aber wir waren absolut im Moment und wir haben an nichts anderes denken können als an Now! Jetzt!

Wir haben dennoch beschlossen, offiziell beim spanischen König gegen diese pilgerunwürdige Behandlung zu protestieren. Sollten wir den Weg jemals wieder laufen, werden wir uns für diese Etappe einen Mietwagen nehmen. Und selbst dann bliebe ein gewisses Restrisiko.

Vollkommen entnervt und fertig landen wir wenig später im *refugio* von Vega. Außer uns sind zum Glück nur vier andere Pilger im Haus, denn Vega ist kein beliebter Ort für Übernachtungen. Was mich verwundert, denn das Dorf ist traumhaft gelegen.

Das Zweifamilienhaus-*refugio* liegt idyllisch direkt am

Fuße der galizischen Berge an einem kleinen Fluss. Eine Frau hat ihre Privatwohnung umfunktioniert und zwanzig zeltartige doppelstöckige Betten in ihrem saalartigen Wohnzimmer aufgestellt. Die Señora selbst lebt in der Küche! Jeder Pilger kann sich so bei Bedarf in seiner Zeltkoje verkriechen. Was sicher keinen ausreichenden Schutz vor zwanzig anderen Leuten im Zimmer bietet. Heute Nacht sind wir aber nur zu sechst und draußen direkt neben der Terrasse rauscht das glasklare Flüsschen Valcarce, in dem man sogar schwimmen kann.

Anne und ich werfen uns sofort in unsere Badesachen und plantschen im Frischwasser und dösen danach auf der angrenzenden Wiese.

Morgen erreichen wir dann Galicien, die letzte Provinz, die es noch zu durchqueren gilt, und der »Camino duro« wird angeblich besonders hart und soll seinem Namen alle Ehre machen. Schlimmer als heute kann es allerdings nicht mehr kommen!

Erkenntnis des Tages:
Auch Geisterbahnen können durchpilgert werden.

12. Juli 2001 – La Faba und O Cebreiro

Heute sind wir auch recht früh auf den Beinen, denn das *refugio* muss jeder Pilger um acht verlassen, und da der Weg schlimm sein soll, wollen wir ihn ganz ganz schnell hinter uns bringen. Sheelagh wäre stolz auf uns!

Zum vereinbarten Treffpunkt ist sie gestern nicht erschienen. Ein Telefon hat sie nicht dabei. Also können wir bis auf weiteres keinen Kontakt zu ihr aufnehmen. Die finden wir schon wieder!

Es geht rauf in Richtung O Cebreiro in Galicien auf knapp

1300 Höhenmetern. Da es der steilste und längste Anstieg des Caminos von sage und schreibe elf Kilometern ist, wird den Pilgern dringend empfohlen, ihre Rucksäcke von einem Taxiservice befördern zu lassen. Allerdings konnten wir gestern in Vega weit und breit keinen derartigen Dienst mehr ausfindig machen, unsere Vermieterin war ratlos und auch heute Morgen, trotz viel Hin- und Herlauferei in der Bauernschaft, lässt sich niemand hervorzaubern, der den Transport unserer zwanzig bleiernen Kilo übernimmt. Also steht irgendwann fest: elf Kilometer steil nach oben und das bei vorhergesagten vierzig Grad im Schatten mit Rucksack! Aus purer Ratlosigkeit lassen wir den Tag dann doch wieder gaaanz langsam angehen. Erst um zehn Uhr nehmen Anne und ich unser ausgiebiges Frühstück vor einer Kneipe in dem Dörfchen zu uns. Neben uns sitzt eine hektische, spindeldürre Spanierin, die sich humpelnd einen Kaffee nach dem anderen aus der Bar besorgt und uns dann nervös anquatscht. Sie erzählt uns, dass sie auf ihr Taxi warte, das ihren Rucksack auf den Gipfel befördern solle. Ob sie sich darauf verlassen könne und was wir meinten, ob der Typ wohl noch käme, denn sie habe schon bezahlt! Anne und ich sind ganz Ohr.

Sie hätte ihren Rucksack bereits um sechs Uhr in der Bar abliefern sollen und hatte am Abend zuvor schon alles bezahlt. Heute Morgen hat sie allerdings verschlafen und nun macht der Fahrer für sie eine seltene Ausnahme und fährt nur ihren Rucksack hinauf. Eigentlich rentiert sich so eine Einzelfahrt für ihn nicht, aber da die Dame schon bezahlt hatte, tut er es doch. Sie hat sich entschlossen, da sie kaum noch laufen kann, selbst auch mit dem Taxi raufzufahren. »Die Knie, wissen Sie, wegen der Abstiege!«

Ein paar Minuten später taucht der Fahrer samt Jeep tatsächlich auf und ist natürlich mehr als gerne bereit, auch unsere Rucksäcke für ein paar Mark pro Nase auf den Gipfel zu fahren. Bei der Gelegenheit will ich auch gleich von ihm wissen, wie es denn oben mit Übernachtungsmöglichkeiten aussehe?

»Oh Gott, oh Gott, da müssen Sie aber reservieren. Hunderte von Pilgern sind heute auf dem Weg da oben rauf und es gibt nur zwei kleine Herbergen. Die meisten Pilger werden dann gezwungen sein, fünfzehn Kilometer weiterzuwandern, und Alto do Poio liegt noch höher als O Cebreiro.« Also bitten wir ihn, schleunigst telefonisch ein Doppelzimmer mit der Möglichkeit, ein drittes Bett darin aufzustellen, in einem der kleinen *albergues* zu reservieren. Er telefoniert und in dem netteren der beiden *albergues* ist exakt noch ein Zimmer frei. Schwein gehabt und unsere Rucksäcke nimmt er auch noch mit rauf!

Beflügelt und wahrlich erleichtert machen wir uns auf den von tiefen Fußabdrücken durchpflügten weichen Pfad und der steile Anstieg ist in der Tat mit den Worten »sehr, sehr beschwerlich« immer noch unzureichend beschrieben. Die brütende Hitze und die immer dünner werdende Luft machen das Unternehmen umso komplizierter und zudem muss man sich bei aller Leichtigkeit dann doch auch an das Laufen ohne das Gewicht des Rucksacks erst wieder gewöhnen.

Der schwere Boden ist lehmig und die Füße finden kaum Halt. Mit dem Rucksack hätte ich das nie im Leben geschafft und selbst mit meinem Stock ist es schwierig, hier raufzukommen. Der Lehm klebt an den Schuhen und das Gewicht der Schuhe verdoppelt sich im Viertelstundentakt. Auf dem Weg begegnen wir an jeder Gabelung entkräfteten Pilgern, die sich vor Erschöpfung einfach unter die Büsche auf die feuchte Erde gelegt haben und auf bessere Zeiten warten. Nach fünf Kilometern »Camino duro« sitzen zwei ältere Däninnen puterrot und heulend in einem Graben; die beiden haben resigniert beschlossen: Nichts geht mehr. Sie sind nicht mal mehr in der Lage, aus eigener Kraft wieder aufzustehen, und sie wollen es auch gar nicht mehr.

Dieser Weg nach oben hat etwas von einem Schlachtfeld.

Anne bietet der älteren der beiden Damen an, ihren Rucksack zu tragen. Sprachlos starre ich Anne an, denn diese selbstlose Hilfe könnte ich, selbst wenn ich wollte, nicht anbieten. Keine fünfhundert Meter käme ich mit dem viel zu vollen prallen Rucksack der Dänin weiter. Auch ohne Gepäck stehe ich schon kurz vor dem Kollaps und japse pfeifend über weite Entfernungen vernehmbar vor mich hin.

Während sich die stolze Frau aus Aalborg den Film aus Tränen und Schweiß mit der lehmigen Hand aus dem Gesicht wischt, lehnt sie das unfassbar großzügige Angebot meiner Freundin jedoch trotzig ab; sie will es alleine schaffen oder gar nicht.

Auf 920 Höhenmetern, die wir mit puddingweichen Beinen kraftlos erklimmen, legen Anne und ich eine Pause in La Faba ein. Das ist ein winziger Flecken, kurz bevor der »Camino duro« noch einmal dramatisch an Härte zulegt. In der einzigen kleinen gekachelten Bodega lassen wir nahezu alle überzuckerten Softgetränke, die die Kühlbox hergibt, in uns hineinlaufen.

Eine gemischte Gruppe von acht jungen Tirolern betritt bald darauf ebenfalls kurz vor dem Kreislaufzusammenbruch den strahlend weißen Gastraum und macht sich über die Reste in der Kühlbox her. Während des Restesaufens erkennt mich einer der Tiroler und schlägt lautstark in seiner Gruppe Alarm. Ruck, zuck sitzen die schwitzenden Tiroler an unserem Tisch und herzen mich begeistert. Was für ein absurder Moment, um erkannt zu werden. Ich hätte mich jetzt nicht erkannt!

Auf einem Nachtflug saß ich mal schräg hinter Frank Elstner, den ich gut kenne, aber ich habe ihn nicht erkannt, bis er mich irgendwann angesprochen hat. Das war richtig peinlich, denn auch in natura sieht Frank Elstner im Prinzip genauso aus wie der Frank Elstner im Fernsehen, aber ich hatte ihn dort schlicht nicht erwartet und somit eben nicht erkannt. Um aufs Thema zurückzukommen: Elstner ist übrigens gebürtiger Österreicher.

Die Innsbrucker sind wirklich nett, unkompliziert, interessant und gut drauf. Also machen wir gemeinsam Fotos und ich male Unterschriften auf ihre Rucksäcke. Anne werde ich ab jetzt kein Theater mehr vorspielen können, denn die Tiroler erklären ihr mittlerweile auf Nachfrage in brillantem Englisch detailliert, was ich so alles genau mache.

Anne schaut mich die ganze Zeit breit grinsend an.

Als wir später weiterwandern, immer steiler bergauf, läuft sie vor mir und sagt fast vorwurfsvoll erst mal gar nichts. Auch um Atem zu sparen, nehme ich an. Einer Schuld bin ich mir jedoch nicht bewusst, denn belogen habe ich sie ja nicht, sondern ihr nur eine zugegebenermaßen nicht unwesentliche Information vorenthalten. Irgendwann bleibt sie ohne Vorwarnung abrupt vor mir stehen, dreht sich mit den Händen in den Hüften zu mir um und verzieht ihr Gesicht so sehr, wie sie es eben nur kann: »Hans! How famous are you in Germany?«

Da ich keine Luft und keine Lust habe, stammele ich nur: »Oh Anne! Come on! I don't know!«

»They treat you as if you were Lothar Matthäus. Are you as famous as Matthäus?« Ob ich so berühmt sei in Deutschland wie Matthäus, will sie wissen, und das Englisch in meinem Kopf wird gerade etwa so brillant wie das von Lothar. Ich weiß nicht, ob ich überhaupt etwas sagen soll, denn mir ist heiß und dieser Plausch passt nun überhaupt nicht in den mittlerweile galicischen Wald, also sage ich nichts und verziehe nur mein Gesicht, so wie es Anne sonst tut, aber die gelernte Forscherin lässt nicht locker: »Another question! Do you know Matthäus?« Anne hat noch eine Frage: Kennst du Matthäus? Und meine ehrliche Antwort ist: »Ja! Zwar nicht gut, aber ... ja! Und das muss dir für heute als Antwort reichen!«

Anne schaut mich kurz an und triumphiert: »Then you must be very famous!«

Worauf sie sich wieder umdreht und wortlos weiterwandert, so als wäre nichts gewesen. Mein Vertrauen zu ihr aber wächst mit jedem weiteren Schritt, den wir gemeinsam tun. Auf eine Reaktion von mir wartet sie nicht, denn die nötigen Antworten gibt die blitzgescheite Frau Doktor sich heute selber.

Der Weg nach O Cebreiro gibt kurz vor dem Gipfel einen magischen Blick auf die vor uns liegende galicische Bergwelt frei und ich habe das Gefühl, nicht zwölf Kilometer, sondern tausende gelaufen zu sein, so sehr schmerzen die Füße und so sehr hat sich die Landschaft schlagartig verändert.

Sattes nordeuropäisches Grün, so weit das Auge reicht, und auch das Klima wird spürbar atlantisch. Galicien ist so ganz anders als Kastilien und die kühlere Temperatur macht den »Camino duro« wirklich erträglich.

O Cebreiro ist grandios. Es erinnert mich an das Dorf von Asterix und Obelix, auch wenn hier alles keltischen Ursprungs ist. Und der Rundum-Panoramablick über das nicht enden wollende Grün ist umwerfend.

Unser kleines Zimmer in einem der kugeligen strohgedeckten Häuser, einem so genannten *palloza*, ist zum Verlieben schön. Anne und ich bedauern es sehr, dass wir nicht in den Flitterwochen, sondern in gänzlich anderer Mission unterwegs sind.

Als wir auf der Suche nach Troubadix einen Bummel durch das Dorf machen, entdecken wir zum Glück Sheelagh, die wieder mal auf verzweifelter aussichtsloser Zimmersuche ist. Gestern ist sie nicht weit gekommen und hat es nicht bis zum vereinbarten Treffpunkt geschafft. Sie konnte einfach nicht mehr weiter. Heute hat sie ein übermenschliches Pensum abgearbeitet, um uns einzuholen. Den Weg über die Landstraße N6 und dann über die Berge hat sie im Gegensatz zu meiner knatschigen englischen Bekannten und meiner quengeligen Wenigkeit in einem Rutsch samt Rucksack erledigt. Das hat an Sheelaghs Nerven allerdings sichtlich gezerrt; sie ist restlos ausgepowert. Also fragen wir nicht »How's the baby?«, sondern lotsen sie in unsere Honeymoonsuite für drei und die Neuseeländerin ist vor Erlösung fast den Tränen nahe. Für heute aber ist sie erst mal außer Gefecht gesetzt.

Gedrungene ovale Steinhäuser im uralten Dorf O Cebreiro, wo man eher Asterix und Obelix erwartet als Pilgerscharen

Anne und Sheelagh finden, Galicien sehe aus wie Wales. Für mich sieht es aus wie in Irland. Da war ich zwar noch nie, aber so stelle ich es mir vor; da bin ich halt ganz wie Schnabbel, meine flüchtige Pilgerbekanntschaft aus Remscheid. Die Menschen sprechen hier das urwüchsige Gallego. Einiges klingt ein bisschen portugiesisch, manches auch vertraut italienisch. Mit Spanisch kommt man bei den älteren Ureinwohnern nicht sehr weit.

Die romanische Kirche im Ort beherbergt den galicischen Nationalschatz, den Heiligen Gral von O Cebreiro.

Der Legende nach hat sich in dem Gotteshaus im vierzehnten Jahrhundert Folgendes zugetragen:

Der Priester bereitet die Weihnachtsmette in der stürmischen verschneiten Winternacht vor. Kurz bevor er mit der Messe beginnen will, hat sich immer noch kein Einwohner aus der Umgebung eingefunden, und so will er die Kirche wieder schließen. Da steht dann aber vor der Kirchenpforte doch ein Bauer aus dem Tal, der sich einsam durch die eisige Winternacht auf dem »Camino duro« nach oben gequält hat, um das Abendmahl zu empfangen. Der Priester will die Messe aber nicht für den einen dummen Bauern lesen und versucht ihn abzuwimmeln, der Bauer aber beharrt auf seinem Recht und setzt sich fest entschlossen in eine der Kirchenbänke. Notgedrungen liest der Mönch die Messe und reicht dem Bauern im Anschluss das Abendmahl. Da verwandelt sich der Wein in Blut und die Hostie in Fleisch. Der Kelch, der Wundergral, und die Patene, der wundersame Hostienteller, sind in der Kirche immer noch zu bewundern.

Natürlich beäugen Anne und ich die zwei verehrungswürdigen Gegenstände äußerst kritisch und die zweifelnde Forscherin fahndet durch die Panzerglasscheibe vergeblich nach Blutresten im Kelch. Die Kirche ist ein Juwel und wenn man sie einmal betreten hat, will man gar nicht mehr hinaus.

Anne durchquert das Kirchenschiff, bleibt vor einer schönen hölzernen Marienstatue mit Jesuskind wie angewurzelt stehen und fängt aus heiterem Himmel hysterisch an zu schreien: »Hans, come quickly!«

Ich stürze durch die Holzbänke polternd auf sie zu, da ich befürchte, dass sie kurz vor einem erneuten Kollaps steht. Sie allerdings grinst mich an und deutet winkend auf das mit der Hand segnende Jesuskind: »You see? Baby Jesus is waving at me! Das Jesuskind hat mir zugewinkt!«

Die anschließende internationale Pilgermesse ist herrlich unkatholisch und locker und ist vor allem für extrem zweifelnde Pilger wie Anne gedacht. Der junge Priester aus Lugo will vor allem mit den Menschen ins Gespräch kommen und so fragt er reihum jeden Besucher nach seinem Herkunftsland, um anschließend unaufdringlich vorzuschlagen, doch ein kurzes Gebet in der Muttersprache zu sprechen. Keiner traut sich so recht vorzubeten und die meisten blicken verlegen auf ihre lehmigen Wanderschuhe. Die erschöpfte Anne ist mittlerweile wieder kurz vorm Eindösen, da deutet der Priester auf sie und fragt, ob sie nicht ein Gebet sprechen wolle. Ich stupse sie an und sie springt wie eine Rakete hoch und sagt entsetzt in Spanisch: »Qué? Was? Soy Inglesa. Ich bin Engländerin!«

Der Priester ist hocherfreut über den vermeintlich freiwilligen Vorbeter und fordert Anne auf, eine Fürbitte in englischer Sprache vorzutragen. Die verzieht wieder ihr Gesicht zu einem verknautschten Kissen und läuft rot an. Irgendwas Unverständliches stammelnd, setzt sie sich wieder in die Bank und hat überhaupt nicht kapiert, worum es eigentlich geht. Also rüttelt sie konfus an mir mit der Bitte um Aufklärung, aber leider kann ich ihr auch nicht weiterhelfen, da ich mich von Lachkrämpfen geschüttelt kaum in der harten Holzbank halten kann. Ständig lache ich hier in den Kirchen! Gut, dass es der Institution nicht gelungen ist, mir das komplett auszutreiben!

Gegen Ende der Messe stehen die beiden in jeder Hinsicht total zermatschten Däninnen mit ihren prallen Rucksäcken doch noch in der Kirchenpforte. Na also, sie haben es auch geschafft!

Beim Abendessen erzähle ich dann auch Sheelagh auf ihre erneute Nachfrage bereitwillig alles, was sie über meinen Job zu wissen wünscht, und es wird wieder mal eine herrliche lange Nacht. Und Anne trinkt nur so viel Wein, wie sie auch verträgt.

Erkenntnis des Tages:
Es ist gut zu wissen, wer man ist!

13. Juli 2001 – Triacastela

Eins ist sicher: Hätte ich meine beiden rothaarigen guten Feen in León seinerzeit nicht getroffen, wäre ich wahrscheinlich nach Hause gefahren. In León hatte ich einen Tiefpunkt erreicht. Ich war es satt, mich mit niemandem unterhalten zu können, und jetzt benehmen Anne und ich uns schon wie ein altes Ehepaar. »Hast du den Zimmerschlüssel eingesteckt? Die Socken hängen noch im Bad, vergiss sie nicht wieder! Hast du deine Vitamine eingenommen?«

Aber es gibt keinerlei Stress, denn alles geschieht ohne dass einer von uns fordern oder drängeln würde. Jeder bleibt er selbst. Und wer Lust hat, läuft halt alleine, ohne dass es Eifersuchtsdramen gibt. Abends, spätestens zum Essen, sieht man sich ja wieder. Heute herrscht galicisches Wetter: Regen, Kälte und dichter Nebel. Endlich, ich konnte die Hitze nicht mehr ertragen. Sheelagh hat sich bereits wieder im Morgengrauen abgesetzt, um am nächsten Etappenziel noch ein Dreibettzimmer zu ergattern.

Einundzwanzig Kilometer Marsch durch die Berge liegen bis nach Triacastela vor uns. Anne geht's heute – aus Gründen, die nur sie etwas angehen – einfach nur dreckig. Sie hat kaum Lust zu reden, aber ich habe nicht den Eindruck, dass ihr der mürrische Schweigemarsch bekommt, also frage ich ihr Löcher in den Bauch. Sie war schließlich acht Monate in einem buddhistischen Kloster und da gibt es sicher noch eine Menge Interessantes zu erzählen.

Nach vielem Hin und Her – und eigentlich hat sie überhaupt keine Lust dazu – lässt sie sich aber doch durch meine Zähigkeit erweichen und gibt bereitwillig Auskunft. Fünf Stunden erteilt sie mir dann begeistert Unterricht in Buddhismus – und es ist großartig! Es entwickelt sich danach eine angeregte Diskussion und irgendwann nerven sie meine blöden Fragen auch nicht mehr. Ich habe auch viel über den Buddhismus gelesen, aber es ist doch etwas anderes, mit

Anne, die von einem Rinpoche ausgebildet wurde, darüber zu debattieren. Es ist herrlich, dass diese Wissenschaft einen ständig dazu ermuntert, Kritik zu üben und durchaus an Inhalten zu zweifeln, um sie dann einer genauen Analyse zu unterziehen.

Aber auf meine entscheidende Frage scheint auch der Buddhismus keine Antwort zu haben. Warum geschieht alles? Why?

Der Einfachheit halber stellen sich die Buddhisten diese Frage gar nicht. Vielleicht ist das auch wieder typisch Deutsch: alles ergründen zu wollen und die Dinge nicht einfach so hinzunehmen, wie sie nun mal sind.

Es gibt bestimmt eine Antwort! Aber im Großen und Ganzen entspricht der tibetische Buddhismus inhaltlich dem, was ich mir so denke, und in seinem hermetischen Wissen erklärt er sehr schnörkellos die Dinge, die ich für mich als wahr entdeckt habe.

Auch die Reinkarnationstheorie muss man ernsthaft durchdenken. Es wäre ja durchaus vorstellbar, dass man, obwohl man sich nicht daran erinnert, schon Tausende Male gelebt hat. Ich habe ja auch nicht den Hauch einer Erinnerung an das Weihnachtsfest von 1978 oder an meinen dreizehnten Geburtstag oder gar an meine Geburt. Vielleicht sind wir in jedem Leben – unter Beibehaltung eines immanenten Kerns – jedes Mal ein ganz anderer respektive andere.

Während meiner Schulzeit war ich zwar immer derselbe, aber doch in jeder Unterrichtsstunde anders. In Englisch war ich so was wie der Primus und deshalb selbstsicher und fröhlich, denn alles gelang spielend. In Mathematik war ich die Logarithmusflasche, der Tölpel, der kein Wort verstand, und aus Verzweiflung die Telefonnummern seiner Freunde an die Tafel kritzelte. In Geometrie war das dann zum Entsetzen meines Mathelehrers plötzlich ganz anders, denn das war für mich plötzlich kinderleicht. In Sport war ich dreizehn Jahre lang der Komiker! In Biologie war ich der Ängstliche, da die Lehrerin mich und meine Freundinnen Britta und Trixi über zwei Jahre traktierte. In Religion und Psychologie war ich der Gesprächige, Eloquente. Wie oft sind wir in ein und demselben Leben ein anderer, also warum sollte sich das nicht über mehrere Leben fortsetzen?

Jedes Leben könnte wie eine Art Hindernisparcours funktionieren. Der Reiter ist die Seele, das Pferd der Körper und der Parcours das Leben. Zehn Hindernisse oder besser Prüfungen sind vorgegeben, die man zu bewältigen hat, und das ist unabänderlich. Aber die Reihenfolge und die Zeit, in der wir sie angehen, sind uns vollkommen freigestellt. Wir hätten demnach immer die freie Wahl, aber die Prüfungen wären schicksalhaft vorgegeben.

Die Art und Weise, wie wir die zehn Hindernisse nehmen, wird dann von einer himmlischen Jury bewertet. Das, was wir vor und nach den entscheidenden Hürden tun, wird nicht bewertet. Es ist eine Art Urlaub von der zentralen Lebensaufgabe.

Fast jedes Leben lässt sich doch am Ende auf ein Dutzend entscheidende Prüfungen reduzieren, die es ausgemacht haben. Jeder Nachruf hätte sonst Millionen von Seiten. Wenige Dinge sind im Leben wirklich wichtig und wenn man sich eingehend selbst erforscht, stellt man fest, dass man auch nur wenige echte Herzenswünsche hegt.

Auf einem Pfad gelangen wir zur Passhöhe San Roque, wo eine berühmte, drei Meter hohe Pilgerstatue aus Bronze steht. Sie stellt einen gegen Sturm und Regen ankämpfenden Mann dar. Anne und ich machen Fotos. Bei schönem Wetter sieht das Monument wahrscheinlich ziemlich albern aus, aber heute kommen Wind und Wasser auch noch aus der richtigen Richtung auf den armen Kerl zugepeitscht.

In einer Schutzhütte treffen wir kurz danach zu Annes großer »Freude« ihre »tea and coffee«-Franzosen René und Jacques wieder, die mich eifersüchtig von oben bis unten beäugen, aber der kleinen Engländerin dennoch wieder un-gehemmt übers kurze Haar tätscheln, was ich rasch unter-binde, indem ich Renés Hand kurz entschlossen wegziehe. Die arme Anne ist nämlich wie gelähmt, wenn jemand so mit ihr verfährt. Als die beiden Franzosen mich danach ernsthaft fragen, ob wir zusammen seien, bejahe ich dies und behaupte selbstverständlich, wir hätten uns in O Cebreiro verlobt. Dass die Frau ihrer Pilgerträume sich mit einem gro-ben Deutschen anstatt mit ihnen, zwei in Liebesdingen ver-sierten Franzosen, abgibt, finden sie nahezu kränkend und suchen bald das Weite. So, dann hätten wir das auch geklärt!

Der Pilgerstrom ist inzwischen enorm. Bis kurz vor der galicischen Grenze sah man am Tag acht, manchmal zehn Pilger, jetzt sind es Hunderte. Und jeder Schlafplatz, auch die in den Hotels, ist hart umkämpft.

Bei unserer verregneten Ankunft in Triacastela bietet sich uns ein desaströser Anblick. Vor der sanierungsbedürftigen Turnhalle der grauen Schule steht eine nicht enden wol-lende nasse Pilgerschlange, die noch Einlass begehrt. Durch die beschlagene Glasfassade erkennen wir, dass im eiskalten Innern bereits Hunderte von Menschen auf dem von lehmi-gen Schuhen verdreckten Boden ihr Nachtlager aufgeschlag-en haben und kein Zentimeter Platz mehr für die noch Wartenden übrig ist. Anne und ich fühlen uns für einen Mo-ment wie albanische Flüchtlinge auf der Suche nach einer bescheidenen Bleibe und laufen sofort weiter.

Mir fällt angesichts dieser problematischen Situation ein, dass Triacastela kurioserweise der einzige Ort am Weg ist, der ein Pilgergefängnis hat: Also entweder drehen hier manche durch, weil sie nicht unterkommen. Oder sie schla-gen heillos über die Stränge, weil sie die härteste Etappe des Camino hinter sich haben? Wer weiß. In dem kleinen, nicht minder grauen Zentrum von Triacastela sitzt Sheelagh im einzigen, ungemütlichen und geschmacklos möblierten Café beim Tee und starrt suchend umher. Natürlich entgehen wir ihrem aufmerksamen Blick nicht und so stürzt sie freudig auf die Straße.

Es ist ihr tatsächlich gelungen, ein Drei-Bett-Zimmer in einer schönen Pension am Ortsausgang zu organisieren, während Hunderte andere frustriert weiterlaufen mussten. Unsere Nachtschichtpilgerin Sheelagh ist ein Geschenk des Himmels, denn ohne sie würden Anne und ich bei unserem nicht vorhandenen Tempo sicher nicht mal mehr in einer alten Turnhalle unterkommen. Uns fehlt nach wie vor die hektische Verbissenheit der meisten anderen Pilger. Sheelagh jedoch bleibt entspannt und wittert förmlich, wo noch ein Zimmer für uns zu haben ist.

Erkenntnis des Tages:
Auf die entscheidenden Prüfungen im Lebensparcours kommt es an!

14. Juli 2001 – Triacastela

Wir drei hatten bisher unverschämtes Glück, denn ein Drei-Bett-Zimmer haben wir bis jetzt immer gefunden; die wenigsten suchen nämlich eins und auf Sheelaghs unschlagbare Gute-Nacht-Ghoststories könnte ich gar nicht mehr verzichten. Unsere Kiwi-Mama ist die Größte! Sie hat eine samtweiche Erzählstimme und ihr von einem dezenten neuseeländischen Akzent gefärbtes Englisch ist für mein deutsches Ohr klar zu verstehen. Wenn sie vorträgt, traue ich mich kaum, sie wegen einer nicht verstandenen Vokabel zu unterbrechen. Egal was sie sagt, es klingt salbungsvoll und sehr, sehr bedeutsam.

Sheelagh hat Anne und mir verraten, dass sie noch das eine oder andere höhere Ziel in der neuseeländischen Politik anstrebt! Sie ist bereits Mitglied einer nationalen Bewegung, die im ozeanischen Parteienspektrum in etwa mit den deutschen Grünen vergleichbar ist. Neuseeland wird an ihren Lippen kleben, dessen bin ich mir sicher!

Wir sind schon ein komisches Dreigestirn. Die kleine, kernige, bodenständige Dr. Anne mit ihrem frechen Humor und ihren roten Stoppelhaaren und Sheelagh, diese feenhafte, intelligente, noble Dame mit wallenden roten Haaren. Ich Moppel überrage die beiden sicher um einen halben Meter.

Heute in aller Früh sind die mürrische Anne und die übermüdete Sheelagh trotz englischen Regenwetters und dichtem Nebel zum Kloster Samos marschiert. Samos, das schon im fünften Jahrhundert gegründet wurde und damit zu den ältesten Klöstern der ganzen westlichen Welt gehört, ist angeblich ein Pilger-Must abseits des Camino. Da es nicht auf dem offiziellen Pfad liegt, sondern nur über einen komplizierten Umweg zu erreichen ist, will ich mir den abgelegenen Geheimtipp allerdings auf gar keinen Fall antun. Also setze ich eine Runde aus und habe heute Wasch-, Schlaf-, Lese- und Relaxtag. Sheelagh hat mir eines ihrer Bücher überlassen, eine spannende Geschichte über die Kolonisierung Neuseelands. Dafür hab ich ihr meine neue Ersatz-Pilgerregenjacke überlassen.

Ich weiß gar nicht, wie der Abschied von den beiden werden soll. Wir drei fangen an, fürchterlich aneinander zu hängen, und wir können uns so bedingungslos aufeinander verlassen.

Morgen muss ich also die einundzwanzig Kilometer laufen und am Abend treffe ich die beiden dann in Rente, einem kleinen Ort hinter der Kreisstadt Sarria.

Erkenntnis des Tages:
Man muss nicht jeden Umweg machen.

15. Juli 2001 – Sarria und Rente

Der Camino von Triacastela bis nach Rente ist sehr romantisch. Man bewegt sich fast ausschließlich auf der kaum befahrenen Landstraße durch die eichenbewaldeten Hügel. Dudelsackmusik passt wohl am besten zu dieser Landschaft und in der Tat ist Galiciens Nationalinstrument, das leidend quäkende Töne von sich gibt, eine Art Schafseuter-Schalmei!

Überall riecht es hier penetrant süßlich und ranzig nach Kuhdung, was bei mir, wenn der Gestank zu heftig wird, zu akutem Würgereiz, allerdings ohne Auswurf, führt. Unter der Sonne, die heute unerwartet wieder zurückgekehrt ist, schmort der grünbraune Mist anscheinend besonders gut. Zu allem Überfluss verlaufe ich mich auch wieder und nehme den viel längeren Weg. Ich hab halt nicht aufgepasst und vor mich hingeträumt. Als ich es merke, bin ich schon viel zu weit gegangen, um noch an Umkehr zu denken, und so verlängere ich unbeabsichtigt mein Tagespensum um etliche Kilometer. Aber so sehe auch ich doch noch das Juwel Samos jenseits der Pilgerroute. Schön! Vor allem schön anstrengend! Dieses Laufen auf dem Asphalt ist echte Knochenarbeit. Das Wetter ist zwar ideal zum Wandern, dennoch! Auch nach diesen vielen Tagen auf den Beinen kann ich das Laufen an sich nicht genießen. Jeden Tag muss ich mich neu überwinden und zu Beginn jeder Wanderung dauert es immer etwa eine Stunde, bis ich meinen Rhythmus gefunden habe.

Wenn ich danach nicht mehr über das Gehen nachdenke, kann ich's zwar nicht genießen, aber es ist mir zumindest egal und somit nicht ganz so anstrengend. Jede Pause, in der ich den Rucksack abwerfen darf, ist eine echte Wohltat. Etwa ab Sarria muss man den Camino ohne Unterbrechung oder sporadische Aussetzer bis nach Santiago laufen, wenn man als echter Pilger anerkannt werden will. In welcher Zeit man die Strecke hinter sich bringt, spielt dabei erfreulicherweise keine Rolle, aber natürlich sollte man täglich ein paar Meilen abarbeiten. Freudig nehme ich diese letzte Herausforderung an und frage mich die ganze Wanderung über, was mich eigentlich so glücklich macht?

Nichts macht mich glücklich! Denn ich denke nichts, mich besorgt nichts und eigentlich treibt mich auch nichts besonders an.

Als ich das müffelnde romantische Kuhdorf Rente am Nachmittag erreiche, sitzen Anne und Sheelagh mit baumelnden Füßen auf einer groben Steinmauer vor einem liebevoll renovierten Bauernhof und haben dort bereits ein schönes Drei-Bett-Zimmer reserviert.

Beim schmackhaften Abendessen, das die dicke gesunde Bäuerin uns und ihrem alten Schäferhund in der rustikalen Küche serviert, beschließen wir, ab morgen jeden Tag eine Stunde Deutsch zu sprechen, denn sowohl die Neuseeländerin als auch die Engländerin sprechen meine Sprache bereits ein wenig und auf dieser Basis erteile ich ab morgen Nachhilfe.

Erkenntnis des Tages:
Es ist die Leere, die vollends glücklich macht.

16. Juli 2001 – Portomarín

Beim Frühstück findet in der Küche des Bauernhauses gleich die erste Deutschstunde statt, selbst die Bäuerin merkt sich ziemlich flott entscheidende Worte wie Ei, Brot, Milch und Schinken. Aber der alte Schäferhund kann Deutsch offensichtlich nicht ausstehen, denn als ich versuche, ihm auf Wunsch der Bäuerin einige Kommandos aus seiner angestammten Heimat beizubringen, weigert er sich

317

lautstark, sie zu befolgen. Anne meint ironisch, dass ich in meiner Muttersprache leider sehr streng rüberkomme und sie sich, ähnlich wie der Hund, nicht sicher sei, ob ihr das wirklich gut gefalle.

Mein Fazit der ersten Unterrichtsstunde: Die Schüler sind bis auf den Schäferhund durchaus begabt und dürften sich abgesehen von der Landfrau durchaus noch etwas stärker bemühen.

Nach dem Kurs läuft Sheelagh sofort los, um, wie sie es nennt, »ein sauber Drei-Leute-Zimmer mit Schauer« in Portomarín zu reservieren. Grund genug für Anne und mich – nunmehr erneut unbeaufsichtigt – den heiteren Tag wieder einmal herrlich entspannt bei zahllosen Tassen Milchkaffee anzugehen. Die lautstark Geschirr spülende Bäuerin gibt uns in Gallego irgendwann ziemlich klar zu verstehen, dass sie nicht im Traum daran denke, uns auch noch ein warmes Mittagessen zu kochen.

Als wir uns dann doch noch – geradezu wie durch ein Wunder – auf den Weg machen, ist die quietschfidele Anne erstaunlich gut zu Fuß. Die Probleme, die ihr lädierter Knöchel ihr noch bis vorgestern gemacht hat, sind nun wie weggeblasen. Mir ist es fast nicht möglich, mit ihr Schritt zu halten, auch weil der Pfad zwar flach, aber sehr holperig ist und ich Angst habe, wieder umzuknicken; also sage ich der britischen Überschallrakete nach einigen Kilometern, dass sie einfach vorlaufen solle und ich sie später einholen würde. Gegen Ende jeder Etappe ist Anne nämlich meistens langsamer als ich und so werde ich automatisch aufholen. Sie muss in ihrem wiedergewonnenen, ureigenen beschwingten Tempo laufen, sonst schafft sie die heutige Etappe kräftemäßig nicht. Mir hingegen ist nach gemütlichem Spazieren zu Mute und so bleibt jeder er selbst.

Anne spurtet voran und zieht ihr Tempo, das sie mir zuliebe vorher gedrosselt hatte, sogar noch weiter an und ich latsche im langsamen Walzertakt flötend hinterher.

Es geht durch herrlich flache Gefilde in güllegeschwängerter Luft an Wiesen und Eichenwäldchen vorbei. Und da Anne und ich so spät losgelaufen sind, bin ich auch alleine auf dem Camino. Denke ich jedenfalls. Als ich vorsichtig Schritt für Schritt durch ein unwegsames ausgetrocknetes Flussbett wate, werde ich hinterrücks von einer Frauenstimme um die vierzig angesprochen und schließlich eingeholt.

Die gut aussehende dunkelhaarige Pilgerin mit modernem Westernstyle-Batik-Kopftuch und halblangen Lederhosen hat ihre Wanderung erst gestern begonnen und so ist sie noch besonders wild auf jede neue Bekanntschaft. Als ich feststelle, dass sie keine Brasilianerin ist, bin ich sehr beruhigt. Rita kommt aus Holland und will, da ich mich als Langzeitpilger oute, viel über meine bisherigen Erfahrungen mit dem Camino wissen. Nachdem sie ihr Tempo drastisch verlangsamt hat, um dann einige Kilometer mit mir zu laufen, gebe ich der recht vernünftig wirkenden Frau bereitwillig Auskunft und bin sogar fast schon geneigt, sie am Abend meinen besten Pilgerfreundinnen vorzustellen.

Plötzlich bleibt Rita jedoch abrupt stehen und erbleicht: »Hörst du das?«, will sie entsetzt von mir wissen.

Ich spitze die Ohren und höre nichts außer dem Gezwitscher der Vögel – und rieche den Güllegeruch, der so stark ist, dass er zweifelsohne unter Lärmbelästigung fällt.

»Was soll ich denn hören?«, frage ich Rita etwas ratlos, denn die ist immer noch ganz Ohr und lauscht mit weiten Augen sehr angespannt. Bevor sie mich dann immens verblüfft. »Die Geister! Hörst du sie denn nicht?«

Warum treffe ich eigentlich immer die Bekloppten? Und warum finden die mich dann auch noch sympathisch und kleben an mir wie stachelige Soldatenknöpfe? Augenblicklich beschließe ich, so abweisend und kaltschulterig wie nur eben möglich zu sein.

Wie werde ich denn jetzt mitten in dieser Karl-May-Kulisse diese arme Irre aus Utrecht wieder los? Wahrscheinlich nie wieder. Denn die fühlt sich gerade pudelwohl in meiner Gegenwart! Kurz bin ich geneigt, ihr zu sagen: »Ja, ich höre die Geister und sie sagen: Du sollst ganz ganz schnell verschwinden!«

Rita jedoch lässt es gar nicht zu, dass ich womöglich zum Antworten komme, und beichtet mir flott und ungefragt, was die durchweg miesen Geister ihr angeblich so alles erzählen. Im Vergleich dazu sind Sheelaghs Ghoststories ab sofort für Kleinkinder ab vier Jahren freizugeben. Rita fantasiert wüst von unruhigen Geistern und verwunschenen Seelen, die besonders auf der heutigen Etappe den armen Pilgern zusetzen würden, und dass jemand wie ich sich besonders in Acht nehmen müsse, da ich so kurz vor dem Ziel und deshalb schon besonders rein sei. Somit ein gefundenes Fressen für diese schrottigen Dämonen!

Rein, dass ich nicht lache! Blöd! Ich bin einfach nur blöd. Mein Instinkt hätte mich warnen müssen. Jetzt wo sie diesen ganzen Müll unzensiert ablässt, sieht sie eindeutig abgedreht aus. Aber wie hätte ich das merken sollen? Sie hat mich doch ganz freundlich von hinten angequatscht.

Das hat meine Oma mir, nebenbei gesagt, beigebracht, als ich acht war: »Wer einen von hinten anspricht oder mit verdecktem Visier, der führt nichts Gutes im Schilde!« Ja, das stimmt!

Die Krone setzt Rita dem Spuk dann auch noch mit der frechen Behauptung auf, meine tote Großmutter lasse mich durch sie herzlichst grüßen und habe das dringende Bedürfnis, mir mitzuteilen, dass sie unglaublich stolz auf mich sei! Falls meine tote Oma mit mir kommunizieren wollte, würde sie wohl kaum diesen abstrusen Weg über Rita wählen, denn erstens wüsste sie, dass ich mich zu Tode erschrecken würde, und zweitens mochte sie solche Leute wie die Irre aus Utrecht schon zu Lebzeiten nicht besonders.

Rita macht mich nicht wütend, denn dazu ist sie eindeutig zu doof, aber sie fängt doch an, mir auf den Keks zu gehen, also sage ich auf Holländisch: »Luister! Hör mal, den Müll kannst du woanders loswerden, aber bitte nicht bei mir! Adieu!«

Mit einer derart schroffen Reaktion meinerseits hat sie anscheinend nicht gerechnet, denn wortlos und beleidigt, eigentlich genau wie meine brasilianische Ex-Verlobte Claudia, düst sie weiter.

Mann, Mann, Mann! Hoffentlich hole ich Anne bald ein! Alle anderen Pilger sind heute wieder echte Schießbuden-figuren. Zu diesem Schluss komme ich umso mehr, nach-dem noch eine hutzelige ältere Frau mit Quietschestimme aus Madrid versucht, mit mir in der Einsamkeit ins Ge-spräch zu kommen. Aber mein Durst nach Kommunika-tion mit Wildfremden ist vorerst gestillt und so bekommt auch sie grundlos, aber prophylaktisch meine kalte Schul-ter zu spüren.

Eine Stunde später geschieht dann etwas Sonderbares. Mitten in einem dichten Wald von hässlichen verkrüppelten Kiefern steht auf einmal Sheelagh! Ich fasse es nicht! Die zielstrebige Sheelagh, die immer so früh losläuft, steht plötz-lich vollkommen ratlos an einer Weggabelung.

»Oh, Hans. I am lost!«, ruft sie mir mit nach oben ge-streckten Armen hilflos entgegen. Sie hat sich hoffnungslos verlaufen und irrt orientierungslos auf der Suche nach Weg-weisern durch diese mittlerweile bizarre Gegend. In der Tat muss man schon sehr genau auf die verblassten gelben Pfeile an den Bäumen achten, um durch diesen labyrinthartigen niedrigen Wald zu finden, aber wie sie sich so gründlich ver-laufen konnte, ist mir doch unbegreiflich.

Sheelagh ist sehr glücklich, als sie mich sieht, und fällt mir, den Tränen nahe, um den Hals. Sie ist richtig aufgelöst und kann sich ihre Orientierungslosigkeit selbst gar nicht er-klären. Dieses dunkle Wäldchen ist nicht besonders einla-dend und ein bisschen unheimlich. Als ich sie frage, ob sie denn Anne nicht getroffen habe, verneint sie. Sheelaghs Bedarf am Alleinwandern ist für heute definitiv gedeckt und so hakt sie sich fest bei mir unter und wir laufen eine Weile gemeinsam weiter.

Von meiner Begegnung mit der komischen Holländerin erzähle ich Sheelagh lieber erst beim geselligen Abendessen und nicht hier in dieser Hänsel-und-Gretel-Dekoration. Langsam findet meine Freundin zurück zu ihrer alten Form und läuft nicht länger an meinem Arm, sondern wieder alleine und ein paar Schritte vor mir. Die Neuseeländerin liebt nun mal die Unabhängigkeit. Während wir so laufen, höre ich in der Ferne irgendwo im Wald deutlich vernehmbar ein Martinshorn und sage zu Sheelagh: »Hör mal! Da fährt ein Ambulanzwagen.«

Sheelagh bleibt stehen, horcht, hört aber im Gegensatz zu mir rein gar nichts. Jetzt fange ich auch schon an wie die irre Rita! Aber ich bin mir ganz sicher, ein Martinshorn wahrgenommen zu haben. Wortlos marschieren wir daraufhin weiter und durchqueren eine noch düsterere Gegend, über der sich sogar der bisher klare Himmel auf einmal zuzieht. Erneut waten wir durch ein steiniges, noch feuchtes Flussbett.

Was dann folgt, geht so rasend schnell, dass ich es kaum richtig sehe. Plötzlich stürzt Sheelagh auf den matschigen Grund und es tut einen dumpfen Schlag. Oh Gott, hoffentlich hat sie sich nichts gebrochen! Mit dem Kopf zuerst ist sie auf einen großen Findling geprallt und nun liegt sie mit dem Gesicht im Matsch. Sie ist von oben bis unten mit Schlamm verdreckt. Ich bin einen Augenblick wie versteinert, beuge mich dann vorsichtig über sie: »Sheelagh, was ist? Bist du verletzt?« Sie steht unter Schock und schüttelt nach quälenden Sekunden nur ganz vorsichtig den Kopf. Ausgerechnet Sheelagh muss das passieren, die immer so sorgfältig auf andere und sich achtet! Wie ferngesteuert versucht sie aufzustehen und lehnt meine Unterstützung durch hilflose Gesten ab. Durch den schweren Rucksack gehandicapt, kommt sie nicht auf die Beine, deshalb zerre ich sie mit einem Ruck entschlossen in die Senkrechte.

Erst jetzt erkenne ich das Ausmaß ihrer Blessuren. Ihre Stirn ist unterhalb des Haaransatzes aufgeschlagen, genauso wie der gesamte Nasenrücken. Sie blutet aus den Platzwunden. Ihre Knie und die Unterarme haben auch gehörig etwas abbekommen und bluten stark aus den verunreinigten Verletzungen. Mit einem Mal wird Sheelagh kreidebleich und droht wieder zu stürzen. Behutsam setze ich sie auf einen Stein am Weg und nehme sie in den Arm.

Er muss aus dem Nichts gekommen sein, jedenfalls steht plötzlich ein Jeep direkt vor uns und hupt so, als befänden wir uns auf der N6 nach Vega de Valcarce. Der Mann im Wagen kann nicht an uns vorbeifahren und wird schlagartig ungeduldig. Er hupt penetrant weiter. Er will, dass Sheelagh aufsteht, damit er schnell durch den Matsch in die entgegengesetzte Richtung fahren kann.

Was ihm einfiele, schnauze ich den abwesend wirkenden Mann an, er sehe doch wohl an den Verletzungen, dass die Frau schwer gestürzt sei. Alles das interessiert ihn überhaupt nicht. Ihn um Hilfe zu bitten kommt mir im Eifer des Gefechtes gar nicht in den Sinn, zumal er offensichtlich woanders hinwill. Das ist unterlassene Hilfeleistung! Er erwidert keinen Ton und hupt penetrant weiter. Schließlich hebe ich Sheelagh auf, um dem nervigen Mitmenschen die Durchfahrt zu ermöglichen. Der Typ gibt Gas und durch die gewaltig rotierenden Räder des Jeeps bekommen wir nochmal eine gehörige Portion Schlamm ab. Wir setzen uns ins Gebüsch unter einen Baum, wo ich dann notdürftig Sheelaghs Wunden verarzte, indem ich sie vorsichtig mit Desinfektionsspray und sterilen Feuchttüchern reinige. Ihre Knie sind richtig schwer verletzt und das Säubern der Wunden, das ich auf Sheelaghs Wunsch hin etwas radikaler durchführe, muss höllisch wehtun. Die stolze Sheelagh schreit nicht vor Schmerz, sondern krallt sich an meinen Unterarm.

Mit Pflastern aus meiner kleinen Notfallapotheke versuche ich die Blutungen zu stoppen. Sheelagh steht nach der Verarztung tapfer wieder von alleine auf und humpelt auf mich gestützt weiter. Der Situation völlig unangemessen fängt sie laut an zu lachen und wiederholt ständig, was für ein verhexter Tag das sei und dass sie überhaupt nicht verstehe, wie das passieren konnte.

Nach mehreren, für Sheelagh schier endlosen Kilometern erreichen wir am Ende des Waldes auf einer Lichtung eine kleine Schänke. Vor dem windschiefen Häuschen auf der Terrasse flattert im Wind eine kleine schwarze Hexenpuppe, die auf einem Besen reitet. Im Wintergarten des Gastraums lege ich Sheelaghs Beine hoch und bestelle bei der jungen Kellnerin zwei Milchkaffee, etwas Warmes zu essen und einen doppelten Cognac für Sheelagh.

Aufgebracht rennt die Frau in die Küche und heraus stürzt mit den Händen über dem Kopf die Chefin des Hauses, eine ältere Argentinierin, direkt auf Sheelagh zu und schreit: »Oh Gott, ist schon wieder was passiert? Was ist denn heute?«

Ich erkläre ihr: »Meine Freundin ist gestürzt, aber so schlimm ist es wohl nicht, es geht ihr schon besser.«

Die Argentinierin holt aufgeregt aus: »Andauernd fallen sie hin, die Leute. Wissen Sie, dieses Tal aus dem Sie da kommen . . . ist verhext. Das ist die Valle de las Brujas, das Tal der Hexen. Solche Dinge passieren hier ständig. Leute stürzen, kriegen Panikattacken oder irren über Stunden durch den Wald.«

Sheelagh ist aber fast wieder die Alte und trinkt sanft lächelnd ihren Cognac.

Einige Kilometer vor Portomarín treffen wir wieder auf Anne, die unter einem Baum vor sich hindöst. Als sie die verletzte Sheelagh entdeckt, wird Anne bleich vor Entsetzen und fragt: »Oh no, Sheelagh! Wer hat dich denn verhauen?« In der Tat sieht Sheelagh so aus, als sei sie in einer

Hafenkneipe in eine üble Schlägerei verwickelt worden. Daran ändert auch ihre große Sonnenbrille nichts.

Während einer kurzen gemeinsamen Pause unter der Eiche berichten wir Anne vom Tal der Hexen und sie zögert einen Moment, bevor sie uns gesteht, dass sie in dem hässlichen Wäldchen die ganze Zeit wahnsinnig nervös und aufgekratzt gewesen sei und sehr froh, als sie dort wieder herausgekommen sei.

Gegen Abend erreichen wir das märchenhafte, an einem Stausee gelegene Portomarín. Der Ort, inklusive des spätromanischen Doms, wurde vor fast fünfzig Jahren vom mittlerweile überfluteten Tal auf einen Berg verpflanzt und dort liebevoll rekonstruiert.

Das windige Örtchen, in dem Volkswandertagstimmung herrscht, ist überlaufen von Pilgern und erst nach geschlagener zweistündiger Suche finden wir unser »sauberes Drei-Leute-Zimmer mit Schauer« und sogar mit Balkon zum See. Da es sich um ein Vier-Sterne-Hotel handelt, übersteigt das zwar unseren geplanten finanziellen Horizont, aber wir legen zusammen und heute gönnen wir uns halt mal wieder etwas.

Am Abend sparen wir ein wenig am Essen und erlauben uns günstiges Pilgerfleisch mit Pommes inclusive Nachtisch und lassen dabei den Tag Revue passieren. Meine holländische Geistergeschichte erzähle ich nicht mehr, aber irgendwann steht die durchgeknallte Rita stattdessen leibhaftig vor uns auf der kleinen Plaza.

»Na, was machen die Geister?«, begrüße ich sie entspannt und sie hat doch glatt nichts Besseres zu tun, als Anne und Sheelagh den ganzen Driss vom Tage nochmal zu berichten. Anne verzieht ihr Gesicht wieder zu einem verknautschten Brokatkissen, während Sheelagh mit offenem Mund auf das hässliche Batikkopftuch der Holländerin starrt.

Als sich die irre Rita an uns abreagiert hat und wieder geht, ohne auch nur mit einem Wörtchen auf Sheelaghs Verletzungen eingegangen zu sein, meint Anne nur, dass man mich einfach nicht alleine lassen könne, ohne dass ich danach die merkwürdigsten Typen anschleppen würde.

Ein netter Ire namens Dave gesellt sich dann noch zu uns und macht der lädierten Sheelagh nach allen Regeln der Kunst den Hof. Anne und ich ziehen es daraufhin vor, uns irgendwann charmant zurückzuziehen, da Sheelagh den Avancen des Iren nicht abgeneigt zu sein scheint. Der trinkfeste Ire hält Sheelagh wahrscheinlich für ein patentes Weib, das auch einer ordentlichen Prügelei nicht ausweicht.

Als Sheelagh nächtens in unser Hotel zurückkommt und Anne und ich sie kurz vor dem Einschlafen bitten, uns wieder eine spannende Geistergeschichte zu erzählen, bricht es allerdings aus ihr heraus. Sie heult und weint ohne Pause. Der Abend mit dem Iren sei zwar ganz nett gewesen, aber den Sturz vom Tage habe sie keineswegs verdaut. Sie hätte sich so erniedrigt gefühlt und dieser Weg sei für sie so fragwürdig geworden. Ob das denn alles überhaupt Sinn habe? Das Gespräch zwischen uns wird hart und sehr emotional. Jeder entblößt sich innerlich komplett vor den anderen. Bis in die frühen Morgenstunden debattieren wir in den Betten und anschließend auf dem Balkon, um irgendwann selig vor Erschöpfung einzudämmern. Es ist fast gruselig, die starke Sheelagh so hilflos zu erleben. Bisher war sie unsere Stütze, jetzt müssen Anne und ich zur Abwechslung mal das Ruder übernehmen.

Erkenntnis des Tages:
Einer für alle. Alle für einen!

17. Juli 2001 – Palas de Rei

Bis nach Santiago de Compostela sind es noch vier Tages-
märsche. Wir haben beschlossen, diese letzten Tage gemeinsam zu laufen, um aufeinander aufzupassen und um den
Einzug in das Heiligtum miteinander zu erleben. Wir werden immer aufgekratzter und immer alberner. Es wimmelt
jetzt von Pilgern auf dem Camino. Zu Hunderten sind sie
auf dem Weg nach Santiago.

Wenn Leute uns ansprechen, geben wir uns als albanische
Flüchtlinge aus, die nur durch Zufall in den Pilgertreck geraten sind. Angesichts Sheelaghs verdroschenem Gesicht
klingt das für die meisten auch sehr plausibel. Ich spreche
wildfremde Leute an und tue so, als sei ich ein durchgeknallter Interviewer vom polnischen Fernsehen. Wir drei sind
schier verrückt und haben einen Mordsspaß dabei. Man hört
uns in den Eukalyptuswäldern schon von weitem laut lachen. Andere Pilger drehen sich genervt um und wenn wir
uns nähern, wollen sie nur weg, so aufdringlich, wie wir sind.

Ein freies Bett zu finden dürfte reine Glückssache werden. Selbst die Nachtschichtpilger stehen jetzt bei der Zimmersuche nicht mehr besser da. Zwischendurch stiefeln wir
durch einen Wald, in dem der Farn mannshoch wächst, und
Sheelagh ist begeistert: »Look, Hans, and this is now New-
zealand!« Genauso, findet sie, sähe es in Neuseeland aus,
und es ist wirklich schön dort.

Natürlich wird auch heute fleißig Deutsch gelernt. Sheelagh und Anne finden es nach wie vor sehr gewöhnungsbedürftig, wenn ich mit ihnen Deutsch spreche. Sehr tüchtig
lernen wir dennoch die deutschen Uhrzeiten und Himmels-
richtungen. Den ganzen Tag quatschen wir ohne Unterlass,
so als wüssten wir, dass wir die wenigen verbleibenden Tage
miteinander voll auskosten müssen, da wir im Leben wahrscheinlich nie wieder die Gelegenheit bekommen werden,
so intensiv und losgelöst von allem beisammen zu sein.

Der heutige Wandertag vergeht bei aller Anstrengung fast zu schnell und wir erreichen am Abend Palas de Rei, wo wir recht problemlos ein Zimmer finden und eine Masseurin, die uns für die letzten Tage noch einmal auf Vordermann massiert.

Meine Füße sind nach wie vor blasenlos!

Erkenntnis des Tages:
Viel reden kann auch mal Gold sein!

18. Juli 2001 – Castañeda

Unsere ausgelassene Stimmung hält an und auch den heutigen Wandertag widmen wir der intensiven Beschäftigung miteinander. Der Weg nach Santiago wird immer unbeschwerlicher und der rege Strom von Pilgern gibt uns die Möglichkeit, uns allmählich von der selbst gewählten Stille und Einsamkeit zu verabschieden, um wieder in das richtige Leben einzutauchen. Viel öfter durchqueren wir auch wieder kleinere Ortschaften, in denen es allerdings nach wie vor streng nach Gülle und Kuhfladen riecht. Es ist kaum auszuhalten. Zwischendurch laufe ich mit meinem klitschnassen Halstuch vor den Mund gepresst, um dem permanenten Würgereiz nicht doch noch nachgeben zu müssen, und so lernen meine beiden Freundinnen im Deutschunterricht heute tapfer die Worte Gülle, Kuhfladen und biologische Landwirtschaft.

Die frohgemute Sheelagh erzählt ausschweifend gegen den Gestank an und zwar von ihrer langjährigen platonischen Liebe zu einem Arbeitskollegen, mit dem sie sich glänzend verstehe, der ihr aber partout keine Avancen machen wolle und mit dem sie dennoch ständig ihre Freizeit verbringe. Sie ist ratlos und hätte gern einen Tipp von uns, wie sie sich ihm gegenüber verhalten solle. Da Anne zunächst nur wieder ihr Gesicht verknautscht, ergreife ich die Initiative und erkläre Sheelagh ganz vorsichtig, dass ihrer Schilderung nach der Freund für mich eindeutig »gay« sei, und ob sie ihn das schon mal gefragt habe? Sheelagh schaut mich verwirrt an: »Meinst du wirklich!?« Anne schaltet sich ein, um meine Ansicht zu bestätigen, und rät Sheelagh, ihn offen darauf anzusprechen. »Es scheint mir ganz klar, der ist schwul und will nur spielen«, beende ich meinen Kommentar.

Und dann will Anne sich plötzlich ein Haus kaufen! Wir sind durchgeknallt, ich sage es ja!

Als wir durch eine englisch anmutende Bauernschaft pilgern, laufen wir an einem kleinen, sehr verwahrlosten Bauernhaus vorbei, das für umgerechnet zwanzigtausend Mark zum Verkauf steht. Anne ist vollkommen hin und weg von der abrissreifen Hütte und wild entschlossen, sie zu erwerben. Also durchforsten wir jeden Winkel in dem Kaff, um den Besitzer ausfindig zu machen. Anne ist es ernst. Sie lässt sich von uns auch nicht mehr von dem abstrusen Gedanken abbringen. Sie will aussteigen, hierherziehen, ein *albergue* aufmachen und bleiben. Für immer!

»Anne, du willst kein Haus kaufen, du willst nur nicht in Santiago ankommen! Du hast Angst davor!«, fordere ich sie heraus. Anne schweigt vieldeutig und Sheelagh kiekst: »Ich auch!«

Natürlich haben wir alle drei Furcht vor dem Ankommen, denn wir sind durch und durch zu Pilgern geworden und das könnte ruhig ewig so weitergehen. Wenn wir am Ziel sind, ist es einfach vorbei; das Wesen des Pilgerns ist nun einmal der Weg.

Die nordenglische Immobilieninvestorin hegt plötzlich kein Interesse mehr an dem Hauskauf. »Let's go to Santiago!«, treibt sie uns an. Keiner von uns traut sich, laut vernehmbar vor den anderen zuzugeben, wie eng unsere geknüpften Bande bereits sind, und dass es sehr schmerzhaft wird, sie zu zerreißen. Der Abschied in Santiago wird zweifellos schwer. Wir drei fühlen uns, als stünde uns unser Tod bevor, und durch die von Tausenden von Fliegen belagerten Dunghaufen stinkt es ja auch bereits süßlich nach Verwesung.

Erst kurz vor Sonnenuntergang beginnen wir in einer romantischen Gegend viel zu spät mit der Zimmersuche und die gestaltet sich wie erwartet schwer. Alles ist ausgebucht. In einer Telefonzelle in dem Örtchen Castañeda durchforsten wir hektisch ein Telefonbuch nach Bed & Breakfast und siehe da, das Zauberwort heißt »Casa Millia«! Sheelagh und Anne verdonnern mich dazu, dort anzurufen, was ich auch gerne tue, aber als am anderen Ende der Leitung eine robuste Frauenstimme in Gallego antwortet, bin ich nach wenigen Sätzen überfordert. Mehrmals bitte ich die Frau verzweifelt, langsam in Spanisch mit mir zu sprechen. Die jedoch plappert schnell weiter irgendeinen Kram in Gallego. Das Einzige, was ich begreife, ist, dass sie Zimmer vermietet, aber das wusste ich ja bereits vor dem Telefonat und das war ja der Grund meines Anrufes. Reichlich genervt zerre ich Anne zurück in die Telefonzelle und drücke ihr den Hörer mit der Bemerkung: »Hier! Ich verstehe kein Wort! Mach du das!«, in die Hand. Anne debattiert daraufhin die Augen verdrehend hin und her. Die erfahrene englische Krisenmanagerin verlässt die Telefonzelle jedoch alsbald strahlend mit einer Zimmerreservierung! Leider hat Anne die entscheidende Information, nämlich die Wegbeschreibung zum Haus, überhaupt nicht verstanden und so irren wir noch ein gutes Stündchen durch die Gegend.

Als wir das wunderschöne Landhaus am Berghang endlich finden, tritt die dralle, in ein viel zu enges buntes Kleid geschnürte Besitzerin frisch onduliert vor die Tür. Geschäftsangelegenheiten regelt man in Galicien anscheinend unter Männern, denn sie quatscht in ihrem unverständlichen Heimatdialekt ausschließlich auf mich ein. Anne wird von ihr nur als Übersetzerin geduldet. Mit welcher der

Damen ich denn verheiratet sei, will sie eindringlich von mir wissen, und da Anne gerade wieder mal verknautscht guckt, deute ich mit dem Finger auf die verprügelte Sheelagh. Das scheint der Frau zu gefallen, denn sie nimmt vermutlich an, dass ich, so wie es sich gehört, in der Beziehung den Ton überdeutlich angebe.

Für einen echten Spottpreis überlässt sie uns, so verstehe ich es zumindest, ein Zimmer ihres Privatdomizils. Danach beginnt sie unaufgefordert mit einer ausgiebigen Hausführung und zeigt uns jeden der liebevoll restaurierten Räume in beiden Stockwerken, die alle mit hellen antiken Bauernmöbeln ausgestattet sind.

Das Haus sieht aus wie eine Deko einer amerikanischen Familienserie. Auf den liebevoll aufpolierten Holzböden liegen wertvolle bunte Patchworkteppiche und große, mit frischen Blumen bestückte Vasen runden das geschmackvoll kitschige Bild ab. In der geräumigen luxuriösen Küche erklärt sie dann den Frauen die Funktionen der einzelnen Haushaltsgeräte und des Herdes.

Nach der Hausführung geben wir ihr die vereinbarte Summe und sie überlässt uns zu unserer Verblüffung den Hausschlüssel, verabschiedet sich und verschwindet winkend durch die Eingangstür ins Freie. Und wir kapieren endlich, dass sie uns nicht etwa ein Zimmer, sondern das riesige Haus für eine Nacht zum Schnäppchenpreis überlassen hat! Großartig. Jeder hat sein eigenes Zimmer und zwei große Bäder und drei Toiletten stehen uns zur freien Verfügung.

Nach dem Duschen macht Sheelagh sich daran, einen Kuchen zu backen und Kakao zu kochen. In der Küche hatte die Señora den Damen ja nicht grundlos gezeigt, wo alles steht! Mehrere Monate könnte ich hier bleiben, denn dieser Platz ist himmlisch. Alle drei haben wir immer von so einem Haus geträumt! Sofort werden wir wieder zur »Familie«.

Aus den Schlafzimmerfenstern schaut man auf die wilden Berge Galiciens.

Wir wollen hier nie wieder weg, denn es ist wie in einer kitschigen amerikanischen Familienserie, in der am Ende immer alles gut wird. »Oh Happy day!« wäre der passende Titel! Im Haus, findet Sheelagh, sieht es auch aus wie in Neuseeland.

Bis tief in die Nacht trinken wir Kakao, essen Kuchen, spielen Gesellschaftsspiele und reden, reden, reden.

Erkenntnis des Tages:
Hier und da gibt es das Paradies auf Erden!

19. Juli 2001 – Rúa

Der vorletzte Tag! Nun finde ich kaum noch Zeit zum Schreiben. Wir nutzen jede Minute miteinander und das hat Vorrang.

Haben uns heute Morgen sehr schwer von dem Haus trennen können, denn das war unser Höhepunkt! Wir haben eine Nacht zusammengelebt und alles in die paar Stunden investiert. Aus manchen Wohnungen, in denen ich jahrelang gewohnt habe, bin ich mit leichterem Herzen ausgezogen als aus diesem Haus.

Die Señora ist in der Früh pünktlich erschienen, um uns gebührend zu verabschieden.

Während des Caminos sind wir eher still und machen viele Fotos voneinander, als hätten wir Angst davor, einander bald vergessen zu können. Es herrscht eine melancholische Abschiedsstimmung und immer wieder trösten wir uns damit, dass uns noch einige gemeinsame Tage in Santiago bleiben.

Wir trödeln vor uns hin und lassen uns an unserem letzten Tag vor der Ankunft treiben. Auch Sheelaghs Zielstrebigkeit ist einer gewissen Gemütlichkeit gewichen.

Allmählich ist das Ende absehbar

Heute lernen Sheelagh und Anne auf eigenen Wunsch die Namen deutscher Haushaltsgeräte.

Gegen Abend erreichen wir Rúa. Dort finden wir ein Zimmer auf einem wunderschönen Bauernhof. Als wir dort in der Gaststube neben einer fünfköpfigen holländischen Radpilgerfamilie zu Abend essen, denke ich laut auf Englisch: »Also ich weiß nicht! Mir macht das Laufen einfach keinen Spaß, obwohl ich jetzt fast sechshundert Kilometer zu Fuß zurückgelegt habe. Ich finde den Weg toll, ich freue mich, dass ich euch kennen gelernt habe, aber das Gehen als solches macht mir nicht die geringste Freude. Es tut ja auch immer weh!«

Die holländische Familie findet das, was ich sage, zum Brüllen komisch und lacht herzhaft, bis der Vater sich fängt und sagt: »Was? Sie sind fast sechshundert Kilometer gelaufen und immer noch macht es Ihnen keinen Spaß?« Ich sage: »Ja, ich bin ehrlich! Ich will jetzt einfach nur endlich in Santiago ankommen! Das war schließlich mein Ziel!« Der Holländer schaut mich skeptisch an und meint: »Ich bin sehr gespannt, welchen Empfang Ihnen Santiago bereitet. Ich bin den Weg schon zweimal gelaufen und eins habe ich gelernt: In Santiago bekommt jeder immer den Empfang, der ihm zusteht. Ich hoffe, man wird Sie dort gut aufnehmen!«

Wir drei schauen uns schweigend an. Wie soll man uns dort schon empfangen? Geschossen wird da wohl nicht auf uns! Das habe ich hinter mir!

Erkenntnis des Tages:
Es ist keine Frage der Zeit, wo man sich zu Hause fühlt.

20. Juli 2001 – Santiago de Compostela

Der letzte Tag!

Bei unserem Abschied aus Rúa habe ich mit meiner Wegwerfkamera das schönste Foto gemacht. Meinen »Camino bei Sonnenaufgang« wird die »Bäckerblume« zum Pilgerfoto des Jahres küren müssen. Es ist das Bild meiner Seelenlandschaft und spiegelt meine innere Verfassung wider. Kann nur hoffen, dass der Billigfotoapparat in der Lage war, die Stimmung halbwegs wiederzugeben. Jedes dritte Foto war nämlich bisher über-, unter- oder gar nicht belichtet. Oder mein dicker Daumen versperrte die Sicht auf das Wesentliche.

Wir sind aufgekratzt. Wenn wir die 25 Kilometer nur künstlich verlängern könnten! Der Weg ist fast zu Ende. Heute! Wir drei haben es geschafft. Na ja, mal davon abgesehen, dass ich am Anfang des Camino ein bisschen geschummelt habe.

Jeder gepilgerte Kilometer wird heute feierlich durch einen Stein markiert. In Massen strömen die Menschen auf Santiago zu und viele singen so wie wir das berühmte französische Pilgerlied, das auch Sheelagh schon als Kind in der Schule gelernt hat:

Tous les matins nous prenons le chemin,
Tous les matins nous allons plus loin,
Jour après jour la route nous appelle,
C'est la voix de Compostelle.

Jeden Tag nehmen wir den Weg,
Jeden Tag laufen wir weiter, weiter, weiter.
Tag für Tag ruft uns der Weg,
Es ist die Stimme von Compostela.

Da es im Wald ansonsten still ist, können wir sogar mit entfernt vor und hinter uns pilgernden Gruppen im Kanon singen. Ein absurdes Gefühl mit Menschen, die man gar nicht sieht und nie kennen lernen wird, im Gleichklang zu singen. Wir stimmen in einen mystischen Chor mit Abwesenden ein!

Immer noch singend pilgern wir auch an der Landebahn des internationalen Flughafens entlang und erklimmen den letzten steilen Berg, den Monte do Gozo, der von seinem Gipfel den Blick auf Santiago de Compostela freigibt. Es liegt majestätisch im Sonnenschein strahlend vor uns. Unser Ziel wirkt heiter und ernst, dunkel und hell und scheint ungewöhnliche Gegensätze zu vereinen.

Anne ist fix und fertig von der Wanderung und kauft sich an einem Kiosk erst mal eine Dose Bier. Beim Betreten der kleinen Kapelle hat sie das Bier immer noch in der Hand und ich bin fast geneigt, mir eine Zigarette in der Kirche anzuzünden. Was sind wir heruntergekommen! Und unsere Sitten verroht!

Als wir uns dem Ziel von Osten nähern, kommt mir der Holländer aus Rúa in den Sinn: In Santiago bekommt jeder immer den Empfang, der ihm zusteht.

Kurz vor dem Einzug in die Altstadt kommt mir eine junge Frau winkend entgegen. Durch die heftige Sonneneinstrahlung erkenne ich sie allerdings erst, als sie direkt vor mir steht. Die blendende Lara aus Vancouver ist bereits gestern angekommen. Stolz trägt sie ein neues Kleid. Jubelnd fallen wir uns um den Hals und verabreden uns für den nächsten Tag auf der Plaza vor dem Dom; einem Ort, den ich noch gar nicht kenne.

Mit einer großen Geste weist Lara uns den Weg in Richtung Ziel. »Am Ende der Straße seht ihr schon den Eingang zur Plaza!«

Entschlossenen Schrittes eilen wir drei auf das zum Domplatz führende Tor zu. Was dann folgt, ist unser schneller Pilgertod.

Durch die tunnelartige dunkle Wallfahrerpforte ziehen wir auf den in Sonnenlicht getauchten Kathedralenvorplatz. Mit dem Betreten der Plaza de Obradoiro sind wir keine Pilger mehr. Hier ist die Reise unwiderruflich zu Ende und im gleichen Moment beginnt etwas Neues! Etwas, das wir überhaupt nicht begreifen. In was sind wir denn da hineingeraten? Das muss der Pilgerhimmel sein!

Eine Menschenmasse in großartiger Feierstimmung erwartet uns. Der Platz ist abgesperrt und Soldaten stehen rundum Spalier. Die Fahnen Galiciens, Spaniens und Europas wehen an unzähligen Masten und machen die Plaza zum Flaggenmeer. Vor dem Parador, dem besten Hotel am Platz, liegt ein langer roter Teppich. Eine Polizeieskorte auf Motorrädern begleitet ein dickes schwarzes Auto zum Eingang des Paradors. Die spanische Nationalhymne ertönt. Ministerprä-

Am Ziel!

sident Aznar steigt winkend aus der Limousine und schreitet über den Teppich in den Palast. Jeder bekommt den Empfang, den er verdient.

Na, besser kann man es wohl kaum treffen!

Dieser Aufmarsch gilt zwar unbestritten nicht uns, dennoch fühlt es sich in unserer Euphorie so an. Nach Wochen der Stille unvorbereitet in diese Zeremonie hineinzugeraten, ist besonders beeindruckend und verwirrend.

Jetzt wollen wir den Beweis dafür, dass wir es geschafft haben. Unsere Urkunde! Also nichts wie in die Pilgerbehörde neben dem Heiligtum.

Hunderte von Menschen wollen ihre *compostela*. Wir reihen uns in einem hohen holzvertäfelten Saal in die Schlange der Wartenden vor den antiken Schaltern ein. Man hat das Gefühl in einer Postannahmestelle der Renaissance gelandet zu sein.

Anne ist vor mir an der Reihe und der ernste Herr fragt: »Haben Sie irgendwo einen Bus genommen, sind Sie irgendwann nicht gelaufen oder getrampt?« Anne verneint wahrheitsgemäß. Es geht hier zu wie in einer Taschenbuchausgabe des jüngsten Gerichts. Kritisch wirft der junge Mann einen ermittelnden Kontrollblick in ihren Pilgerpass. Sie bringt alle notwendigen Stempel bei und so überreicht ihr der Mann feierlich die *compostela*-Pergamentrolle, nicht ohne diese vorher handschriftlich mit Datum und Namen in lateinischer Sprache zu versehen.

Was erzähle ich, wenn ich gefragt werde? Ich werde wahrheitsgemäß berichten, wann und wo ich einen Bus und die Bahn genommen habe. Getrampt bin ich ja auch noch!

Ich bin dran. Eine junge Frau mit streng nach hinten gekämmten langen schwarzen Haaren kontrolliert eingehend die Stempel der letzten 150 Kilometer in meinem Credencial und händigt mir daraufhin, ohne irgendeine Frage zu

CAPITULUM hujus Almae Apostolicae et Metropolitanae Ecclesiae Compostellanae sigilli Altaris Beati Jacobi Apostoli custos, ut omnibus Fidelibus et Peregrinis ex toto terrarum Orbe, devotionis affectu vel voti causa, ad limina Apostoli Nostri Hispaniarum Patroni ac Tutelaris **SANCTI JACOBI** convenientibus, authenticas visitationis litteras expediat, omnibus et singulis praesentes inspecturis, notum facit. *Dnum.* *Ioannem Petrum Kerkeling* hoc sacratissimum Templum pietatis causa devote visitasse. In quorum fidem praesentes litteras, sigillo ejusdem Sanctae Ecclesiae munitas, ei confero.

Datum Compostellae die *20* mensis *Julii* anno Dni *2001*.

Secretarius Capitularis

Die compostela – der Beweis dafür, dass ich es geschafft habe stellen, lächelnd meine *compostela* aus, in der am Schluss der entscheidende Satz steht:

Dominum Joannem Petrum Kerkeling hoc sacratissimum Templum pietatis causa devote visitasse. In quorum fidem praesentes litteras, sigillo ejusdem Sanctae Ecclesiae munitas, ei confero! Datum Compostellae die 20 mensis Julii anno Domini 2001.

Die Glocken läuten Sturm. Verschwitzt, wie wir sind, rennen wir von der Behörde hektisch in die Messe. Am Eingang des Gotteshauses küsst man einer steinernen Statue des Santiago den Fuß. Der Fuß ist über die Jahrhunderte vom vielen Geküsstwerden um einige Schuhgrößen geschrumpft. Werde meine Füße nach dem Duschen auch dafür küssen, dass sie so brav und tapfer gelaufen sind!

Der riesige Dom ist proppenvoll und schon geht es los. Die an einem langen Seil befestigte Bota Fumeiro, der große Weihrauchkessel, wird von der Decke aus zu dramatischer Orgelmusik durch das gesamte Kirchenschiff geschwenkt und der Rauch benebelt die Sinne.

Während der gloriosen Messe werden von einer Nonne an die hundert Neuankömmlinge begrüßt: »... und wir heißen willkommen eine Neuseeländerin aus Wellington, eine Engländerin aus Liverpool und einen Deutschen aus Düsseldorf. Alle drei sind von Saint-Jean-Pied-de-Port in Frankreich hierher gelaufen und haben heute ihre Pilgerreise beendet!«

Wir kommen uns vor wie im Jenseits und wohnen gewissermaßen unserer eigenen festlichen Bestattung bei.

Mit heißroten Backen und den schweren Rucksäcken stehen wir freudig erschöpft da. Natürlich umarmen wir im Anschluss an die Zeremonie, wie es sich gehört, die goldene Statue des Sankt Jakob über dem Apostelgrab.

Auf der Plaza gönnen wir uns vor dem besten Hotel, dort, wo auch Aznar abgestiegen ist, eine Flasche Champagner. Glücklicher kann man nicht mehr sein! Zu Annes und meiner Überraschung kramt Sheelagh ihr Kästchen mit den kitschigen Engelkarten aus dem Rucksack. Verdeckt legt sie drei Kärtchen auf die weiße Tischdecke: »Die habe ich für heute aufbewahrt! Eine für Anne, eine für Hans und eine für mich. Ich habe keine Ahnung, was auf ihnen steht! So, jetzt zieht jeder eine Karte.«

Anne ist die erste. Sie zieht, schaut auf ihr Blatt und lächelt. Wortlos lässt sie ihr Geschenk in der Hosentasche verschwinden. Sheelagh zicht Balance. Die scheint sie gefunden zu haben! Ich nehme die verbliebene Engelkarte. Joy! Freude. Der Jakobsweg der Freude.

Hier schließt sich mein Kreis.

Anne und Sheelagh haben Heißhunger auf Pommes und ich nutze die Gelegenheit, um mich kurz abzusetzen. In einem Seitengässchen halte ich in einem überladenen Souvenir-G'schäfterl Ausschau nach passenden Geschenken für meine Freundinnen. Nachdem ich fündig geworden bin, wickelt mir die Verkäuferin die drei kleinen silbernen Erinnerungen in Geschenkpapier.

Zurück am Tisch auf der Plaza überreiche ich zwei der Päckchen und behalte das dritte: »So, jetzt öffnen wir gleichzeitig die Geschenke!«

Neugierig wickeln sie die Gegenstände aus. Es sind Silberglöckchen, deren Griff aus einer Statuette des heiligen Jakob besteht. Der Apostel ist als Pilger mit Stab, Muschel und Schlapphut dargestellt. Sheelagh und Anne sind sichtlich gerührt und ich füge hinzu: »Jedes Mal, wenn einer von uns das Glöckchen klingelt, werden die anderen es spüren. Wir werden aneinander denken und in unserer Vorstellung wieder auf dem Weg sein.«

Sofort probieren wir die kleinen Werkzeuge aus und lassen sie hell in der gleichen Tonhöhe durch das Straßencafé bimmeln.

Die Ankunft in Santiago erscheint einem in der Tat wie das Erreichen der Himmelspforte. Jeder Pilger kommt am Ende seiner Reise an den wunderbaren, immer gleichen Ort, aber der Empfang ist für jeden anders. Womöglich richtet sich der Willkommensgruß auch nach der Gemütslage des Ankömmlings?

Im Winter, bei Schneegestöber, mit einem pfeifenden kalten Wind im Nacken hier auf der leeren Plaza anzukommen ist wahrscheinlich höllisch. Und die verschnörkelte rote Kathedrale wirkt bei nebligem Regenwetter sicher auch eher wie ein ungemütliches Gruselschloss.

Trotzdem bleibt der Ort der gleiche.

Mein Pilgerweg lässt sich nun wie eine Parabel meines Lebensweges deuten. Es war eine schwierige Geburt, was bei mir tatsächlich zutrifft. Am Anfang des Weges und in meiner Kindheit finde ich schwer zu meinem Tempo. Bis zur Mitte des Lebensweges begleiten mich, bei aller dazugewonnenen positiven Erfahrung, Irrungen und Wirrungen und ich gerate ab und zu aus dem Tritt. Aber etwa ab der Hälfte des Weges marschiere ich frohgemut dem Ziel entgegen. Fast scheint es so, als würde der Camino mir gnädigerweise sogar einen vorsichtigen Blick in meine Zukunft gewähren. Heitere Gelassenheit könnte doch ein echtes Ziel sein!

Jeder einzelne Wandertag war ebenso strukturiert wie der gesamte Camino. Das Detail ist das Abbild des Ganzen. Eins ist in Allem und Alles ist in Einem.

Morgens komme ich schwer in die Puschen, mittags finde ich dann mein Lauftempo und gegen Abend marschiere ich müde, aber gelassen und entschlossenen Schrittes dem Ziel entgegen und habe auch noch an Kraft gewonnen.

In unserer nahezu entspiritualisierten westlichen Welt mangelt es leider an geeigneten Initiationsritualen, die für jeden Menschen eigentlich überlebenswichtig sind. Der

Camino bietet eine echte, fast vergessene Möglichkeit, sich zu stellen. Jeder Mensch sucht nach Halt. Dabei liegt der einzige Halt im Loslassen.

Dieser Weg ist hart und wundervoll. Er ist eine Herausforderung und eine Einladung. Er macht dich kaputt und leer. Restlos. Und er baut dich wieder auf. Gründlich.

Er nimmt dir alle Kraft und gibt sie dir dreifach zurück. Du musst ihn alleine gehen, sonst gibt er seine Geheimnisse nicht preis.

Ich muss vor allem an die denken, die diesen Weg nicht gehen können, und ihnen sei versichert: Dieser Weg ist nur eine von unendlichen Möglichkeiten. Der Camino ist nicht einer, sondern tausend Wege, aber jedem stellt er nur eine Frage:
»Wer bist du?«

Bis spät in die Nacht hocken wir drei feiernd auf der ausgeflippten Plaza zusammen und genießen unseren eigenen Leichenschmaus. Als der Tag sich längst geneigt hat, wirkt Anne mit einem Mal melancholisch und ich frage: »Und? Was hat dieser Weg dir bedeutet? Glaubst du jetzt?«
Sie hält kurz inne und bekennt lächelnd: »Der Camino hatte für mich nur einen Sinn: I have made friends with you and Sheelagh. Ihr seid meine Freunde geworden. Daran glaube ich und dafür hat sich der ganze Weg gelohnt.«

Mit einem Feuerwerk wird um Mitternacht die Woche des Apostels Jakob eingeläutet, deren Höhepunkt am 25. Juli, dem Nationalfeiertag Galiciens, erreicht wird. Der Jakobstag! Fünf viel zu kurze Tage verbringen wir gemeinsam in Santiago und genießen das bunte Treiben der Festwoche. Wir besuchen Konzerte, gehen tanzen und feiern eine verrückte Zeit miteinander. Meine ausgelatschten Wanderschuhe werfe ich, nachdem ich sie noch fotografiert habe, weg.

Keine zwei Stunden laufe ich mit meinen schönen neuen Schuhen und es bilden sich dicke Blasen an der Ferse.

Kurz vor dem Rückflug kommen meine Blasenpflaster so doch noch zum Einsatz.

Der 25. Juli ist unser Abreisetag. Sheelagh bricht, so wie sie es fast immer gemacht hat, im Morgengrauen auf, um ihr Flugzeug nach Madrid zu erreichen. Wir haben gar nichts gesagt und uns nur fest in die Arme genommen.

Am Nachmittag chauffiert mich Anne in ihrem Seat-Leihwagen in das knapp sechzig Kilometer entfernte Vigo. In einem Auto zu sitzen kommt uns fremd und unnatürlich vor und es wird ein paar Tage brauchen, bis wir uns wieder an das technisierte Leben gewöhnt haben. Auch unseren Abschied in Vigo gestalten wir, nachdem wir uns wieder fünf Milchkaffees in einer Bar gegönnt haben, so undramatisch wie nur eben möglich. Als Anne dann endgültig laut hupend abfährt, fühle ich mich so einsam, wie ich mich auf dem ganzen Weg nicht mal zu den anstrengendsten Zeiten gefühlt habe.

In Vigo laufe ich mit dem Rucksack auf dem Rücken und dem Pilgerstab in der Hand durch die Stadt zum Bahnhof. Es ist mir ein Bedürfnis, noch einmal ein paar Kilometer zu Fuß zurückzulegen. Das, was auf dem Camino ein alltägliches Bild war, finden die Menschen hier, weit abseits des Pilgerweges, exotisch, denn jeder glotzt mir befremdet hinterher.

Bald sitze ich im Zug nach Porto, um von dort aus am darauffolgenden Tag nach Hause zu fliegen. Während ich im Zug sitze, versuche ich meine Gedanken zu Gott zu sammeln und sie für mich noch einmal so griffig wie möglich zu formulieren.

Gott ist »das eine Individuum«, das sich unendlich öffnet um »alle« zu befreien.

Und das Gegenteil der Göttlichkeit ist meiner Ansicht nach die Umkehrung dieses Satzes: »Alle«, die »das eine Individuum« erdrücken und sich dabei selber zerquetschen.

Der Schöpfer wirft uns in die Luft, um uns am Ende überraschenderweise wieder aufzufangen. Es ist wie in dem ausgelassenen Spiel, das Eltern mit ihren Kindern spielen. Und die Botschaft lautet: Hab Vertrauen in den, der dich wirft, denn er liebt dich und wird vollkommen unerwartet auch der Fänger sein.

Und wenn ich es Revue passieren lasse, hat Gott mich auf dem Weg andauernd in die Luft geworfen und wieder aufgefangen. Wir sind uns jeden Tag begegnet.

Nachwort

Mein Pilgerglöckchen habe ich zu Hause auf meinem Schreibtisch platziert und dann über ein Jahr nicht angerührt. Als ich in der Talkshow »Maischberger« zu Gast war, um unter anderem von der Pilgerreise zu erzählen, hatte ich das Glöckchen dabei. Sandra Maischberger bat mich, dieses Glöckchen zum ersten Mal seit Beendigung meiner Reise zu läuten.

Das tat ich und dachte dabei wie versprochen an Sheelagh und Anne. Unmittelbar nach der Sendung höre ich meine Mailbox ab und da klingelt ein Glöckchen und Sheelaghs Stimme sagt: »I heard the bell!« Ich hab die Glocke gehört!

Sheelaghs Tochter Phoebe hat sich während ihrer Europareise in Hamburg Hals über Kopf in einen Deutschen verliebt und ist bei ihm geblieben. Die beiden schauen zufällig Fernsehen und sie erkennt das Glöckchen ihrer Mutter wieder. Der deutsche Freund übersetzt ihr meine Geschichte und Phoebe ruft sofort ihre Mutter in Neuseeland an, die zwei Minuten später auf meinem Anrufbeantworter landet.

Der nächste Anruf auf meiner Mailbox ist Annes bimmelndes Glöckchen. »I heard the bell, too! Baby Jesus is waving at you!« Sheelagh hat sie nämlich in England sofort aus dem Bett geklingelt. Zu gerne hätte ich Annes verknautschtes Gesicht beim Abnehmen des Hörers gesehen!

... der Liebe meines Lebens Angelo

MALIK

Mick Conefrey

Wie man bei Windstärke 10 stilvoll eine Tasse Tee trinkt

Das geheime Wissen der Abenteurer und Entdecker.
Aus dem Englischen von Gaby Wurster.
288 Seiten mit 83 Illustrationen. Gebunden

Wußten Sie, warum Peary auch nach Jahren bei den Eskimos immer noch nicht heim nach England wollte und in welchem Outfit Freya Stark in die Wüste zog? Wie Thor Heyerdahl seine Seekrankheit in den Griff bekam, was garantiert gegen Mückenstiche hilft und wie man auch bei langen Reisen mit kleinem Gepäck immer für frische Unterwäsche sorgt? Den wenigsten ist klar: Auch die klassischen Abenteurer und Entdecker haben mal klein angefangen. Sie haben gelernt, wie man im letzten Moment seine Urlaubskasse aufmöbelt und was auf Gruppenreisen gegen Futterneid oder den berühmten Lagerkoller zu tun ist. Sie übten, einen Braun- von einem Schwarzbären zu unterscheiden – und rechtzeitig zu erkennen, wo die Gastfreiheit der Beduinen ihre Grenzen hat. Mick Conefrey, passionierter Bergsteiger und Reisender, versammelt Wissenswertes und Triviales, Befremdliches und hinreißend Komisches.

02/1074/01/R

MALIK

Don George (Hg.)
Fremde Länder, neue Freunde

Vom Suchen und Finden der Freundschaft auf Reisen.
Aus dem Englischen von Christine Frick-Gerke. Mit einem
Vorwort des Dalai Lama. 288 Seiten. Klappenbroschur

»Du bist irgendwo im Ausland, sprichst die Sprache nicht, hast
deinen Geldbeutel verloren oder sogar geklaut bekommen,
und du besitzt weder Geld noch Papiere. Kurz bevor du hysterisch wirst, steht auf einmal dieser Fremde vor dir und rettet
dich – aus nur einem einzigen Grund: Güte. Er gibt dir den
Glauben an das Gute im Menschen zurück. Dieses Buch
handelt von solchen unerwarteten Geschenken und wie sie unser Leben verändern.«
Isabel Allende

Wir alle haben sie schon erlebt: die überwältigende Erfahrung, im Ausland neue Freunde zu finden – ob mit Hilfe einer
Landkarte, der richtigen Übersetzung eines Worts oder
einer passenden Münze für den Fahrscheinautomaten. Der vor-
liegende Band versammelt die schönsten Reiseerlebnisse in
Originalbeiträgen: von Dave Eggers, Tim Cahill, Simon Win-
chester und über zwanzig weiteren Schriftstellern von Rang.

02/1075/01/L

Andreas Kieling

Bären, Lachse, wilde Wasser

Als junge Familie durch Kanada und Alaska.
320 Seiten mit 32 Seiten Farbbildteil. Gebunden

»Papa, wann darf ich endlich mit nach Alaska?« Seit Erik fünf
ist, will er in den Norden, von wo Andreas Kieling jedesmal
mit spannenden Geschichten heimkehrt. Im Frühjahr 2005
geht der Traum in Erfüllung. Auf dem Chilkoot Trail ziehen
Vater und Sohn ins Quellgebiet des Yukon, begleitet nur von
ihrem Hund Cita; Birgit und der kleine Thore werden später
zu ihnen stoßen. Anstrengende Märsche auf Skiern und das
Abenteuer einer wochenlangen Flußfahrt liegen vor dem
zwölfjährigen Buben: die intensivste, aufregendste Zeit seiner
Kindheit. Hautnah erleben sie kämpfende Grizzlys und die
längste Lachswanderung der Erde. Erik wird erfahren, wie man
mit Bibern, Elchen, Luchsen und Wölfen lebt, wo in der
Wildnis Gefahren lauern und warum bei den Karibus auch
Weibchen Geweihe tragen. Er wird die Schönheiten der Natur entdecken – ein Wissen, das keine Schule der Welt vermitteln kann ...

02/1076/01/R

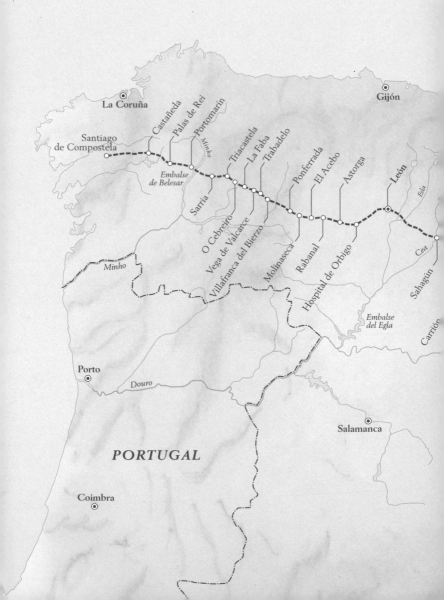

La Coruña

Gijón

Santiago
de Compostela

Castañeda

Palas de Rei

Portomarín

Minho

*Embalse
de Belesar*

Sarria

O Cebreiro

Vega de Valcarce

Villafranca del Bierzo

Triacastela

La Faba

Trabadelo

Molinaseca

Ponferrada

El Acebo

Rabanal

Astorga

Hospital de Órbigo

León

Eela

Cea

Sahagún

Carrión

*Embalse
del Egla*

Minho

Porto

Douro

Salamanca

PORTUGAL

Coimbra